339

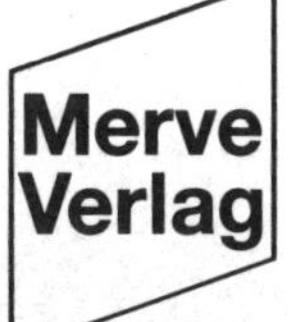

Markus Miessen

Albtraum Partizipation

Aus dem Englischen von Ronald Voullié

Merve Verlag Berlin

Originalausgabe: *The Nightmare of Participation (Crossbench Praxis as a Mode of Criticality)*, Sternberg Press, Berlin, New York, 2010.

Redaktorat: Thomas Fickinger, Björn Hartwig, Tom Lamberty

Printed in Germany
Druck- und Bindearbeiten: Dressler, Berlin
Umschlag: Zak Kyes, London, nach einem
Entwurf von Jochen Stankowski, Dresden
ISBN 978-3-88396-277-1
www.merve.de

Inhalt

Vorwort zur deutschen Ausgabe

Markus Miessen und Hannes Grassegger

Der Rote Faden unserer politischen Gegenwart ist der Ruf nach der Teilhabe aller an allen Entscheidungsprozessen. Auf gut Deutsch: jeder Depp soll immer überall mitmachen. Trotz ganz verschiedener Interessenlagen liegt diese Idee fast allen großen politischen Phänomene der letzten Jahre zugrunde, von Occupy Wall Street über die Revolutionen in Nordafrika und die führerlose Internetbewegung Anonymus bis hin zur Piratenpartei, deren hiesiges Aufstreben Heinrich Wefing jüngst den »deutschen Arabischen Frühling« nannte. Sie alle eint, dass jeder jederzeit partizipieren kann und soll.

Klar wird: Wir stehen am Beginn eines partizipativen Zeitalters. Die Forderung nach radikal basisdemokratischer Partizipation ist zu allgegenwärtig, um sie nicht ernst zu nehmen. Doch Partizipation ist ein reparaturbedürftiges Konzept. Manchmal sollten Formen von Demokratie, in denen alle ein Mitspracherecht haben, unbedingt vermieden werden. Nicht jeder sollte ständig gebeten oder eingeladen werden, sich am Entscheidungsfindungsprozess zu beteiligen.

In Deutschland wird Partizipation besonders hemmungslos verklärt. In den letzten zehn Jahren, in denen es eine anhaltend wohlwollende Verwendung des Ausdrucks »Partizipation« gab, haben wir eine nahezu fundamentalistische Befürwortung der »Bürgerbeteiligung« erlebt, die mit einer völlig unkritischen Weise einher ging, Strukturen und Rahmenbedingungen für diese sogenannte Partizipation zu schaffen, und zwar auf Bundesebene, auf lokaler Ebene wie bei Stuttgart 21, bei Projekten in der Kunstwelt, und so weiter.

Die ergebensten Jünger der Heilslehre Partizipation sind unsere Piraten. Für Abstimmungen nutzen sie Computer, darin läuft ein Wahl-Programm namens Adhocracy. Es bietet die Möglichkeit in Echtzeit bei Entscheidungen direkt dabei zu sein, wie im Parlament abzustimmen. Die von den Piraten geforderte »Liquid Democracy« soll die repräsentative Demokratie – in den Augen der Piraten ein halbdemokratischer Kompromiss – ablösen zugunsten »echter Teilhabe« an der politischen Macht. Kompromisslose Präsenz-Demokratie zu jeder Zeit – für jede Fragestellung eine Volksabstimmung, das ist das partizipative Dogma der Piraten.

Die Piraten verstehen Basisdemokratie als Abstimmung über vorhandene Menü-Möglichkeiten, als simplen Knopfdruck mit schlaffem Finger - möglichst ohne persönliche Konsequenzen, man war ja unter Pseudonym eingeloggt. Sachkenntnis ist zudem unschick, Expertentum, das riecht nicht nur nach Arbeit sondern auch nach déformation professionelle. Man will dabei sein, ohne Bestandteil zu sein – es ist der Wunschtraum einer *All-Inclusive Demokratie*; Slacktivismus, getragen von der Vorstellung man könne mit solcherart Partizipation – dem virtuellen Rumgammeln vor Ort – Probleme lösen.

Was die vollpartizipativen Wohnzimmer-Piraten verschlafen haben: sogar im heiligen Gral der Partizipationsanbeter, Wikipedia, hat man sich still und heimlich von den partizipativen Illusionen verabschiedet. Denn Wikipedia krankte an der Partizipation. Für die Wissenschaft aufgrund ihres »liquiden« Inhalts sowieso unbrauchbar, wird die Web-Enzyklopädie auch für normale Nutzer zunehmend nutzloser. Immer endloser die Beiträge, immer unverständlicher die Fachsprache, beklagen Studien. Die Begeisterung der Community schwindet, seit 2007 flacht sich die Wachstumskurve neuer Wikipedia Beiträge deutlich ab.

Wikipedia macht es vor: Die Zeiten der totalen Partizipation sind in Wahrheit vorbei. Schon seit einiger Zeit entwickelt sich bei der Online Enzyklopädie ein Arsenal überhaupt nicht basisdemokratischer Entscheidungsverfahren für kritische Situationen. So verweigern sogenannte Administratoren seit dem ersten Wahlkampf von George W. Bush das Bearbeiten besonders umstrittener Politikerprofile, – allein um zu verhindern, das Edit Wars (Bearbeitungskriege) die Profilseite unbrauchbar machen – weil sich der Inhalt sekündlich ändert. Wichtige »Admins« sind namentlich bekannt. Und manchmal spricht der Chef, Wikipedia Mitgründer Jimmy Wales, das letzte Wort. So, als er gegen die Regeln der Enzyklopädie Details aus seinem eigenen Lebenslauf eigenhändig herauslöschte. Oder als er auf Druck des amerikanischen Medienzars John L. Seigenthaler, dessen Lebenslauf auf Wikipedia falsch dargestellt worden war, gar die Regeln von Wikipedia änderte.

Partizipation ist weder ein moralischer Wert an sich, noch liefert sie stets eine Gewinn-Strategie. Bester Beweis sind jene, die im politischen Betrieb am partizipativen Dogma festhielten, und gar nicht erst zur erhofften Teilhabe an der Macht kamen. In Ägypten ergreifen in Folge der Jekami-Revolution die vergleichsweise wohlorganisierten Muslimbrüder und Militärs die Zepter; Occupy Wallstreet versank in Diskussionsrunden auf Niedrigst-Niveau; die Piraten haben wenig konkrete Vorschläge – aber Dauerstreit um interne Organisationsfragen. Und als Jimmy Wales in diktatorischer Manier die Regeln bei Wikipedia änderte, wurde klar, dass Partizipation längst keine echte Demokratie garantiert. Wales hatte Stimmrechte gegeben, aber die Macht behalten. Es stellt sich die Frage wem solcherart partizipative Modelle in Wahrheit nützen. Wohin führt die partizipative Vision?

Stellen sie sich das partizipative Utopia vor wie ein Auto, das auf eine Mauer zufährt, und vorne streiten sich zwei, die nie Fahren gelernt haben – über die richtige Abstimmungsform bei Streitfragen. Oder stellen sie sich einen »Edit-War« wie bei Wikipedia vor, bei dem das Grundgesetz sekündlich umgeschrieben würde. Oder die Regeln zum Zugang zu Atomkraftwerken. Kaum auszumalen, wie gefährlich falschverstandene totale Basisdemokratie sein kann. Und wie langsam. Denken sie an die seit Jahren scheiternden internationalen Verhandlungen zum Klimawandel. Partizipation? Es ist ein Alptraum.

Die Vorstellung, radikal-partizipative Öffnungs-Modelle garantierten die optimale Lösung für alle Problemstellungen, ist die Heilslehre unserer Epoche. Opium fürs Volk.

Partizipation muss ohne Romantik betrachtet werden. Partizipation im Sinne der jederzeit möglichen Teilhabe aller ist keine Lösung sondern ein Organisationsmodell. Echte Demokratie erfordert persönliche Verantwortung und Beschäftigung mit einem Thema. Sokrates' Mahnung an Glaukon gilt noch heute: es ist leichtsinnig, von etwas zu reden oder etwas zu tun, wovon man nichts versteht. Weil es Konsequenzen gibt. Im Parlament entstehen Ideen und es rollen Köpfe. Echte Partizipation ist Krieg mit anderen Mitteln.

Wir sollten, wie die Politikwissenschaftlerin Chantal Mouffe sagt, uns einig sein, dass wir uns nicht einig sind. Und mit dieser Situation umgehen lernen. Die Grundlage der weltweit vernommenen Rufe nach Teilhabe sind reale Konflikte, die manifeste Lösungen benötigen.

Wir fordern daher ein konfliktorientiertes Verständnis von Partizipation. Schluss mit dem modischen cyberdemokratischen Wahn. Auch Entscheidungen gegen die Mehrheit und ohne Beteiligung der allerletzten Schnarchnase können richtig sein. Nicht weil wir an Demokratie zweifeln, sondern damit wir nicht in Harmonistan, einer pseudopartizipativen Scheindemokratie enden, in der Politiker jegliche Verantwortung auf Onlinevotings einer anonymen Crowd abschieben. Oder in der die Bürger hinter der Mitmach-Fassade entmachtet werden.

Reale Personen sollen die Verantwortung für Problem, Lösungen und Umsetzung zu tragen haben. Wir müssen die Idee der Partizipation vom Kopf auf die Füße stellen. Demokratie ist ein ständiger Demokratisierungsprozess auf persönlicher Ebene.

Statt Partizipation als eine von oben herab genehmigte Öffnung der Entscheidungsprozesse zu verstehen, verstehen wir Partizipation von Unten, als *individuelle Zugangsstrategie*, als post-konsensuelles Mittel: das Recht, sich selbst, dem »Ungeladenen Außenseiter« Zutritt zu bestehenden Machtverhältnissen zu verschaffen – solange sie selber wissen, dass sie ein qualifiziertes Interesse an der Teilnahme haben. Journalisten kennen solche Situationen, wenn sie investigativ arbeiten, sich nur mit journalistischem Handwerkszeug ausgerüstet auf fremdes Terrain begeben um anschließend als ungeladener Außenseiter dort die Stimme zu erheben. Architekten kennen das, wenn sie um ihr Projekt zu realisieren, in den verschiedenartigsten Umfeldern – bei Behörden, Handwerkern, Investoren – ihre Position einbringen müssen.

Damit Demokratie im partizipativen Zeitalter funktioniert, muss jeder sich immer wieder zum Autokraten ermächtigen. Das Mitmach-Zeitalter braucht ein neues Selbstverständnis. *Wir sollten mehr Autokratie wagen.* Bevor wir im Alptraum Partizipation enden.[1]

---

1 Erstveröffentlichung: DIE ZEIT (online), Juni 2012

»Eine der unerfreulichsten Sachen ist, wenn einem das, was man insgeheim träumt, brutal von außen aufgedrängt wird. Wir haben einen schönen Namen für einen realisierten Traum: er wird ein Albtraum genannt.«[1]

Slavoj Žižek

»Wenn eine Sache zu stark gefördert wird, wird sie irgendwie respektabel, und kurz danach wird sie sozialisiert – nicht im Sinne der Politik, aber sie wird zu etwas, auf das jeder ein Recht hat. Das ist es, was beim interaktiven Fernsehen, das nahezu für ein Recht gehalten wird, durcheinander gebracht wird. Oder bei diesen grauenhaften Radioprogrammen, bei denen man anrufen und seine Meinung sagen soll, und mit denen man zwar relativ billig Radio machen kann, das aber völlig langweilig für den Rest der Bevölkerung ist. Ich will gar nicht hören, was fünfundvierzig zufällig ausgewählte Leute, die gebeten wurden, den Sender anzurufen, über dies oder das denken! Weil es inoffiziell von den Machthabern anerkannt wurde, und weil es von jenen aufgegriffen wurde, die erkannt haben, dass es eine billige Form von Fernsehen oder Radio ist, ist es fast so, als ob alles gerechtfertigt wäre, weil die Zuschauer oder Zuhörer partizipieren können. Und deshalb haben wir schlechtes Theater, schlechte Filme, schlechtes Radio, schlechtes Fernsehen…«[2]

Cedric Price

Prolog: Das Paradox der Kollaboration

Eyal Weizman

Am Horizont des Begriffs der Partizipation – seinem äußersten Rand – steht der der Kollaboration. Kollaboration kann man sich vorstellen als die Neigung zu einer erzwungenen oder freiwilligen Ausrichtung des eigenen Handelns an den Zielen der Macht, ob sie nun politisch, militärisch, ökonomisch oder eine Kombination all dessen ist. Die historischen Anspielungen sind klar. Diese Ausrichtung wird gemeinhin als eine auf dem gesunden Menschenverstand beruhende, wenn auch tragische Lösung für ein Grenzproblem gerechtfertigt. Das Dilemma Partizipation/Kollaboration hängt mit einem geschlossenen System zusammen, in dem die zur Wahl stehenden Optionen und jene, die sie anbieten, nicht in Frage gestellt werden können. Wenn man das Subjekt also zur Einwilligung zwingen will, kann man eine Reihe von Alternativen anbieten, so dass »freie Subjekte«, die sich für ihre Belange entscheiden, indem sie mögliche Nachteile zu begrenzen suchen, letzten Endes den Zielen dieser Macht dienen. Partizipation tendiert daher dazu, eine Reihe von politischen und ethischen Dilemmas aufzuwerfen; wenn zu ihr aufgerufen wird, sollte dies daher stets mit einer klaren und genauen Analyse der jeweiligen Machtverhältnisse einhergehen.

Das Paradox der Partizipation betrifft den Großteil der unabhängigen Nichtregierungsorganisationen, die das Ökosystem der gegenwärtigen Krise darstellen. Es bildet den gemeinsamen Nenner, von dem aus Aktivisten mit genau den Staaten, Armeen oder Milizen kooperieren müssen, die sie ursprünglich bekämpfen wollten. So kann zum Beispiel ein Militär, der das Leben in einer Krisenregion auf »vernünftige« Weise zu organisieren versucht, eine Kollaboration mit Hilfsorganisationen eingehen, die ihrerseits eine Erlaubnis der Militärs brauchen, um Lebensmittel und ärztliche Hilfe zur Verfügung stellen zu können. Die Logik einer solchen Partizipation kann die grundsätzlichen moralischen Differenzen zwischen diesen Gruppen in den Hintergrund treten lassen.

Im Grunde stellen diese Paradoxe der Partizipation einen taktischen Kompromiss dar, der oft in eine strukturelle Unmöglichkeit umschlägt – die darin besteht, dass der Staat und seine Widersacher in eine wechselseitige Verstrickung geraten, und die nicht-staatlichen Organisationen faktisch zu Agenten eines erweiterten Herrschaftssystems werden, in dem der Staat seine ethische Befangenheit an eine nicht zur Regierung gehörende ethische Institution auslagert und letztere wiederum ihren Anspruch auf Einflussnahme an den Staat delegiert.

Zwischen Verweigerung und taktischem Sich-Einlassen besteht die Schwierigkeit des Problems der Partizipation gleichermaßen in ihrer Anwendung und in ihrer Vermeidung. Es gibt natürlich keine allgemeine Formel, um dieses Dilemma anzugehen, aber ein theoretischer wie auch praktischer politischer Handlungsansatz könnte auf eine Orientierung an politischen Grundmustern und auf eine ständige Ausweitung der Grenzen des Problems in Raum und Zeit insistieren. Ersteres, indem man versucht, umfangreichere und komplexere politische Verbindungen zu finden, indem man die Kräfteverhältnisse um das Dilemma herum und außerhalb davon untersucht und analysiert; und letzteres, indem man weiter in die Zukunft schaut.

Für die alten Griechen galt das Dilemma als eines der Grundelemente der Tragödie. Jeder Weg, der sich dem »tragischen Helden« bot, führte zwangsläufig zu der ein oder anderen Form schrecklichen Leids, - das Dilemma wurde als Wahl zwischen den beiden Hörnern eines wütenden Stiers dargestellt. Doch das Dilemma – wenn wir weiterhin in dieser Form denken – muss sich nicht nur um die Wahl zwischen zwei Hörnern drehen, sondern auch darum, ob man die Vorausbedingungen von Frage und Wahl an sich akzeptiert. Robert Pirsig hat mehrere Wege vorgeschlagen, um die Komplizenschaft der Gegensätze zu unterlaufen: man kann »sich weigern, die Kampfarena zu betreten«, »dem Stier Sand in die Augen werfen« oder »den Stier in den Schlaf singen«.

Politische- und Raumaktivisten werden sich immer innerhalb einer Kampfarena mit kompromittierenden Situationen konfrontiert sehen, aber diese Praxisformen müssen versuchen, die Wahrheitsbehauptungen in Frage zu stellen und damit die Autoritätsgrundlage der Mächte, mit denen sie kooperieren und die sie bekämpfen – genau die Leute, die ihre Stiere vor uns aufgestellt und uns dann aufgefordert haben, das kleinere ihrer beiden Hörner zu wählen.

Wenn das nicht möglich ist, kann die Verweigerung immer noch als eine effektive Form des politischen Handelns betrachtet werden. Aber diese Option muss jenen vorbehalten bleiben, die andernfalls handeln können und wollen.

Einleitung: Um was geht es?

Das vorliegende Buch unternimmt den Versuch, die folgende Hypothese zu veranschaulichen: Manchmal sollten Formen von Demokratie, in der alle ein Mitspracherecht haben, um jeden Preis vermieden werden. Wenn es darum geht, in vorhandenen Strukturen der Zusammenarbeit, in Netzwerken oder Institutionen Entscheidungen zu treffen, können Konflikte letzten Endes nur überwunden und in eine Praxis umgesetzt werden, wenn jemand die Verantwortung übernimmt.

Ich werde diese Hypothese untermauern, indem ich eine post-konsensuelle Praxis vorschlage, die in politisch komplexen und vom Konsenszwang beherrschten Parteien oder ähnlichen Konstrukten nicht mehr auf oft schlecht definierte Vorgehensweisen vertraut, sondern stattdessen davon ausgeht, dass es notwendig ist, der Partizipation ihre Unschuld zu nehmen.

Das Modell der Partizipation ist gegenwärtig im Umbruch, - in der Politik, in der Linken, in den Raumpraktiken und in der Architektur, die ihr sichtbarstes und am klarsten definiertes Produkt ist. Geschichtlich gesehen und auch in Bezug auf das politische Handeln sind es oft romantische Vorstellungen von Verhandlung, Beteiligung und demokratischer Entscheidungsfindung, die dem Verständnis von Partizipation zugrunde liegen. Es ist jedoch gerade diese selten in Frage gestellte Art der Beteiligung (wie sie gern von Politikern benutzt wird, die damit im Wahlkampf auf Stimmenfang gehen), die dazu führt, dass es nicht zu wirklichen Ergebnissen kommt, da kritische Stimmen durch das Konzept der Mehrheit mundtot gemacht werden. Das vorliegende Buch befürwortet dagegen ein konfliktorientiertes Verständnis der Partizipation als eine Art von Praxis, die sich der Modevorstellung der demokratischen Schlichtung oder des demokratischen Ausgleichs widersetzt und die manchmal nicht-physische Gewalt und die Entscheidung von Einzelnen befürworten muss, um überhaupt Rahmenbedingungen für eine Veränderung zu schaffen.

Albtraum Partizipation versucht sich von der Vorstellung freizumachen, dass die Menschen im Allgemeinen gute Absichten hegen. Konventionelle Modelle der Partizipation beruhen auf dem Prinzip der Beteiligung und gehen davon aus, dass sie mit der sozialdemokratischen Konvention einher geht, welche besagt, dass in einer egalitären Gesellschaft die Stimme jedes Einzelnen gleiches Gewicht hat. Ein politischer Akteur, der schlicht eine Struktur oder eine Situation vorschlägt, in der diese Beteiligung von unten nach oben gefördert wird, gilt gemeinhin als jemand, der »etwas Gutes tut«. Interessanterweise beruht das Modell des »Kurators« zum Beispiel auf der Praxis, Entscheidungen zu treffen, und somit Wahlmöglichkeiten auszuschließen. Vor allem in Krisenzeiten wurde die Partizipation als Rettung vor allem Bösen gefeiert. Diese Soft-Form von Politik muss in Frage gestellt werden.

Anstelle eines »politisch motivierten Modells der Pseudo-Partizipation« (ein Vorschlag, andere am Entscheidungsfindungsprozess zu beteiligen), das meist vom Streben nach politischer Legitimierung inspiriert ist, werde ich einen Begriff der Partizipation vorstellen, der sie als Zugangsmöglichkeit zur Politik selbst (sich selbst Zutritt zu bestehenden Machtbeziehungen verschaffen) begreift. Mein Vorschlag hat nichts mit einem mangelnden Vertrauen in demokratische Prinzipien, sondern mit dem Interesse an kritischer und produktiver Veränderung zu tun.

Man könnte meinen, dass diesem Modell ein gewisser Opportunismus innewohnt. Es stellt die weit verbreitete Ansicht in Frage, dass Mehrheitsentscheidungen mit klugen Entscheidungen gleichzusetzen seien, indem es sich für eine proaktive Vorstellung vom Bürger einsetzt, der zufolge der einzelne Außenseiter (in Bezug auf eine vorhandene und geerbte politische Struktur) zur treibenden Kraft werden kann, indem er gewaltsam in einen bestehenden Diskurs eindringt, anstatt ihn lediglich fürs Parkett zu öffnen. Während ich in der Arena des »Demokratischen« bleibe, werde ich die Partizipation zu einer Bastardform von gewaltsamer, nicht-demokratischer Praxis machen, zu einem opportunistischen Modell des Interventionismus, das eine post-konsensuelle Praxis ermöglicht, die von integrierten Verfahren der Entscheidungsfindung losgelöst ist und den Weg für einen produktiven internen Kampf ebnet. Dieses praktische Modell werde ich schließlich als »Crossbench-Praktiker« bezeichnen.

Es handelt sich um ein noch nicht abgeschlossenes Projekt, das sich auf die Partizipation als reparaturbedürftiges Konzept konzentriert. Es versucht, eine neue Sprache und Praxis, neue Handlungsräume zu schaffen, anstatt dem Bestehenden die Stirn zu bieten. Auch wenn es eine Vielfalt von Schreibweisen enthält, ist es im Wesentlichen ein Buch über das architektonische Denken als Methode.

In diesem Rahmen stelle ich eine Reihe von Experimenten vor, die in den letzten drei Jahren gemacht wurden, wobei jedes einzelne von ihnen auf die eine oder andere Art darauf ausgerichtet war, der Partizipation ihre Unschuld zu nehmen. Einige dieser Experimente beruhen auf Texten; andere bewegen sich in der Kunstwelt; wieder andere sind urbane Interventionen, institutionelle Modelle oder konkrete Architekturprojekte – kleine, lokale Testgebiete für eine potenzielle Veränderung.

Jedes der folgenden Kapitel kann als Modell einer Galaxie verstanden werden, in der Planeten um ein leeres Nichts kreisen. Diese Leere wird am Ende dieser Publikation hoffentlich durch ein Modell für die Praxis gefüllt. Dieses Modell wird Fragen in einer Weise aufwerfen und öffnen, die weder hierarchisch noch in einem Feld organisiert ist, sondern eher in Form einer Galaxie: ein relationales Modell. Man wird auf verschiedene Ansätze treffen, dieses Modell anzugreifen und sich mit einzelnen Frage- und Problemstellungen auseinanderzusetzen, um das Potenzial für eine erweiterte Form von Arbeit zu erschließen.

In einer Reihe von kürzlich durchgeführten Fallstudien ist dieses Buch der dritte Teil einer Trilogie, die versucht, sich kritisch mit bestehenden Auffassungen zur Praxis der Partizipation auseinanderzusetzen. Das Ergebnis ist eine zunehmende Desillusionierung. Der erste Teil stellte diese Praxis lediglich in Frage: *Did Someone Say Participate? An Atlas of Spatial Practice.*[3] Der zweite versetzte ihr einen Stoß: *The Violence of Participation*.[4] Der dritte, hier vorliegende Teil schlägt eine Alternative vor und setzt sich darüber hinaus mit der Frage auseinander, wie man heute über einen Prozess oder eine noch nicht abgeschlossene Thematik schreiben kann.

Es geht um eine Theorie über die Frage, wie man von außen – und nicht von innen – an klar definierten und bereits bestehenden Machtstrukturen partizipieren kann. Während Partizipation traditionell als ›bottom-up‹ Praxis verstanden wird, versuche ich, die demokratische Einladung zum Mitmachen auszuschlagen und mich auf halbem Wege, sozusagen als Quereinsteiger in das Gespräch einzubringen.

Ich werde den Rahmen dieses Buches instrumentalisieren, ohne jedoch von ihm als einem prothetischen Raum oder als Ansammlung und Weiterverarbeitung von vorhandenem Wissen zu profitieren, sondern als eine Immanenz-Maschine, die die verfügbaren Praktiken und Projekte kombiniert und substantialisiert. Das ermöglicht eine Position, in der man Kritik ausüben kann, ohne vom akademischen Betrieb definierte Praktiken tolerieren zu müssen. Statt ein Thema zu studieren, werde ich eine Problematik untersuchen: die Fallen und potenziellen Sackgassen der Partizipation.

Jeder der zuvor erwähnten Planeten ist ein handfester Versuch, eine Reihe von grundlegenden Fragen zu knacken. Was ist/sind die Alternative(n) zur konventionellen und auf der nostalgischen Vorstellung der Barrikade beruhenden Konfrontation? Wie kann man eine alternative Praxis vorschlagen, wenn man sich mit Raumprojekten beschäftigt, die mit gesellschaftlichen und politischen Realitäten zu tun haben? Wie könnte eine solche, vielgestaltige Praxis möglicherweise aussehen? Worin besteht die Relevanz einer solchen Arbeit? Und ist sie immer so dringend notwendig?

Der substantialisierte Modus einer weit gestreuten Praxis wird das Leben als Praxis in ein Format bringen, das den Willen, ohne Mandat zu handeln, zum Ausgangspunkt nimmt. Eine solche selbst-initiierte Praxis außerhalb der vorhandenen Ökonomien, in denen es eine klare Unterscheidung zwischen Auftraggeber und Dienstleistungsanbieter gibt, kann in einen fremden Diskurs oder in ein fremdes Wissensfeld eindringen und ihn/es in der Tat erst produzieren.

Diese Fragen und potenziellen Modi der Praxis werden in den Kontext eines größeren Projektes gestellt, in ein durchdachtes Format, das darauf abzielt, einen Orbit von selbstgemachten und angewandten Feldstudien und Interventionsmodellen hervorzubringen. Neben einer Reflexion über die dreiteilige Struktur des sogenannten »Partizipationsexperiments« werde ich auch eine Reihe von Projekten vorstellen, wie etwa die *Winter School Middle East* und die *Europäische Kunsthalle*, die als faktische Beispiele dienen sollen, bei denen einige der hier angesprochenen Fragen in einem jeweils lokalen Kontext untersucht wurden. Diese Beispiele zeigen eine Art von Praxis, die darauf ausgerichtet ist, unabhängige kleine Institutionen zu schaffen, die Alternativen zu öffentlichen Kunstinstitutionen und zum Franchising der in fremde Regionen exportierten Hochschule bieten. Diese kleinen Institutionen werden durch kontrastierende Erfahrungen geprägt, bei denen ich mich selbst in formalen politischen Gebilden auf Regierungsebene institutionalisiert habe, und zwar zum einen durch ein Projekt, das die slowenische Regierung in Auftrag gegeben hat, als sie den Vorsitz im Europarat hatte (*East Coast Europe*[5]), und zum anderen durch ein Forschungsprojekt und eine Publikation im Auftrag des Regierungs-Think-Tank *Moutamarat* in Dubai, was zur Veröffentlichung von *With/Without – Spatial Products, Politics and Practices in the Middle East*[6] im Jahre 2007 führte.

Der größte Teil der Materialien, Forschungsergebnisse und Erkenntnisse, die in dieser Publikation zusammengestellt wurden, ist nicht das Resultat endloser Wochen in Bibliotheken und Archiven, sondern ein Versuch, Wissen durch Praxis zu produzieren. Dieses Material ist gewissermaßen eine Art Logbuch der letzten fünf Jahre über die Beschäftigung mit Bereichen, die einerseits meine Praxis definieren und andererseits meine Lesart dieser Praxis zeigen. Eine der Motivationen, mit diesem Projekt anzufangen, war der offensichtliche Mangel an Material zu dieser Thematik. Deshalb habe ich beschlossen, ein solches Materialarchiv zu schaffen. Ich habe mich zum Beispiel lange Zeit für die Schriften der belgischen Politologin Chantal Mouffe interessiert, vermisste aber immer eine konkretere Form von bzw. eine spezifische Annäherung an Themen wie: direktes Engagement; Beteiligung *versus* Ausschließung; wie wird man zum Akteur im Kraftfeld vorhandener Machtbeziehungen. Daher habe ich beschlossen, mit Chantal Mouffe selbst zu sprechen, statt ihre Bücher noch einmal zu lesen oder einfach weiterzumachen. Das führte zu einem sich über drei Jahre erstreckenden Gespräch, das versucht, eine Reihe von Annahmen und Provokationen zur Partizipation als solcher ans Licht zu bringen. Eine überarbeitete Version dieses Gesprächs findet sich in diesem Band.

Allgemeiner gesagt: Das Interview (als Format) hat es mir ermöglicht, einige meiner Hypothesen auf einfache Weise direkt und spielerisch zu überprüfen. Ich habe mir ein Netz von Gesprächspartnern geschaffen, das mir helfen sollte, diese Begriffe zu durchdenken. In diesem Zusammenhang werden Interviews als Teil der Bibliographie verstanden und präsentiert. Selbstgemachte Wörterbücher werden Teil der Bibliographie; geschriebene oder in Auftrag gegebene Literatur wird Teil der Bibliographie; Architekturprojekte werden Teil der Bibliographie; Feldarbeit und Projektarbeit mit Institutionen wird Teil der Bibliographie; Publikationen, Ausstellungen und Herausgeberschaften werden Teil der Bibliographie.

Einige Leute, mit denen ich gesprochen habe und die mir geholfen haben, den Inhalt dieses Buches zusammenzustellen, sind: Chantal Mouffe; die Ikone der deutschen Sozialdemokratie Erhard Eppler; der amerikanische Linguist und Philosoph Noam Chomsky; der britische Künstler Liam Gillick; der holländische Architekt Rem Koolhaas; die slowenische Künstlergruppe IRWIN; der niederländische Theoretiker Roemer van Toorn; der deutsche Kurator Felix Vogel; die slowenische Dramaturgin, Kuratorin und Schriftstellerin Eda Cufer; der israelische Architekt Eyal Weizman; der iranische Kurator Ashkan Sepahvand;

und die amerikanische Urbanistin und Schriftstellerin Keller Easterling.

Besonders dankbar bin ich Hans Ulrich Obrist, mit dem ich viele Stunden über die Vor- und Nachteile von verschiedenen Praxisformen diskutiert habe. Während meiner Jahre in London und in der Anfangsphase dieser Untersuchung, vor allem bei *Did Someone Say Participate?*, habe ich eng mit Shumon Basar zusammengearbeitet, dessen Einsichten und dessen Humor ich sehr schätze. Später wurde der größte Teil des Inhalts, der in diesem Buch diskutiert wird, in Gesprächen mit der kanadischen Künstlerin Patricia Reed und der italienischen Kuratorin Tina DiCarlo überprüft und weiterentwickelt. Ich möchte auch Franz von Stauffenberg danken, mit dem ich ein besonders anregendes Dinner-Gespräch hatte, das meine Überlegungen zur Frage der romantischen Nostalgie beeinflusst hat.

Wie kann man eine alternative Praxis vorschlagen, die sich mit Raumprojekten zu gesellschaftlichen und politischen Realitäten beschäftigt? Wie könnte eine polyphone Raumpraxis potenziell aussehen? Raumplanung wird oft für das Management räumlicher Konflikte gehalten. Die Stadt und die progressive Institution existieren als gesellschaftliche und räumliche Konfliktzonen, die ihre Grenzen durch beständige Transformation neu aushandeln. Wenn man sich mit Konflikten beschäftigen will, muss man eine kritische Entscheidungsfindung entwickeln. Eine solche Entscheidungsfindung wird oft als ein Prozess vorausgesetzt, dessen Endziel der Konsens ist. Im Gegensatz zur Konsenspolitik sollte eine kritische Raumpraxis vorschlagen, eine mikro-politische Beteiligung an der Raumproduktion zu fördern, und fragen, wie man etwas zu fremden Wissensfeldern, Professionen oder Diskursen aus einer »Raum-Sicht« beitragen kann. Durch zyklische Spezialisierung könnte der künftige Raumpraktiker möglicherweise als ein Außenseiter verstanden werden, der – anstatt zu versuchen, einen gemeinsamen Nenner zu schaffen und zu bewahren – in vorhandene Situationen oder Projekte eindringt, indem er entschlossen den Konflikt zwischen oft fest umrissenen Wissensfeldern schürt. Eine Reihe von Fallstudien dient als Testgelände für die Frage, wie man eventuell intervenieren kann.

Laut Hans Ulrich Obrist gibt es einen zunehmenden Bedarf, über »die Zerstörung der Konsensmaschine« nachzudenken.[7] Wenn man diesen Gedanken ernst nimmt, sollte man versuchen, die Wichtigkeit eines kritischen Engagements in fremden Wissensfeldern zu verstehen und aufzuzeigen – und die räumlichen Bedingungen als Mittel für eine kulturelle Untersuchung zu nutzen. Da diese noch nicht abgeschlossene Arbeit darauf zielt, sowohl die Rolle des Architekten als auch die Rolle und die Aufgabe der zeitgenössischen Institution zu untersuchen, werden vorhandene Partizipationsmodelle überprüft, und zwar sowohl im Hinblick auf die Konsenskultur als auch auf das Ethos des Kompromisses; diese Beispiele zeigen, wie die gegenwärtigen Institutionen strukturiert werden könnten.

Ich werde den aktuellen Bedarf an Akteuren beschreiben und diskutieren, die außerhalb von existierenden Netzwerken und klar definierten Milieus operieren und die Kreise der konventionellen Expertise hinter sich lassen, indem sie versuchen, andere post-disziplinäre Realitäten einzubeziehen. Es wird ein alternatives Modell der Partizipation innerhalb einer Raumpraxis erstellt, das ein Verständnis der Partizipation jenseits des Konsensmodells zum Ausgangspunkt nimmt. Statt eine Synchronisierung anzustreben, könnte ein solches Modell auf einer Partizipation durch kritische Distanz und einer ständigen Implementierung von Konfliktzonen beruhen. In solchen Zonen könnte man sich die Demontage existierender Situationen zugunsten strategisch isolierender Komponenten vorstellen, welche ge- oder missbraucht werden können, um für eine Friktion zu sorgen. Eine solche Praxis könnte dazu beitragen, die Wirkungen von – politischen, ökonomischen und gesellschaftlichen – Soft-Design-Komponenten zu verstehen.

Überdies werde ich untersuchen, wie man Institutionen schaffen kann, die sich mit konfligierenden Expertisefeldern beschäftigen, welche aus dem Inneren des professionellen Hintergrunds einer räumlichen Organisation attackiert werden.

Indem sie sowohl die Ausbildung des Architekten, als auch seine Fähigkeit, Konfliktfelder zu beschreiben, nutzt, soll diese Untersuchung eine Reihe von Fragen hervorbringen, die versuchen, die Relevanz räumlicher und architektonischer Expertise zu enthüllen; wie diese Fragen im institutionellen Bereich zu einer alternativen Wissensproduktion führen können.

Statt ein einfaches Rezept zu liefern, werde ich ein Feld potenzieller Ansätze, aus kritischer Distanz sprechender Stimmen umreißen, das uns ein Verständnis dessen ermöglichen kann, was und wie ein Architekt zu den genannten Fragen beitragen könnte, – indem ich einige der oben genannten Elemente nachzeichne, um eine selektive und operationale Sicht zu schaffen. Wie unterscheidet sich die Vorgehensweise eines Architekten bei der kritischen Untersuchung einer Situation von der üblichen Vorgehensweise anderer Wissensfelder? Im Kapitel *Vom Markt lernen*, vergleiche ich die Praxis, welche ich als die des »Ungeladenen Außenseiters« (und später als die des »Crossbench-Praktikers«) bezeichne, mit einer klassischen, marktorientierten Consulting-Methodologie; es folgt eine kritische Reflexion zu Jamshid Gharajedaghis Systemarchitektur, die einen der wichtigsten Entwickler der dritten Generation des systemischen Denkens einführt, bei dem das iterative Design den Kern seiner Systemmethodologie ausmacht. Es kann schwierig sein, sich in einem anderen als dem vertrauten Umfeld zu bewegen und darin zu handeln, – und es stellt sich die Frage, wie man Glaubwürdigkeit und Legitimität erlangt, um in einer derart erweiterten Umgebung zu operieren.

Darüber hinaus lässt sich mein Interesse für das Phänomen der Partizipation aus unterschiedlichen Blickwinkeln darstellen: Was die Politikwissenschaft betrifft, so werden die relevanten Argumente von Chantal Mouffe gegen die von New Labour in England und das niederländische Polder-Modell in Anschlag gebracht. Im weiteren Feld der Philosophie Ende des 20. Jahrhunderts werden die Schriften von Jacques Rancière und Edward Said benutzt (bzw. missbraucht), um ein virtuelles Gespräch zu führen, insbesondere Saids *Götter, die keine sind*.[8]

Was die Raumpraktiken angeht, so untersuche ich das *Soft Thinking* in der Architektur anhand der Arbeiten von Keller Easterling und Eyal Weizman, und beziehe mich auf Texte von Florian Schneider, um einen kritischen Diskurs zur Kollaboration zu erschließen. Ich habe die Biographie des deutschen Politikers Joschka Fischer als Fallstudie gekidnapped, um die Folgewirkungen von Gramscis »langem Marsch durch die Institutionen« zu illustrieren. Man kann auch das Beispiel eines größeren, staatlich finanzierten deutschen Projekts finden, das in politisch korrekter Kulturförderungsterminologie etwas antizipiert, das als Partizipationsprojekt bezeichnet werden könnte, und zeigt, wie dies als unschlagbares Beispiel dafür genutzt werden kann, warum man sich pseudo-demokratischen Rahmenbedingungen widersetzen muss.

Ich hoffe, dass diese neugeschaffene Methode den Zweck meiner Untersuchung deutlich macht. Dennoch bleibt die Frage, um was für eine Art/Form von Arbeit es sich handelt. Die materielle Grundlage ist weder eine geschichtliche Betrachtung noch eine Frontberichterstattung vom aktiven Kampf, sondern ein selbstgebrautes Gemisch aus verschiedenen Unterstützungsstrukturen für meine Argumentation. Die Art und Weise, in der ich Projekte, Materialien und Schriften benutze, um eine Theorie der konfliktorientierten Partizipation zu entwickeln, könnte mit der Weise verglichen werden, in der bestimmte Archive strukturiert sind; nicht wie eine Bibliothek, sondern wie eine Anhäufung von verschiedenen Arten des Wissens und von Materialien, die in einem einzigen (physischen) Ordner gesammelt werden.

Dann werden weitere Fragen behandelt, etwa was den Ort dieser Untersuchung in einem größeren Diskurs anbelangt, im Gegensatz zu konventionellen Partizipationsprozessen und als Theorie im Verhältnis zu ihrer eigenen Stringenz. Ich hoffe, dass diese Technik zu einer starken Position führt, die es vorhandenen Diskursen ermöglicht, sich weiter auszudifferenzieren, und dass sie eine hitzige Debatte auslöst, in deren Verlauf die Parallelen zwischen meiner Arbeit und den Praktiken des politischen

Aktivismus, der kritischen Raumpraxis, künstlerischer Produktion und neueren Abhandlungen gezogen werden.

Ich habe versucht, all dies aus der (manchmal verborgenen) Perspektive eines Architekten zu tun, der in verschiedenen kontextuellen Realitäten arbeitet. Schon fast standardmäßig beginnt die Bestimmung dieser Position damit, die Bedingungen in Frage zu stellen, unter denen diese Profession (wenn sich diese Terminologie überhaupt verwenden lässt) arbeitet. Erst wenn man den Bereich der Profession verlässt, wird architektonisches Denken interessant, – und möglicherweise wirklich relevant. Meiner Meinung nach ist Architektur immer ein individueller Akt, der auf einem Moment eines Bruchs beruht: die Entscheidung, eine vorhandene Realität weiter voranzubringen.

Ich bin mir bewusst, dass die verwendete Methodologie der ultimative Albtraum für jeden Akademiker ist, da ein großer Teil des Materials, mit dem ich hier arbeite, weder in irgendeinem geschichtlichen Kanon vorkommt, noch in einer öffentlichen Bibliothek verfügbar ist. Doch das ist genau der Grund, dieses Buch zu schreiben. Ich beschäftige mich darin mit den Bedingungen der Politik: die Dinge betrachten, bevor sie existieren. Es geht weniger um eine Forschungsarbeit als eine Infragestellung.

Das autokratische Modell, das ich zur Diskussion stelle, sollte in vielerlei Hinsicht nicht als eine Anleitung für die Praxis verstanden werden, sondern als Modell für einen Ansatz, der die Friktion schafft, die notwendig ist, um eine Debatte auszulösen und die Praxis selbst voranzubringen. Wenn dieses Buch nur ein einziges Ziel hätte, dann das, ein gemeinsames Verständnis und einen Ausgangspunkt zu schaffen, an dem wir, wie Mouffe sagt, uns einig sind, dass wir uns nicht einig sind. Es handelt sich um eine Theorie darüber, wie man partizipieren kann, ohne nach Wählerstimmen zu schielen, sondern stattdessen eine kritische Veränderung auslöst. Hier gibt es zwei Argumente: eines ist politisch, und das andere ist vom Begriff her konstruktiv. Diese Argumente kommen gelegentlich in konkreten Situationen und Projekten zum Vorschein, die Simon Critchley als »situative Universalität« bezeichnen würde.[9]

Raumpraxis jenseits der Romantik

Historisch wird Architektur oft als ein Berufsfeld verstanden, das Gebäude und Umfelder im Hinblick auf ihre ästhetische Wirkung entwirft – und sich dazu mit den Prinzipien des Designs und der Konstruktion beschäftigt. Diese herkömmlichen Praktiken konzentrieren sich zumeist auf die formale Agenda, das Spektakel, den Warencharakter, die Infrastruktur und den Kontext. Mit dieser Feststellung will ich kein Werturteil abgeben, sondern eher eine Beobachtung zur Vorgehensweise der Architektur im Allgemeinen beschreiben. In dieser Ökonomie ist der Architekt gezwungen, mit so wenig Friktionen wie möglich zu arbeiten, was so weit geht, dass er oder sie zu einem Spieler in einem Feld der mittelmäßigen Indifferenz wird, in dem die Infragestellung konventioneller Rahmenbedingungen und Gepflogenheiten als unerwünschter Versuch, die Konsensmaschine zu zerstören, verstanden wird.

Bei einer solchen Interpretation einer früheren Praxis wird der Architekt als jemand dargestellt, der die Errichtung eines Gebäudes plant und überwacht, also als die verantwortliche Person, die den Überblick hat, die ihren persönlichen Lifestyle einbringt und die es ermöglicht, dass ein Stück »Architektur« als einmaliges Produkt erscheint. Das große Ideal des Renaissancemenschen war der Universalgelehrte, eine Person mit umfangreichem und vielfältigem Wissen. In jenen Zeiten reichte die Architektur von einem ungeschriebenen Status, da sie eine »praktische« Praxis war (du tust etwas!), bis zu einem System von Kenntnissen und geistigen Übungen (du denkst!). Die Gentlemen des 19. Jahrhunderts erscheinen als ein Derivat dieses Bildes vom Renaissancemenschen. Im Kontext der Raumpraktiken könnte man sagen, dass dieses Verständnis der Architektur als eine Mischung von Praktiken (die das Bauen, reine Theorie und ein vielfältiges Universum von Praktiken zwischen diesen beiden Extremen umfasst) ein Schlüsselmoment ist: Es ermöglicht zum ersten Mal das Verständnis einer protokonzeptuellen Architektur, die vom Impuls zu bauen befreit ist.

Das bedeutet, dass es keine Rolle mehr spielte, ob etwas gebaut wurde oder nicht; das geistige Produkt wurde bereits als das Produkt selbst verstanden.

In der gegenwärtigen kapitalistischen Marktwirtschaft ist der Universalgelehrte zweifellos entbehrlich geworden. Heute müssen schnell Ergebnisse erzielt werden. Ohne ein breites interdisziplinäres Wissen und eine entsprechende Sichtweise (oder sogar die Möglichkeit, die vorhandenen Funktionalitätsmuster oder Vorgehensweisen in Frage zu stellen) zu entwickeln, ist der heutige Architekt mit einem immer umfassenderen System wirtschaftlicher Effizienz konfrontiert. Während die Auftraggeber neben gesteigerter Effizienz, verbesserten Kostenvoranschlägen und einer Gewinnmaximierung oft ein originelleres Design verlangen, muss der Architekt mit veralteten Bestimmungen, korrupten Bauunternehmern und immer geringeren finanziellen Mitteln zurechtkommen. Der heutige Architekt ist mit dem Paradox der Forderung von höheren Sicherheitsgarantien, die vom Wunsch nach mehr Kreativität und Innovation begleitet wird, konfrontiert. Diese Entwicklung ist sicherlich einer der Hauptgründe dafür, warum der sogenannte »Entwickler« zum »neuen Architekten« geworden ist. Viele zeitgenössische Architekten haben sich mit einer Position zufrieden gegeben, in der sie darauf beschränkt sind, nur die Form zu liefern – ein gefährlicher Fortschritt, da die meisten Entwickler das billiger oder schneller tun können und die Architekten zu Dienstleistern machen, die die Form schaffen. Eine noch nie dagewesene Welle von gesetzlichen Auflagen diktiert nun den Bau und das Aussehen eines Gebäudes, während der Architekt zu einem machtlosen Affen mit rotem Fes gemacht wird, dem beigebracht wurde, zu tanzen, wenn die Musik losgeht. In diesem Szenario ist der – oft nicht mehr benötigte – Architekt zu jemandem geworden, der Zierkirschen auf die fertige Torte setzt.

Um die gängigen Vorstellungen von der Architektur aus der Welt zu schaffen, ist es vielleicht hilfreich, sie als ein postdisziplinäres Kraftfeld des Wissens zu denken, als eine Praxis, die mit räumlichen Realitäten und ihrem Werden zu tun hat. Es scheint, dass es heute lebenswichtig ist, die Raumproduktion jenseits traditioneller Definitionen neu zu bewerten und die Möglichkeit einer »Architektur des Wissens«, die durch eine aktive Partizipation am Raum errichtet wird, zu erkennen. Das Verständnis, die Produktion und die Veränderung von Raumbedingungen gibt uns eine Grundvoraussetzung zur Identifizierung der größeren Bereiche der politischen Realität. Die heutigen Raumpraktiken wenden nicht nur die experimentelle Forschung an, die die wechselnden Lebensbedingungen städtischer Gesellschaftsformen untersucht, sondern verwenden auch physische und nicht-physische Strukturen, um spezifische Gegebenheiten umzuwandeln und zu verändern. Während die hervorgerufenen Differenzen marginal sein mögen, besitzt dies den unleugbaren Vorteil eines operativen Optimismus, der mit konkreten Folgen verbunden ist.

Dies ist natürlich nicht nur ein optimistisches Vorgehen (im Gegensatz zum Pessimismus und zur einseitigen Prognose in Bezug auf den öffentlichen Raum, insbesondere in der Stadt- und Raumtheorie in den USA in den 1980er und frühen 1990er Jahren, die die diskursive Wissensproduktion beherrschte, und wie sie zum Beispiel von Sharon Zukin, Mike Davis oder Michael Sorkin betrieben wurde[10]), sondern zeigt auch die Komplexität der alltäglichen Umgebungen, die wir bewohnen. Solche Praktiken verstärken unsere Wahrnehmung der Realitäten des mikropolitischen Kampfes. Wenn man den Prozess des räumlichen Werdens verstehen will, ist es wichtig, die vorhandenen Diskurse über den Verlust zu überwinden und die Praxis in einen Modus der Beobachtung umzuwandeln, der sowohl die vorübergehende Natur von räumlichen Konstrukten als auch die Transformation städtischer Kulturen, die durch alltägliche Phänomene und Praktiken gewährleistet wird, beinhaltet. Die befreienden Aspekte jüngerer Kartographien von räumlichen Praktiken scheinen darin zu liegen, gegebene Situationen betrachten zu können, ohne gleich vom Schlimmsten auszugehen. Das soll nicht heißen, dass man jegliche kritische Betrachtung fallen lassen muss, sondern eher, die Komplexitäten der physischen

Welt, in der wir leben, zu genießen und zu feiern: Komplexität als Chance.

Im Kontext von Stadt und Architektur wird Partizipation oft als alternative Form des Zugangs, als Mittel zur Stärkung der Einwohner verstanden. Ende der 1990er Jahre gab es bei Architekten und Stadtplanern ein wachsendes Interesse für Partizipationsprojekte und öffentliche Planungsprozesse. Die meisten dieser Projekte und Diskurse drehten sich um die Vorstellung von Systemen, die entworfen wurden, um die Mitbestimmung der Einwohner zu berücksichtigen.

In der Geschichte der Architektur des 20. Jahrhunderts gibt es zahlreiche Versuche, sich aus Sicht der Partizipation kritisch mit der traditionellen Praxis auseinanderzusetzen. Trotzdem ist meistens nicht gelungen, mehr als Widerstandserklärungen abzugeben – die nur in geringem Maße in die Tat umgesetzt wurden. Neben dem Zufallsprinzip der Surrealisten und der ideologischen Assemblage der Situationisten gab es noch andere Beispiele für die Formulierung von Widerstand. In den 1960er Jahren, als *Team 10* für Begriffe wie Mobilität, Grundmuster des Alltagslebens und zunehmendes Wachstum der Städte als Grundlage der Stadtplanung plädierte, wurde gesellschaftliche Veränderung (die früher von oben nach unten von einer Avantgarde vorgenommen wurde, welche die architektonische Kompetenz a priori in sich vereinte) als etwas gesehen, das von unten nach oben vonstatten geht, das aus den inneren Prozessen der Gesellschaft hervorgeht und das Architektur und Planung berücksichtigen sollten. In diesem Kontext verstand man die Aufgabe des Designers als Manager der Hardware: die Verstärker, Abschwächer und Schleusen, die die Geschwindigkeit und die Stärke der Ströme in diesen Systemen steuern.

In Frankreich hat Yona Friedman – dessen Arbeit auf Unvorhersehbarkeitsprinzipien beruht – Fragen der Umgestaltung im Zusammenhang mit dem akuten Wohnungsmangel und der Stadtsanierung untersucht und ins Licht der Öffentlichkeit gerückt. Er schlug gigantische Strukturen vor, in denen die Bewohner ihre eigenen Wohnungen bauen konnten, und entwickelte einfache Handbücher in Form von Comic-Heften, die es den Leuten ermöglichten, Entscheidungen zur Gestaltung ihrer eigenen Lebensumgebung zu treffen. Zur gleichen Zeit propagierte Cedric Price in England die Architektur der »kalkulierten Ungewissheit«. Seine laterale Annäherung an die Architektur und an zeitbasierte städtische Interventionen hat dazu geführt, dass seine Arbeit einen anhaltenden Einfluss auf zeitgenössische alternative Praktiken hat. Prices Ansatz wurde, ähnlich wie die Arbeit des in der Schweiz geborenen Soziologen und Wirtschaftswissenschaftlers Lucius Burckhardt (der sich insbesondere für Planungsmethoden und alternative Modelle des partizipatorischen Urbanismus interessierte, mit einem besonderen Schwerpunkt auf all jene, die in Planungsprozesse involviert sind[11]), in den 1980er Jahren auf den IKAS-Kongressen als Paralleluntersuchung benutzt.[12] Mehr als zweihundert Teilnehmer aus vierzig Ländern diskutierten hauptsächlich über die gesellschaftliche Aufgabe der Architektur und weniger über ihre formalen und konstruktiven Aspekte, die Gegenstand paralleler postmoderner Diskurse war. Diese Kongresse untersuchten Themen wie Demokratisierung, Beteiligung der Bewohner, nachhaltiges Bauen und die Verwendung der Architektur über längere Zeiträume. Diese Modelle beruhten meist auf einem Verständnis der Partizipation, das einen Konsens und ein gesellschaftliches Engagement als treibende Kräfte in der Praxis voraussetzte.

So ähnlich wie die jüngste Übersättigung und Verwendung des Wortes Partizipation in der Welt der Architektur und Planung hat es vorher vergleichbare Entwicklungen in der Kunstwelt gegeben, wie etwa Nicolas Bourriauds Ausdruck »relationale Ästhetik«[13] in den 90er Jahren. In dieser Ästhetik wird ein Kunstwerk eher auf der Grundlage der »menschlichen Interaktion und ihres gesellschaftlichen Kontexts« beurteilt und nicht als »Behauptung eines unabhängigen und privaten symbolischen Raumes.«[14] Im Gegensatz zum Mainstream der Kunstproduktion in den 1980er Jahren und zu Anfang der 1990er Jahre betonte der relationale Aspekt weniger das Objekt als vielmehr die Ortsbezogenheit und die performativen Ereignisse, die sich explizit auf die Interaktion und Partizipation des Publikums stützten. Claire Bishop untersucht in ihrer jüngsten Veröffentlichung *Participation* diese Praxis, das Publikum aus der Rolle von Beobachtern in die Rolle von Produzenten zu versetzen, als ein Mittel zur Schaffung neuer gesellschaftlicher Beziehungen.[15]

Der zunehmende Gebrauch des Ausdrucks Partizipation beinhaltet auch eine Reihe von Fragestellungen, bei denen ein ideologisches Bezugssystem in eine Praxis umgesetzt wird. Jeremy Till sagt: »Das Wort Partizipation wurde in jüngster Zeit häufiger benutzt als das andere Schlagwort der gegenwärtigen Politik, – die Nachhaltigkeit. Beide treffen sich im Begriff der ›nachhaltigen Gemeinschaften‹, welche der Rhetorik zufolge auf den Prinzipien der demokratischen Partizipation an ihrem eigenen Entstehungsprozess gründen. Das Problem ist, dass ›Partizipation‹, ›Gemeinschaft‹ und ›Nachhaltigkeit‹ durch ihren übermäßigen Gebrauch mehr oder weniger bedeutungslos geworden sind. Diese Wörter erwecken den Anschein von etwas Wertvollem; doch wenn man an der Oberfläche kratzt, fällt auf, dass kritische Überlegungen zu dem, worum es geht, fehlen. Partizipation wird zu einer nützlichen Methode der Beschwichtigung, statt zu einem wirklichen Transformationsprozess.«[16]

Der folgende Text ist ein kurzes Gespräch mit der in Vancouver lebenden Künstlerin Sabine Bitter über ein umfangreiches Projekt zur städtischen Forschung, das von der deutschen Bundesregierung durch die Bundeskulturstiftung finanziert wurde. Sabine Bitter und ihr Kollege Helmut Weber arbeiten an Projekten, die sich unter dem Titel »Bitter Weber« mit Stadtgeografie und visueller Politik beschäftigen.[17]

Markus Miessen – Sabine, es wäre schön, wenn du eine kurze Einführung in das Projekt geben könntest.

Sabine Bitter – Das Caracas-Case-Projekt war ein auf sechs Monate angelegtes Forschungsprojekt zur »Kultur der informellen Stadt« im Jahre 2003. Der Fokus lag auf den Auswirkungen der informellen und chaotischen Teile der Stadt [Caracas, Venezuela], wie Barrios, Straßenverkauf, informelle Ökonomie, Verkehrsstaus, die man für eine Krankheit hält – die sich ausweitet und außer Kontrolle gerät – auf die formalen Konzepte und Vorgaben der Stadtplanung und des Städtebaus.

MM Worin bestand in dieser Zusammenarbeit mit deinem Partner Helmut Weber dein Beitrag zu diesem Projekt?

SB Das Projekt wurde durch Forschungsmittel der Kulturstiftung des Bundes und des Caracas Urban Think Tank ermöglicht. Wir wurden als bildende Künstler eingeladen, um die Phänomenologie einer »außer Kontrolle geratenen« Stadt zu dokumentieren. Wir haben den Fokus aber von der schlichten Abbildung und Illustration der Situationen auf eine in die Tiefe gehende Untersuchung der geschichtlichen und jüngeren gesellschaftlichen und politischen Bedingungen verlagert, die zu diesen umstrittenen Formen der Urbanisierung geführt haben. In unseren Projekten – wie den Videos *Living Megastructures* oder *Super Citizens* – haben wir Formen eines »transformativen Urbanismus« ausgemacht, die sich auf jene Bewohner bezogen, welche die gesellschaftlichen Beziehungen ändern wollten und, je nach Standpunkt, nicht nur ihre Lebens- und Arbeitsbedingungen in der Stadt verbessern wollten.

MM Wie sah die Struktur des Projekts ursprünglich aus?

SB Die Struktur des Projekts sah aus wie ein Büro für Städtebau, kombiniert mit einem eher akademischen Ansatz zur Erforschung und Analyse verschiedener Expertenpositionen und Fachdisziplinen.

MM Wer hat es organisiert?

SB Es wurde von einer Gruppe organisiert, die damals als Caracas Urban Think Tank bezeichnet wurde. Wie schon gesagt, wurde es von der Bundeskulturstiftung finanziert und war deren erstes Projekt in einer Reihe von Projekten über Städte. Universitäten und andere Institutionen dienten als strategische Partner des Projekts. Zwei Architekten, die damals in Caracas lebten, leiteten den Think Tank.

MM Welche Erfahrungen hast du in Bezug auf die Organisation des Projektes gemacht?

SB Es war organisiert wie ein Architekturbüro mit einem Ansatz, der Forschung und Theorie in den Vordergrund rückte.

MM In welchem Maße waren die Architekten an der Organisation beteiligt und haben am Projekt und seinen Ergebnissen mitgearbeitet?

SB Sie fungierten als die Leiter des Büros und des Think Tank und sahen sich selbst als die verantwortlichen und »natürlichen« Autoritäten des Projektes.

MM Für mich ist dieses Projekt besonders interessant im Kontext eines Missbrauches von Formen und Erzählungen von der Partizipation und des sozialen Engagements, die häufig nur ökonomische Formen kaschieren. Das ist so lange in Ordnung, wenn es auch auf diese Weise vermittelt wird. Aber es wird oft bewusst in einer nebulösen Weise gefördert. Ich habe einige Gerüchte über die Art und Weise gehört, in der die Finanzierung gehandhabt wurde. Stimmt es, dass das Geld auf einem Offshore-Bankkonto verschwunden ist?

SB Wir mussten monatelang warten bis die erste Rate auf unser Konto überwiesen wurde, was wirklich ärgerlich war. Helmut Weber und ich mussten wie auch andere Mitarbeiter für unsere Ateliers in Wien und in den jeweiligen Heimatstädten der anderen bezahlen. Für das Projekt mussten wir auch Räumlichkeiten in Caracas anmieten, in denen wir vor Ort arbeiten konnten. Was die Gerüchte betrifft: es tauchte einmal ein Offshore-Konto auf, als wir die Überweisung des Geldes zurückverfolgt haben. Jedenfalls ist es nicht verschwunden, es war eher eine »verspätete« Überweisung, die natürlich für Stress und Gerüchte sorgte. Es scheint für die Oberschicht in Venezuela eine gängige Praxis zu sein, Geld außer Landes zu bringen.

Wir mussten unsere Miete auch auf einem Konto in Miami einzahlen.

MM Wie hat deine Beteiligung an dem Projekt dein Verständnis und dein Denken über die Vorstellung von Partizipation in der Kunst und in der Architektur und insbesondere bei dem, was oft als »soziales Projekt« bezeichnet wird, verändert?

SB Der allgemeine Rahmen des Projekts ist nie als ein soziales Projekt formuliert worden – die Hinwendung der Mitarbeiter zu den sozialen und politischen Bedingungen machte den »urbanistischen Ansatz« zunehmend fragwürdig – und führte schließlich zu einer Art von kritischem Bewusstsein in Bezug auf die Ergebnisse des Projekts. Es gab heftige Diskussionen mit den Architekten über den »nicht-politischen« Status eines urbanen Forschungsprojekts. Das führte oft zu anstrengenden und unerfreulichen Situationen während der Projektentwicklung. Vor allem hat es die Fokussierung einiger Mitarbeiter auf der Artikulierung von sozialen, politischen und formalen Aspekten im Stadtgefüge erschwert.

MM Als Außenstehender hat man den Eindruck, dass das Projekt eher ein Gegenmittel gegen die Vorstellung dessen, was man ein »soziales Projekt« nennen könnte, hervorgebracht hat, – und sie durch die marktgerechte Vorstellung einer »Partizipation als verschleierte Taktik zur Erhöhung der Wirtschaftlichkeit« ersetzt hat. Was hältst du davon?

SB Das ist genau das, was wir erlebt haben und was wir mit und in unseren Beiträgen kritisieren wollten.

MM Kannst du bitte beschreiben, wie du diesen Prozess in Frage gestellt hast?

SB In unserem eigenen Projekt sahen wir eine Gelegenheit, die Repräsentationspolitik des Raums zu untersuchen: Wir produzierten ein Bild vom *Barrio 23 de Enero*, das sich ganz auf die neue Bolivarianische Verfassung bezog. Wir hatten die Idee, die besondere Geschichte und sehr politisierte Gegenwart des *Barrio 23 de Enero* mit der aktuellen nationalen Politik gesellschaftlicher Umgestaltung durch partizipatorische Demokratie in Bezug zu setzen. Wir haben das Bild in einer der »kulturellen Nischen« der U-Bahn-Station Bellas Artes installiert. Dies war möglich aufgrund der Kooperation der Leute, die damals für diese Nischen zuständig waren – zwei Frauen, die aus *23 de Enero* stammten. Sie gaben ihre Zustimmung innerhalb von fünf Minuten, da sie spürten, dass Orte wie *23 de Enero* und die Leute, die dort lebten, noch nie in einer Umgebung wie der U-Bahn-Station Bellas Artes gezeigt worden sind. Wir haben auch das Video, das wir über *23 de Enero* gedreht haben, *Living Megastructures*, in der Station gezeigt. Als Künstler hatten wir die Mittel, größere Bilder zu produzieren, und wir hatten Zugang zum öffentlichen Raum (dank dieser wunderbaren Frauen in der U-Bahn-Verwaltung, die erkannt haben, dass selbst ein Bild des Urbanen politisch ist). Auf diese Weise haben wir nicht zur wirtschaftlichen Produktion selbst beigetragen, sondern auf kritische Weise die tatsächlich vorhandenen ökonomischen Beziehungen und – hoffentlich – den Kampf für ökonomische und räumliche Gerechtigkeit in Caracas reflektiert.

Wir sind auch mit dem Selbstverständnis in dieses Projekt hineingegangen, dass wir etwas von den Bewohnern der Vorstädte, der Barrios lernen würden (wie es im Titel einer unserer Arbeiten ganz direkt heißt: »Learning from La Vega«), und nicht mit der Idee, dass wir die Experten aus Übersee wären, die mal kurz vorbeikommen und ein räumlich/gesellschaftliches Problem lösen könnten. Es geht nicht darum, das Wissen derer zu fetischisieren, die im Laufe der Geschichte marginalisiert wurden, sondern eine demokratischere Idee von Bildung anzuerkennen – von räumlicher, gesellschaftlicher und kultureller Bildung (*literacy*).

Der Partizipation die Unschuld nehmen

»Warum ist schön schlecht? In was für einer bescheuerten Gesellschaft leben wir, in der schön schlecht ist?«

George Costanza[18]

»Der Druck der Verantwortung ist groß, den Demokratie ausübt auf die, die an sie noch glauben, und wird unerträglich, wenn der Glaube hinterfragt wird von der Wirklichkeit der Bilder und vom Zweifel eines Ungläubigen. Es kann nicht sein, was nicht sein darf und die, die Verantwortung mittragen wollen, merken den Betrug nicht mehr, der täglich an ihnen verübt wird von führenden Vertretern der Demokratie. Da prügeln sie den Boten. Besseres kann dem Betrug, zu dem Demokratie von Demokraten gemacht wurde, gar nicht passieren. Man darf doch davon ausgehen, dass es einen Haider gar nicht geben würde, wenn es in Österreich wirklich eine Demokratie gegeben hätte, mit Repräsentanten an der Spitze, die sich ihren Grundlagen wirklich unterworfen hätten.«

Josef Bierbichler[19]

Partizipation wird oft als falscher nostalgischer Wunsch verstanden und gefördert. Bestimmte Arten der Partizipation können auch populistisch sein und in dieser Weise verwendet werden. Es kann zum Beispiel sein, dass Volksbefragungen die Demokratie nicht stärken, sondern zu ihrem Verfall beitragen. In der gegenwärtigen ideologischen Krise sind Volksbefragungen bei etablierten Parteien beliebt geworden, die sich vor unpopulären Entscheidungen fürchten. Diese Neigung, die Verantwortung abzuwälzen (*liability-mentality*), ist heute Bestandteil der Politik in Form einer Auslagerung von Entscheidungsfindungsprozessen. Durch eine Volksbefragung schieben Politiker und gewählte Volksvertreter, die Entscheidungen für die Bevölkerung treffen müssen, die ihnen dazu das Mandat gegeben hat, den Moment, in dem sie die Verantwortung für ihre Handlungen übernehmen müssen, immer weiter hinaus. Wenn sie alle befragen, brauchen sie selbst keine Idee oder Vision. Dummerweise bringt eine Volksbefragung aber auch keine Ideen hervor. Sie zeichnet nur das Verhältnis von Mehrheit und Minderheit nach. Die Erosion der Demokratie kommt von innen und wird durch einen falschen Konsens befördert. Diese Auflösung des demokratischen Modells ist sehr gefährlich, da sie den Aufschwung des politischen Extremismus ermöglicht und – in gewissem Maße – fördert.

Ein interessantes Beispiel dafür ist die jüngste Volksabstimmung zur Frage der Minarette in der Schweiz. Im Wesentlichen nutzte dabei die SVP (Schweizerische Volkspartei) ihren starken Einfluss für eine skrupellose Kampagne, um insbesondere mit Hilfe der Boulevard-Presse der Bevölkerung bei der Entscheidung zu »helfen«, indem sie die partizipatorische Demokratie als Instrument benutzte, um die Fremdenfeindlichkeit zu schüren. Populisten behaupten gern Folgendes: Nur Volksbefragungen zeigen die wirklichen Mehrheiten in einem Land oder in einem gegebenen politischen System. Doch man darf nicht vergessen, dass jemand, der sich auf Mehrheiten beruft, gemeinhin jemand ist, der besonders stark in Kampagnen investieren kann. Obwohl das nicht für jede einzelne Volksbefragung gilt, ist das Ergebnis eher eine pekuniär orientierte Politik als die oft proklamierte Form der Demokratie von unten. Während 57% der Schweizer Bevölkerung, die zur Wahl gegangen ist, gegen Minarette gestimmt haben, sagt uns die Statistik, dass die Schweiz – seltsamerweise – weniger fremdenfeindlich ist, als andere europäische Länder.

Auf der Metaebene des Werkszeugs oder des *modus operandi* selbst ist die Partizipation keine besondere Qualität und bedeutet auch nichts. Es ist als ob man »Hammer« sagt, wenn man in Wirklichkeit ein Haus bauen will. Ehrlich gesagt, nicht jeder sollte ständig gebeten oder eingeladen werden, sich am Entscheidungsfindungsprozess zu beteiligen. Es scheint eine falsche oder pervertierte Bedeutung der Notwendigkeit einer Beteiligung zu geben, die zumeist von der Furcht bestimmt ist, die Macht zu verlieren, Wahlkreise zu behalten und Interessensvertreter zu beeinflussen und zu kontrollieren, um sie strategisch einsetzen zu können. Die staatliche Politik ist zumeist damit beschäftigt, Machtverhältnisse zu erkennen, zu entwerfen, zu gestalten und zu implementieren. Das machte den Versuch fast unmöglich, in diesem Kräftefeld zu interagieren oder in ihm eine Position aufrecht zu erhalten, wenn das eigene Interesse auf die Erhaltung und Ausdehnung der Macht fokussiert ist.[20] Partizipation ist zum Radical Chic und zur Modeerscheinung bei Politikern geworden, die sicherstellen wollen, dass das Werkzeug selbst keinen kritischen Inhalt produziert, sondern zu etwas wird, das Kritikalität demonstriert.

In einem solchen Kontext wird Partizipation zu einer Art Auftriebsmittel, zu einer gesellschaftlichen Beruhigungspille, nicht im Sinne von potenziellen Entscheidungen, die die Bevölkerungsmassen treffen könnten, sondern indem man ihnen den Boden unter den Füßen wegzieht, von dem aus sie aktiv die Aktionen der Entscheider und Volksvertreter kritisieren könnten. Dies gibt uns ein Vorgefühl davon, dass der Begriff und das Konzept der horizontalen Organisation heute als etwas Lohnenswertes gesehen werden kann, aber zumeist als politische Währung von denen benutzt wird, die sie propagieren. In einer solchen Ökonomie der partizipatorischen Währung ist *political correctness* per se ad absurdum geführt worden. Es scheint einen unterschwelligen Konsens zu geben, dass wir nicht nur politisch korrekt denken und handeln sollen, sondern dass wir, offen gesagt, nett zueinander sein sollen und möglichst wenig Verwirrung und Störung verursachen. So ist die kritische Infragestellung zu einem seltenen Phänomen geworden. Besonders problematisch scheint eine politisch korrekte Toleranz zu sein, die sogar jene befallen hat, die sich selbst für kritisch halten – oft aber einfach unfähig sind, ihre Stimme zu erheben, da sie sonst ihre peinlich genau geplante Karriere aufs Spiel setzen würden.

Damit soll nicht die politische Korrektheit per se attackiert oder kritisiert werden. Partizipation ist jedoch zur ultimativen Willensbekundung im Sinne einer Abwälzung der Verantwortung geworden, bei der sich der aktive Player, der wegen seiner Entscheidungsfindung kritisiert werden könnte, zum Vertreter der Vorlieben und Entscheidungen einer angeblichen Mehrheit macht. In einem solchen Regime scheint fast keiner den Mumm zu haben, aus der Reihe zu tanzen und zu sagen: »Warte mal, da läuft was schief – lass uns noch mal darüber nachdenken!«

Viel vom jüngsten Gerede über Partizipation geht davon aus, dass man umso mehr Empathie für eine Sache oder eine Person entwickelt, je näher man ihr kommt. Das ist eine beängstigende Annahme. Wenn wir heute über diese Frage und/oder Problematik der Partizipation nachzudenken beginnen, fällt uns als erstes eine zunehmende irritierende Romantik auf, die in das ganze politische Spektrum von der kritischen Linken bis zur äußersten Rechten eingedrungen ist. Doch wo würden wir hinkommen, wenn wir nicht manchmal unabhängig von den populärsten Entscheidungen oder Gefühlen Entscheidungen treffen könnten? In gesellschaftlichem Maßstab hat es den Anschein, dass wir, je mehr wir über Sex reden, tatsächlich umso weniger Sex haben. Je mehr wir oberflächlich und öffentlich engagiert sind, umso weniger interessiert uns das Ganze.

In den letzten zehn Jahren – in denen es eine wohlwollende und nicht hinterfragte Verwendung des Ausdrucks »Partizipation« und seiner demokratischen Grundlagen gab – haben wir eine nahezu fundamentalistische Befürwortung einer Bürgerbeteiligung erlebt, die mit einer grotesk unkritischen Weise einher ging, Strukturen und Rahmenbedingungen für diese sogenannte Partizipation zu schaffen, und zwar auf nationalen Ebenen, auf der Ebene lokaler Beteiligung, bei Projekten in der Kunstwelt, und so weiter. Es hat den Anschein, dass wir angesichts dieser romantischen Sehnsucht nach gutwilligen, von der Open-Source-Praxis geprägten Praktikern, Institutionen oder Parteien dringenden eine rückhaltslose politische Offenheit brauchen. Diese Offenheit muss an die Stelle der *political correctness* – der Art, die dazu benutzt wird, eine bestimmte politische Höflichkeit, sprich ein Protokoll der politischen Verbindlichkeit zu stützen – treten und eine fallspezifische Kritik zum Tragen bringen, die Höflichkeit durch Redlichkeit, Fachkenntnis,

Kritik und, falls notwendig, durch ein Urteil ersetzt. Es gibt nichts Schlimmeres als eine Verzögerung der Entscheidungsfindung infolge einer falschen Interpretation politischer Korrektheit.

Die Krise der (übermäßigen) Verwendung des Begriffs der partizipatorischen Praxis in der Architektur ist nur ein Teil einer größeren Krise, in der sich dieses Metier seit den letzten zwanzig Jahren befindet. Die Schnelligkeit des Auftauchens von Praktiken, die in den 1990er Jahren allesamt plötzlich »sozial« wurden, ist nur ein Indiz für die ökonomische Instabilität dieses Metiers. Im Kontext der partizipatorischen Praxis ist nur in sehr geringem Maße diskutiert worden, dass sich im Bereich der Architektur viele Büros einem mehr auf Beteiligung beruhenden Modell von prozessorientierten Forschungsprojekten zugewandt haben, weil sie einfach keine Aufträge mehr für größere Bauarbeiten bekamen. Interessanterweise wird dieser ökonomische Aspekt oft aus der Diskussion ausgeschlossen. Wenn man Ende der 1990er Jahre und zu Beginn des folgenden Jahrzehnts in Städte wie Berlin ging, war man geradezu überwältigt von der Impulsivität und scheinbar sozialen Verantwortung der architektonischen und räumlichen Praxis. Gleichzeitig war dieses Phänomen ein früher Hinweis auf die größere Wirtschaftskrise, in der wir uns gegenwärtig befinden. Man konnte diese soziale Krise in der Architektur durchaus für eine völlig verlogene Annäherung an die Partizipation halten, da sie nur selten aus einem tief verwurzelten Glauben an sozialdemokratische Prinzipien oder einem Interesse an direkter Beteiligung hervorging. Im Gegensatz dazu schien die Krise plötzlich die Chance für eine alternative Ökonomie zu bieten. Als es keine Aufträge für den physischen Bau mehr gab, begannen die Praktiker erneut über ihre Formate nachzudenken.

Das soll nicht heißen, dass es bei einigen Praktikern kein ernsthaftes Interesse gab, auf Beteiligung ausgerichtete und engagierte Modelle für die Praxis zu entwickeln. Die Krise in vielen miteinander verbundenen Berufsgruppen (wie in der Architektur, der Stadtplanung und der Raumpraxis) hat zu einer Situation geführt, in der viele interessante und relevante Praxismodelle entwickelt und getestet wurden. So wie jede Krise schwere Niederschläge mit sich bringt, birgt sie natürlich auch produktive und digestive Potenziale.

In der Politik und, genauer gesagt, in einer parlamentarischen Demokratie sind wir ständig der Mythenbildung ausgesetzt. Eine politische Einladung zur Partizipation geht gemeinhin Hand in Hand mit einer ganz klaren Vorstellung davon, wie man partizipieren soll; anders gesagt, mit einem Verhaltenskodex, mit einer Reihe von unausgesprochenen Regeln. Wenn Künstler oder kritische Praktiker am Begriff des demokratischen Prozesses und der Entscheidungsfindung arbeiten, so arbeiten sie seltsamerweise immer außerhalb des Repräsentationssystems; das heißt, nicht innerhalb der repräsentativen Demokratie, sondern in Arten und Weisen der direkten Demokratie und von Prozessen, die von unten nach oben verlaufen (Josef Beuys' *Organisation für direkte Demokratie durch Volksabstimmung*, die 1971 in Düsseldorf gegründet wurde, ist dafür ein Beispiel von vielen). Lasst alle entscheiden! Aber warum?

Man könnte sagen, dass die Unschuld der Partizipation eine Versuchung ist, der man allzu leicht erliegt. Simon Critchley kritisiert das Stillschweigen und die Kontemplation, die viele Praktiker heute zum Ausdruck bringen: »Der passive Nihilist verschließt die Augen vor einer Welt, die sich selbst allzu bereitwillig in Stücke haut, und verwandelt sich in eine Insel.«[21] Es hat den Anschein, dass wir durch die Situation und von der Situation ausgehend, in der wir uns befinden, denken und der Versuchung des Nihilismus widerstehen müssen, wenn wir die Realitäten einer sich ändernden Welt betrachten. Um solche entscheidenden Veränderungen in der Praxis zu bewirken, muss man sich neben der Polemik mit den Grundlagen der moralischen Entscheidungsfindung beschäftigen: »Ohne eine plausible Erklärung der Motivationskraft, das heißt, ohne eine Konzeption des ethischen Subjekts wird die moralische Reflexion auf ein bloßes Manipulieren der üblichen Rechtfertigungssysteme reduziert: Deontologie, Utilitarismus und Tugendethik.«[22] Interessanterweise behauptet Critchley nicht, dass es die Aufgabe eines Philosophen sei, das moralische Ich hervorzubringen, sondern ganz im Gegenteil: Verantwortung zu übernehmen. Ich interessiere mich für diese Verantwortung und die Neuerfindung dessen, was es bedeutet, verantwortlich zu sein.

Politik im Sinne von Critchleys Auffassung von wahrer Demokratie präsentiert die Praxis in einer Situation, die ein »Voranschreiten«, eine Friktion artikuliert: »die Schaffung einer interstitiellen Distanz«.[23] Dieser Rahmen ermöglicht das Auftauchen von alternativen und neuen politischen Subjektivitäten. Wenn Critchley von Demokratie spricht, bezieht er sich auf eine Bewegung der Demokratisierung und zu dieser hin; oder, dialektisch gesagt, auf die Wahrheit eines Staates, eine Wahrheit, die kein Staat wirklich verkörpert. Demokratie ist immer und in erster Linie ein Demokratisierungsprozess. Dieser Prozess hört nie auf und muss gelernt und angeeignet werden. Politik ist immer jetzt und mannigfaltig.

Um Strategien für eine post-nostalgische Praxis zu entwickeln, muss man über die Binsenweisheit hinausgehen, dass, um voll und ganz demokratisch zu handeln, jeder beteiligt werden muss. Manchmal muss – wie ich schon in der Einleitung sagte – Demokratie um jeden Preis vermieden werden. Der »Begriff des Kuratorischen« konfrontiert uns standardmäßig mit dem Gegenteil dessen, was man »Partizipationsromantik« nennen könnte, da er eine Entscheidungsfindung von außen beinhaltet – manche würden sagen von oben: es geht um Ausschließung und den Akt des »Durchstreichens«: nicht über das nachzudenken, was gezeigt werden soll, sondern über das, was nicht gezeigt werden soll.

Politisch korrektes und sachkundiges Engagement führt oft zum Gegenteil dessen, was angestrebt wird; in diesem Kontext »kriegt auch das Verbrechen plötzlich eine heilige Aura.«[24] Eine solche Minimalisierung des Verstoßes gegen die gesellschaftliche Ordnung beschäftigt sich letzten Endes mit der Schaffung und Erhaltung von gesellschaftlicher Harmonie, ganz gleich ob sie das Thema oder den Inhalt voranbringt oder nicht. Das geht manchmal so weit, dass Leute von bestimmten Entscheidungen nur deshalb Abstand nehmen, um zu vermeiden, dass sie möglicherweise als konservativ bezeichnet oder gebrandmarkt werden. Aus der Sicht politischer Korrektheit kann dies nicht nur als Bewahrung bestimmter Werte, sondern auch als Verteidigung institutioneller Strukturen interpretiert werden. Der Theaterschauspieler Josef Bierbichler führt in diesem Zusammenhang einen interessanten Gedanken in den Kontext des Politischen ein, indem er darauf hinweist, dass es heute immer wichtiger geworden ist, nicht zu fragen, ob man Skandale erzeugen *darf*, sondern ob man das überhaupt noch *kann*.[25] Wenn Bierbichler von Skandal spricht, meint er keine vordergründige Provokation, mit der nur mediales Aufsehen erregt werden will, sondern eher das Gegenteil: »die Unruhe, die von einem geschärften Gedanken ausgelöst werden kann, wenn er eindringt in einen gefälschten gesellschaftlichen Konsens, um diesen zu entlarven.«[26]

Wenn Skandale und Heterogenitäten vom gesellschaftlichen Konsens geschluckt und nicht durchkreuzt werden, und wenn kontroverse Debatten nicht mehr stattfinden können, dann gibt es keinen gemeinsamen Raum, in dem Konflikte ausgetragen werden können. Das kann manchmal zu einem völligen Gesichtsverlust führen, wenn Politiker ihre Interessen und Überzeugungen aufgeben, um so »wählbar« wie möglich zu sein. Verbunden mit einer populistischen Forderung nach Partizipationsstrukturen hat dieses Modell der Befriedung in der Vergangenheit sehr gut funktioniert, vor allem unter Tony Blairs New Labour-Regierung in Großbritannien seit 1997.[II] Blairs Dritter Weg beförderte die Ersetzung langfristiger Ziele durch Formen der inkrementellen und lokalen Problemlösung.

In der vereinfachten Idee der New Labour-Politik konnte man – und kann man in gewissem Maße immer noch – eines

---

II New Labour wurde 1994 als alternatives Markenzeichen der Labour Party geschaffen. Es dient gemeinhin weiter dazu, die Modernisierer von denen zu unterscheiden, die in der Labour Party traditionelle Positionen vertreten.

der brillantesten Beispiele dafür sehen, wie eine nostalgische, aber hartnäckige Sehnsucht nach öffentlicher Partizipation als Mittel zum Outsourcing von Verantwortung benutzt werden kann. Während Großbritannien sich auf einem historischen Tiefpunkt der Partizipation der Bevölkerung (also der Bereitschaft der Leute, sich an politischen Strukturen und Systemen zu beteiligen) befand, hat es mehr Lippenbekenntnisse als jemals zuvor gegeben, was das Warum und Wie der Beteiligung der Leute an der Politik betrifft. Als New Labour alles in Beteilung umgewandelt und jeden zum »Teilnehmer« gemacht hatte, begann man, sich über die angebliche Unschuld des Begriffs Gedanken zu machen, über seine wirklichen Beweggründe und die romantische Art und Weise, in der er vermittelt wurde.

New Labour beschloss, alles nur Denkbare zu bewerten und zu messen, und führte äußerst abstrakte und unmessbare Ziele ein. In der Industrie und im öffentlichen Dienstleistungsbereich führte diese Denk- und Handlungsweise zu einer Überfülle von Zielen, Quoten und Plänen. Dadurch sollte den Arbeitern freie Hand gegeben werden, damit sie diese Ziele auf die von ihnen selbst gewählte Weise erreichen konnten. Diese Spieltheorie-Schemata sahen jedoch nicht voraus, dass die »Spieler«, die mit unmöglichen Anforderungen konfrontiert wurden, ihrerseits auch schummeln würden. Diese Entwicklung wurde in Adam Curtis' Dokumentation *The Trap* dokumentiert.[27] Curtis zeigte hier, wie eine bestimmte Art von Politikern – sowohl auf Seiten der Linken (in Großbritannien) als auch auf der der Rechten (in den USA) – versuchte, individuelle Freiheit als das höchste Ziel der Politik zu etablieren. Die Dokumentation untersuchte die Vorstellungen von negativer und positiver Freiheit (das heißt der Freiheit »von etwas« und der Freiheit »zu etwas«) und zeigte, wie die Blair-Regierung und ihre Rolle bei der Durchsetzung ihrer Vision von einer stabilen Gesellschaft faktisch das Gegenteil von Freiheit (*freedom*) geschaffen hat, da der Art von Liberalität (*liberty*), die sie hervorbrachte, jegliche Bedeutung fehlte. Diese Politiker entwarfen eine neue Welt, in der jeder frei ist, seine Lebensweise zu wählen, eine utopische Extravaganz, die soziale Mobilität als eine Art Befreiung von alten Klassenspaltungen rühmte. Doch die Ergebnisse dieses politischen Scherzartikels unterschieden sich offensichtlich von dem erwarteten Genuss und haben eine paradoxe Situation geschaffen. Der Liberalisierungsversuch hat zur Ausweitung eines Managements-per-Kontrolle geführt, während die sogenannte Wahlfreiheit gescheitert ist und Klassentrennung und Privilegienwirtschaft zurückgekehrt sind. Die von den demokratisch gewählten Volksvertretern erwartete »Dienstleistung« wurde an die Bevölkerung delegiert: eine nostalgische Umgestaltung, getarnt als Freiheitsgewinn. Politiker hatten nicht mehr das Ziel, die Welt zu verändern; stattdessen sahen sie ihre Aufgabe nur noch darin, das abzuliefern, was diese freien Individuen wollten. Was einst als »neue« Labour Party angetreten war und gefeiert wurde, hat sich nun einem politisch hilflosen und planlosen Anführer, Gordon Brown, ergeben, der nichts mehr unter Kontrolle hat. Er ist ein cholerischer Wortführer, einer, der nicht in der Lage ist, den notwendigen Weg in die Zukunft aufzuzeigen und zu vermitteln. Anders gesagt, Visionen sind Vergangenheit.

Partizipation ist Krieg. Man betrachte nur die meisten Situationen am Arbeitsplatz, in der akademischen Welt und in Kulturinstitutionen. Jede Form von Partizipation ist bereits eine Form von Konflikt. Im Krieg hält der Feind oder Gegner für gewöhnlich ein Territorium, das er gewinnen oder verlieren kann, wobei jeder einen Wortführer oder eine Führung hat, die regieren, unterliegen oder zusammenbrechen kann. Um in jeder Umgebung oder gegebenen Situation partizipieren zu können, muss man die Kräfte oder Konflikte verstehen, die diese Umgebung beeinflussen. In der Physik ist ein räumlicher Vektor ein Begriff, der durch seine Größe und seine Richtung beschrieben wird: In einem Kraftfeld sind es die einzelnen Vektoren, die an seiner Entwicklung partizipieren. Wenn man nun an irgendeinem Kraftfeld partizipieren will, ist es wichtig, die Konfliktkräfte zu kennen, die im Spiel sind. In diesem Kontext darf »Partizipation« nicht als Standardform verstanden werden, die den partizipatorischen Planungsprozess oder die Benutzer-Beteiligung fördert, sondern als ein Mittel zum bewusst gesteuerten oder erzwungenen Eintritt in ein Territorium, ein System, einen Diskurs oder eine Praxis, zu dem oder der man gemeinhin nicht gehört.

Wenn man den Begriff »Partizipation« in Wikipedia nachschaut, findet man zwei Hauptbedeutungen. Die erste beschreibt Partizipation als »einen Sammelbegriff, der verschiedene Weisen umfasst, in denen die Öffentlichkeit direkt an politischen, ökonomischen oder Management-Entscheidungen Anteil haben kann«. Die zweite Definition enthält eine interessante Beschreibung: »Partizipation kann bedeuten, etwas gemeinsam mit anderen zu teilen.« Im Kontext dessen, was ich untersuchen möchte, scheint letztere Definition besonders interessant zu sein, da sie hervorhebt, wogegen ich mich wende.

In den letzten Jahren hat es, abgesehen von der bloßen Inflation des Ausdrucks »Partizipation«, einen immer größeren Nährboden für das gegeben, was man eine nostalgisch inspirierte romantische Partizipation nennen könnte. Ein solches Modell der Partizipation hat nicht nur mit lokalen Gemeinschaften, der kulturellen und sozialen Infrastruktur, der Ökologie und der Stärkung der Bürger gegenüber der Lokalpolitik zu tun; eines seiner Hauptziele scheint auch die Verringerung der Friktion zu sein. Es kommt oft vor, dass der Gestaltungsprozess zwar auf Partizipation angelegt ist, letzten Endes aber eine Beteiligung (als kritischen Ausgangspunkt des Engagements) verhindert. In diesem Kontext scheint die Frage zu lauten: Warum wird Partizipation zumeist als ein konsensbasiertes, entschieden positives und politisch korrektes Mittel der unschuldigen Beteiligung an gesellschaftlichen Strukturen betrachtet? Überdies stellt sich die Frage, ob es einen Bedarf für ein alternatives Modell der Konfliktpartizipation gibt, das versucht, die romantische Nostalgie des Gutmenschentums abzuschaffen und Licht auf die Frage der kritischen Intervention wirft.

Seit dem Beginn der Fernsehserie *Sex and the City* wird Charlotte York als die unschuldigste der vier Protagonistinnen portraitiert. In der ganzen Serie ist sie die einzige, die *dating rules* befolgt und den ernsthaften Wunsch zum Ausdruck bringt, zu heiraten und Kinder zu kriegen. In Folge 55 beschließt Charlotte, ihren Job als Kuratorin in einer Kunstgalerie in Manhattan aufzugeben. Als sie ihren, dies missbilligenden Freundinnen ihre Absichten enthüllt, erklärt sie, warum sie zu Hause bleiben will. Um sich nicht »mies« zu fühlen, was ihre eigentlichen Gründe betrifft (schwanger werden und das Haus renovieren), rechtfertigt sie ihre Entscheidung, indem sie sagt, dass sie »freiwillig im Trey-Hospital arbeiten und Geld für die Kinderabteilung sammeln« will. Später, in einem Gespräch mit einem potenziellen Nachfolger für ihren Job in der Galerie, behauptet sie, dass sie »im Vorstand der Lenox Hill Pädiatrie-Stiftung« sei. In Charlottes Fall wird eine ehrenamtliche Tätigkeit für eine wichtigere soziale Sache als ihre freiwillige Partizipation an einer guten Sache dargestellt, was verhindert, dass sie für ihre Kündigung verurteilt wird – eine Art von Gutmenschentum, das eine falsche Modalität der Partizipation (als aktiver Akteur) suggeriert, die dem sogenannten »Slacktivismus« entspricht, der durch die Facebook-Kampagne für ein Votum zu Nigeria ausgelöst und mobilisiert wurde.

Ist diese Art von Praxis nicht gerade der *modus operandi*, den wir heute bei so vielen »gesellschaftlich relevanten« Praktiken finden? Es gibt eine interessante Ähnlichkeit zwischen dieser Art der Argumentation und der Art, in der bestimmte Praktiken die Vorstellung der Partizipation als ein positives, nicht in Frage zu stellendes Mittel des Engagements (das ihre Ökonomie prägt) gekapert haben. Man muss sich auch davor hüten, Partizipation mit einer Form von gesellschaftlicher Philanthropie oder mit altruistischen Tätigkeiten zu verwechseln, die das Gute fördern oder die Lebensqualität erhöhen wollen.

In diesem Buch geht es nicht um Wohltätigkeit im Hinblick auf ein bestimmtes Ziel. Es versucht, die Beziehungen zwischen Machtstrukturen und der Frage zu verstehen, wie man sich zu ihnen als einer Praxis Zugang verschaffen kann, ohne zu versuchen, zu einem Sprachrohr des Gemeinwesens zu werden. In Bezug auf ein Konzept des Eindringens in vorhandene politische Kraftfelder mag es zum Beispiel interessanter sein, sich die Arbeit des Architekten Eyal Weizman in Israel-Palästina, die Rolle von Edi Rama als Bürgermeister von Tirana oder alternative institutionelle Modelle wie die *Winter School Middle East* anzuschauen, als die öffentlichen Standardprogramme und Sozialprojekte, die von Institutionen wie der Tate Modern organisiert werden. Letztere unterscheiden sich wohl kaum vom Facebook-Slacktivism, vom ökonomisch grundierten sozialen Gewissen und von Madonnas Wunsch, ein afrikanisches Kind zu adoptieren.

Dir Frage lautet nun: Wie ist es möglich, in einer gegebenen Umgebung oder Situation zu partizipieren, ohne die eigene Rolle als aktiv Handelnder, der nicht daran interessiert ist, den Konsens zu befördern oder »Gutes zu tun«, zu kompromittieren, sondern durch Fragen versucht, die Praxis in eine bestimmte Richtung zu lenken. Ein Vektor in einem Kraftfeld von Konflikten zu werden, wirft die Frage auf, wie man partizipieren kann, ohne im vorhinein festgelegte Ansprüche oder Aufgaben zu erfüllen; oder aus der Sicht des traditionellen Architekten, wie man zum Beispiel an der städtischen Mikropolitik partizipieren kann, indem man für Friktionen sorgt und Fragen stellt, statt lokale Kommunalarbeit auf der Grundlage von *Section-106-Agreements*[III] zu machen oder sich auf eine Partizipation von unten einzulassen, indem man den Protokollen der vorgesehenen gesellschaftlichen Beteiligung folgt.

In der Architektur gibt es häufige Beispiele für ein kritisches Engagement, das mit den Realitäten der Geschäftsinteressen in Konflikt gerät. Im Jahre 2006 wurde der in London ansässige Architekt Richard Rogers von einigen Auftraggebern nach New York geschickt, die später erfuhren, dass er eine Gruppe von Architekten, die mit »Architects and Planners for Justice in

---

[III] Abschnitt 106 des *Town and Country Planning Act 1990* in Großbritannien erlaubt es lokalen Planungsbehörden in Bauprojekte einzugreifen, wenn es um das öffentliche Wohl geht, wie zum Beispiel beim Bau von Schnellstraßen, Erholungsgebieten, Bildungseinrichtungen, im Gesundheitswesen oder beim sozialen Wohnungsbau.

Palestine (APJP)« zu tun hatten, sein Büro benutzen ließ. Lord Rogers wurde aufgefordert bei der *Empire State Development Corporation* (die die mit 1,7 Milliarden Dollar veranschlagte Neugestaltung des *Jacob K. Javits Convention Center* in New York überwacht, mit der Rogers beauftragt ist) vorzusprechen und seine Verbindung zu dieser Gruppe, die sich am 2. Februar 2006 in Rogers' Büro in London getroffen hatte, zu erklären. Das führte dazu, dass mehrere Vertreter der New Yorker Stadtverwaltung dafür sorgten, dass Rogers sich aus dem mit öffentlichen Mitteln geförderten Projekt zurückziehen musste. Dieser Fall zeigt, dass Architekten oft als Mittel zur Etablierung von Machtstrukturen benutzt werden. Aus der Sicht der Machtstruktur selbst ist der Architekt indessen nicht als partizipierender Vektor oder Unterstützer willkommen, sondern er wird als Dienstleister betrachtet, der ein Produkt liefert. Wie Rem Koolhaas kürzlich in einem Gespräch sagte: »Ich würde sagen, dass politische Blindheit, insbesondere in Amerika, als Teil der Rolle des Architekten angesehen wird.«[28] Genau diese Diskrepanz möchte ich in Angriff nehmen.

Es kann hilfreich sein, eine solche Vorstellung als Ausgangspunkt für ein alternatives Verständnis der Partizipation zu benutzen, also für eine Partizipation, die die Verantwortung nicht durch die direkten Mittel der demokratischen Mitbestimmung übernimmt, sondern durch eine Praxis, die von individuellem Handeln angetrieben wird; ein Begriff von Demokratie jenseits des Konzepts der Einladung, aber hin zu einem Modell des individuellen Handelns und der individuellen Entscheidungsfindung, die von demokratischen Prinzipien getragen wird. Man könnte sagen, dass ein solches Modell eine umgekehrte Lesart der »sozialromantischen« Demokratie vorschlägt, die von New Labour befürwortet wird.

Die Großen Erzählungen – Leben nach Bilbao (Zwischenspiel)

> Was den Urbanismus letzten Endes erledigt hat, ist nicht die Tatsache, dass so viele Leute so viele schreckliche Fehler gemacht haben, sondern die Tatsache, dass nur sehr wenige Prozesse und Operationen, die heute stattfinden, in Form eines Plans, des klassischen Produkts von Urbanisten, stattfinden können.[29]
>
> Rem Koolhaas

> Der zugegeben verwegene Gedankengang basiert auf der Überlegung, dass die traditionelle Ausbildung des Architekten einen umfassenden Handlungsanspruch formuliert, der technische, künstlerische und soziale Anforderungen zu integrieren sucht – und damit laut Umberto Eco »vielleicht der letzte Humanist ist«.[30]
>
> Ulrich P. W. Nagel

> Für diejenigen Charaktere, die weniger sentimental behandelt werden, gilt die Krankheit als die Gelegenheit, sich endlich richtig zu verhalten. Wenigstens kann das Unglück der Krankheit den Weg zur Einsicht in lebenslange Selbsttäuschungen und Charakterfehler ebnen. Die Lügen, die Iwan Iljitschs sich hinschleppendes Unglück verhüllen – er kann seiner Frau und seinen Kindern gegenüber seinen Krebs nicht erwähnen –, enthüllen ihm die Lüge seines ganzen Lebens; als er stirbt, ist er zum ersten Male im Stande der Wahrheit.[31]
>
> Susan Sontag

Das Publikum hat Platz genommen. Weit hinter dem Vorhang eine Stimme: *Lasst uns mit der Annahme beginnen, dass es Leben nach Bilbao gibt.*

Szene 1
Aristoteles kommt in der Polis an.

Der Stoizismus gründet darauf, dass im Universum alles mit allem zusammenhängt, und dieser Zusammenhang durch abso-

lute Gesetze dargestellt wird. Aus diesen Gesetzen müssen die Menschen ihre Vernunft und die moralische Ethik entwickeln, nach der sie leben können. Die praktische Ethik des Stoizismus betont die Selbstkontrolle, die Zufriedenheit und das Leben im Einklang mit der Natur. Da der Stoizismus von einem Kontext politischer Ungewissheit ausgeht, suggeriert er ein Verlangen nach Beständigkeit und Stabilität, welche durch Pflichtgefühl und Tugendhaftigkeit gefördert und durch ein maßvolles Leben erreicht werden. Dieser Vorstellung entsprechend, führt der Weg zum persönlichen inneren Frieden über die Ausrottung des Wunsches, die außerhalb der eigenen Kontrolle liegenden Dinge zu beeinflussen, und dazu, in der Gegenwart zu Leben, und zwar ohne Hoffnung auf die oder Furcht vor der Zukunft.
Doch halt. Ist es nicht das Verlangen nach solchen Wünschen, das eine kritische Betrachtung der Gegenwart ermöglicht, um die Zukunft in vorgeblich *besserer* Weise zu entwerfen? Man sollte die gegenwärtige Architekturpraxis überprüfen, indem man die Position des (praktisch tätigen) Individuums im weiteren Umfeld der kulturellen und politischen Landschaft untersucht.

Szene 2
Gewohnheitstiere – *tanquam truncus stat*.[IV]

In Laufe der Geschichte gab es viele Intellektuelle, die Diener der Macht waren; einige von ihnen versuchten, ihr relatives Privileg zu nutzen, um anderen dabei zu helfen, illegitime Institutionen und Praktiken abzuschaffen. Wie es scheint, versucht die dilettantischste Auslegung des Stoizismus herauszufinden, wohin die Welt geht und folgt ihr dann bereitwillig. Das wirft natürlich eine grundsätzliche Frage auf: Wie kann man ein Leben mit moralischer Wirkungsmacht führen, wenn man die Vorstellung akzeptiert, dass von Anfang an alles richtig war? Als

[IV] Lateinische Redewendung: »Er, die unbewegliche Institution«, *truncus* buchstäblich: Baumstamm, Holzklotz.

therapeutische Beziehung zu sich selbst in sein Inneres zu schauen – lieber eine innere Festung gegen die Außenwelt zu bauen, statt sie aktiv in Frage zu stellen, um eine potenzielle Veränderung zu bewirken – enthüllt auch die Neigung, Fragen von potenzieller Bedeutung zugunsten der Gewohnheit zu unterdrücken. Warum geht man der Realität bewusst aus dem Weg? Halten wir an Dingen fest, an denen festzuhalten sich nicht mehr lohnt?

Szene 3
Die Bedeutung der Architektengötter entmythologisieren

Angeleitet von einem formalen Experiment kann man in der Architektur eine ähnliche permanente therapeutische Beziehung finden, bei der die Praxis sich selbst in Banalitäten einspinnt, die im Gesamtkontext bedeutungslos erscheinen. Diskussionen über Formen haben jahrzehntelang eine Praxis beherrscht, die im Wesentlichen physische Schutzhüllen und einen Diskurs schafft, welcher sich lieber auf die Pflege des Persönlichkeitskultes konzentriert, statt an der gesellschaftspolitischen Umgebung zu partizipieren. Heute haben selbst Vertreter einer eher konventionellen Architekturpraxis – die sich für die Architektur als reine Baupraxis interessieren – begonnen, darauf hinzuweisen, dass »es in einem Zeitalter, in dem die Leute durch verschiedene Medien in nicht-körperlichen Räumen kommunizieren, die Aufgabe des Architekten ist, einen wirklichen Raum für die physische und direkte Kommunikation zwischen den Menschen zu schaffen.«[32] Doch wie die Realität zeigt, ist das leichter gesagt als getan.

Szene 4
Jenseits der Logik von der Großen Erzählung

Der Stoizismus unterstellt eine Abwesenheit der Interferenz. Im Gegensatz dazu könnte man sagen, dass die Friktion, die Außerkraftsetzung der reinen Logik und amateurhafte Anregungen von außen oft zu sehr kreativen Ideen und Theorien führen. Man kann – und man sollte – nicht in moralischer Isolation arbeiten; das heißt, in der Ausübung einer einzigen Profession. Überdies sollten Architekten – da man bei ihnen eine vorherrschende Gewohnheit beobachten kann, zu behaupten, dass sie mit ihrer Arbeit für eine beständige Verbesserung ethischer Zustände kämpfen – immer wieder die Vorstellung dessen in Frage stellen, was eine ethische Praxis wirklich beinhalten würde, statt ein vorgeprägtes Modell der Moralethik zu übernehmen, das auf Binsenweisheiten und einem absoluten Erbe beruht. Man ist heute, wie in der ganzen Geschichte, nicht in der Lage vorauszusagen, wohin all das führen wird; man kann nur spüren, dass es immer schneller irgendwo hinführt. Inzwischen haben kleingeistige Krieger mit beschränkten Visionen verkündet: »Die Welt ist verloren.« Und verzweifelt wie Schiffbrüchige, die nach Wrackteilen greifen, klammern wir uns an die Vergangenheit. Als *modus vitae* sind die Architekten des 20. Jahrhunderts oft den Großen Erzählungen der Architekturgeschichte gefolgt und haben den Objekten ihrer Vorgänger nachgeeifert, während sie das klassische Architekturobjekt als Auslöser einer Veränderung anbeteten.[V] Seltsamerweise geschah dies zu einer Zeit, als schon klar zu erkennen war, dass die Stadt nunmehr dem Einfluss von Kräften ausgesetzt ist, die die formalen und ästhetischen Vorrechte des Architekten aufheben: »Die Armseligkeit eines Großteils des urbanen Denkens kann auf einen zentralen Irrtum zurückgeführt werden: nämlich, dass die Stadt oder Metropole sich selbst voll und ganz in ihrer physischen Form ausdrückt, dass sie nur als begrenztes konkretes Objekt für eine Analyse und eine Intervention zugänglich ist. Die Stadt ist indessen nicht dies, sondern eher ein sich ständig organisierendes und bewegendes Kräftefeld; jede Stadt ist

---

[V] Nicht zu verwechseln mit der klassischen Architektur, sondern eher das physische, formale Objekt als architektonisches Design.

eine spezifische und einmalige Kombination von geschichtlichen Modalitäten in einer dynamischen Zusammensetzung.«[33]

Es wird oft gesagt, dass moderne Materialien und Methoden den formalen Ausdruck der zeitgenössischen Architektur diktieren. Manche verstehen Architektur als ein Ergebnis des geistigen Zustands, der typisch für eine Epoche ist; und sie meinen, dass Architektur existiert, Form annimmt und nur in dem Moment zum Ausdruck kommt, in dem eine allgemeine geistige Entwicklung vollendet wird. Anstatt einfach eine Relektüre der materiellen Prozesse vorzunehmen, sollte die heutige Praxis versuchen, neue Regeln zu beschreiben, die die Existenz jenseits einer einzigen Wahrheit, jenseits ihrer eigenen Wahrheit als Ausgangspunkt nehmen, und zwar in einer Radikalität, die den Raum eher in Frage stellt als kontrolliert. Es entsteht gerade eine architektonische Subkultur, die ein Raumverständnis zum Vorschein bringt, das die klassische Lesart der Architektur als rein räumliche Manifestation von gebautem – objektgebundenem – Material außer Kraft setzt. Solche Regeln würden den gesellschaftlichen Gehorsam gegenüber Konventionen und Institutionen in Frage stellen und sich der Schöpfung von Architektur und ihren Schöpfern, die der Illusion kontrollierter Meisterschaft unterliegen, widersetzen. Im Gegensatz zum selbstreferentiellen Objekt, das von den Praktikern seit Jahrhunderten am laufenden Band produziert wurde, haben einige zeitgenössische Projektgruppen und Kollektive versucht, Prozesse der Ungewissheit, aus denen die Stadt als letztlich unplanbares Objekt besteht, zu illustrieren und zu verstehen.

Diese entscheidende Veränderung – die sich von einer selbstreferentiellen Objektlust zu dem bewegt, was man »relationale Praxis«[34] nennen könnte – konfrontiert uns mit einer Lesart der Welt, die auf einem neu bewerteten Urteil beruht, das sich eher auf spezifische Situationen als auf moralische Binsenweisheiten bezieht. Im Gegensatz zum »Festklammern an den Wrackteilen« führt dies in eine Welt ein, die eine optimistische und kritische Interpretation von situativen Wahrheiten und keine moralischen Binsenwahrheiten braucht.

Szene 5
Stoizismus und Raum – *ad rem publicam accedere.*[VI]

> Die Denker fragen sich: »Was? Die Menschen liegen unter einem Kleiderschrank! Wie sind sie dahin gekommen?« Wie auch immer, sie liegen darunter. Und wenn jemand im Namen der Objektivität beweisen will, dass es unnötig sei, eine solche Bürde jemals wieder abzuwerfen, dann erhöht jeder seiner Sätze, jedes seiner Worte das Gewicht des Schrankes, dieses Objekt, das er durch die Universalität seines »objektiven Bewusstseins« darstellen will. Dann haben wir das ganze christliche Denken vor uns, das das Leiden wie einen treuen Hund streichelt und das Bild erdrückter, aber lächelnder Menschen verbreitet. »Das Recht ist stets auf der Seite des Schrankes«, geben Tausende alltäglich veröffentlichte Bilder zu verstehen, die nur darauf warten, in den Schrank gestellt zu werden. Dennoch möchte jeder atmen, aber keiner kann atmen und viele sagen sich: »wir werden später atmen«, und die meisten sterben nicht, denn sie sind bereits tot.[35]

Wenn man sich mit dem Stoizismus im Sinne der Raumpolitik beschäftigt, wird man feststellen, dass der Stoiker hauptsächlich daran interessiert ist, sein Haus in Ordnung zu halten. In diesem Denken gibt es eine klare Unterscheidung von innen und außen. Von der urban-stoischen Lektüre von Venturis *Lernen von Las Vegas,* in dem insbesondere eine Philosophie des Marktplatzes beschrieben wird[36], bis zur urban-nostalgischen Beschreibung von Colin Rowe[37] scheint das Hauptinteresse in der unterschwelligen Frage zu bestehen, wie die Konversation – sowohl im buchstäblichen als auch im übertragenen Sinn – durch die Landschaft beeinflusst wird. Wenn man die Implikationen der stoischen Philosophie in räumlichen Begriffen diskutiert, muss man klar stellen, dass die stoischen Strategien in der

---

[VI] Lateinische Redewendung, die sich als »sich dem Politischen zuwenden« übersetzen lässt.

Architektur nicht mit der stoischen Architektur verwechselt werden dürfen. Stoische Architektur – in *gebauter Form* – gibt es nicht. Sie ist eher der Rahmen, in dem Praktiker gelegentlich zu arbeiten scheinen und den man potenziell als »stoisch« bezeichnen könnte. Obwohl es bestimmte Formen von abgehobener, sozusagen im freien Raum schwebender Architektur gibt, ist eine Überbrückung der Kluft zwischen einer rein philosophischen Idee und den physischen und ästhetischen Implikationen gebauter Materie nicht möglich. Das bedeutet auch, dass man kein Argument anführen kann, das auf der Frage beruht, ob ein stoischer Raum – im Sinne eines ethischen Raumes – existiert oder nicht. In einer zeitgenössischen politischen und räumlichen Umgebung sind solche Großen Erzählungen nicht mehr lebensfähig. Überdies sind manche der Meinung, dass es in der Geschichte zu keiner Zeit einen ernsthaften räumlichen Versuch gegeben hat, den ethischen Raum zu entwerfen, weil der ethische Raum in seinen philosophischen und ideologischen Erzählungen immer nur als theoretisches Konstrukt funktionieren kann.

Jedenfalls muss man auch anerkennen, dass das, was – in den letzten Jahren – als ein ernsthafter Pilotversuch in der gesellschaftspolitischen räumlichen Praxis aufgetaucht ist, eine besondere Technik ist, räumliche Situationen als lokale Mikro-Umgebungen zu verstehen, welche spezifischen Regeln und Mechanismen gehorchen. Hier muss man begreifen, dass der wesentliche Unterschied zwischen Architektur als gebauter, kontrollierter Raum[VII] und Architektur als prozessbasierter, offener Praxis dadurch zu Tage tritt, dass einige zeitgenössische Praktiker, die solchen Ideen einer Raumpolitik folgen, sich für Mechanismen interessieren, die offen und veränderungsfähig sind, also für Systeme, die sich mit bestimmten Organisations-

---

VII Nicht unbedingt »Kontrolle« im heutigen Sinn (das heißt Videoüberwachung und eingezäunte Wohnanlagen), sondern eher eine von Körperbewegungen, die darauf gerichtet ist, Ortsveränderungen, raumzeitliche Beziehungen, etc. zu kontrollieren.

strukturen in einer ortsspezifischen Weise beschäftigen: »Raum ist immer viele Räume, die nebeneinander und gleichzeitig bestehen und einander bedingen. Sie sind durch die Beziehungen zwischen Subjekten und Objekten, zwischen Menschen und der gebauten Umwelt gekennzeichnet. Diese Beziehungen und ihre Wechselwirkungen stellen soziale räumliche Konstruktionen dar. Sie sind von Macht, aber auch von Marginalität und Widerstand geprägt. Raum ist also durch und durch politisch.«[38]

Szene 6
Ungewissheit ›revisited‹ – *cabente disciplina*.[VIII]

Wo der traditionelle stoische Philosoph die Umgebung als eine *Welt außerhalb der Kontrolle* versteht, mit der man sich nur beschäftigen kann, wenn man ein introvertiertes, von der Tugend bestimmtes Leben führt, sieht der zeitgenössische Protagonist die Welt zwar auch als einen Ort außerhalb der Kontrolle, aber als einen, dem man sich nicht mit dem modernistischen Instrument der Großen (V)Erklärung nähern kann. Der grundlegende Unterschied besteht darin, dass eine Welt außerhalb der Kontrolle im zeitgenössischen Sinne als eine Qualität verstanden wird. Diese Räume der Ungewissheit werden heute meist als Orte verstanden, an denen eine subtile Interaktion sich selbst organisierende Strukturen hervorbringen kann, die – in Bezug auf die Vorstellung von dem, was ein *ethischer Raum* bringen kann oder nicht – ihrerseits anfangen, eine räumliche Veränderung in einem kleinen, benutzerdefinierten Maßstab hervorzubringen.

Man könnte zwar dagegen einwenden, dass der eigentliche Akt, eine solche Praxis zu verfolgen, in sich eine Neuformulierung eines Ausdrucks des Begehrens ist: der Wille, Situationen zu beeinflussen und im Einklang mit dem eigenen professionel-

---

[VIII] Lateinische Redewendung: »Als die alte Ordnung zusammenzubrechen begann«.

len Wissen eine Veränderung herbeizuführen. Es scheint, dass man heute nicht mehr versucht, die Welt durch das Bild der Welt zu sehen. Ganz im Gegenteil: Anstatt mit dem Strom zu schwimmen (Räume aus kontrollierter Materie schaffen, Repräsentation und Spektakel[IX]), sieht man, wie ein Verständnis von Architektur auftaucht, das auf dem abwesenden Objekt beruht, auf dem eigentlichen Veränderungsprozess als zeitbasierter kritischer Transformation und auf dem Interesse für den Prozess im Gegensatz zur physischen Struktur. Statt sich vor allem für die Entwicklung von leeren Orten zu wohldefinierten entwickelten Orten zu interessieren (eine Zielsetzung, die im Wesentlichen beinhaltet, dass es ein künftiges Endprodukt gibt, eine *perfekte und vollkommene Stadt*, die als Ergebnis visionärer Planung aufblüht), haben einige Zeitgenossen ihre Aktivität rund um die Vorstellung von einer Stadt entwickelt, die eine Alltagsumgebung ist, ein Aktionsfeld der Architektur, das Interventionen unterschiedlichen Ausmaßes durch verschiedene Modalitäten entspricht. Diese Vorstellung geht über die einfache Idee von der physischen Stadt als unendlichem Zyklus von Wachstum und Verfall hinaus. Sie führt zu einem anderen Denken über eine andere urbane Praxis und zu einem realistischen Verständnis des Vorhandenen, zu einem Verständnis, das für eine Veränderung eintritt. Diese proaktive Philosophie sieht den Zeitgenossen unabhängig von der stoischen oder buddhistischen Vorstellung, die eine Auslöschung des Begehrens beinhaltet.

Szene 7
Als die Götter blind wurden

Architektonisch gesprochen, könnte man sagen, dass der Unterschied in der Praxis durch die uralte Technik der Perspektivzeichnung verstanden werden kann. Während die konventionelle Praxis immer in der Lage war, ihr räumliches Begehren

---

[IX] Zum Beispiel das selbstrefentielle Objekt in der Landschaft.

durch die visuelle Perspektive zu übersetzen, können manche zeitgenössischen Projekte nicht mehr durch die Verwendung derselben Techniken ausgedrückt werden. Dies ist zum Teil der Fall, weil eine Perspektive eine objektive Darstellung des Raumes sein soll, die es dem *Außenseiter* ermöglichen soll, zu verstehen, wie ein bestimmter Raum beschaffen ist und vermutlich funktioniert, was bei Projekten, die eher auf einem operativen Design als auf einer Alteration des physischen Raums beruhen, nicht möglich ist. Überdies widersetzen sich viele jüngere Projekte der Vorstellung, in das Darstellungsmedium einer Perspektive oder etwas anderes transformierbar zu sein, weil ihre Beschaffenheit nicht die eines visuell darstellbaren Objektes ist.

Architekten träumen traditionellerweise davon, zu bauen; die Bilder einer neuen Welt repräsentieren ihre Pläne einer glänzenden Zukunft. Als Profis, die an der Frontlinie des Krieges der Gesellschaft gegen das Vorhandene standen, haben die Architekten immer die Vision der Zukunft bestimmt und gestaltet. Die treibende Kraft für ein solches Unterfangen ist ein echter Glaube an den Fortschritt. Doch die Projektionen der Wünsche des Architekten haben auch einen verzerrten, verborgenen Lustgewinn ans Licht gebracht: Der Wunsch, zu bauen, wird getragen vom Streben nach Macht. Bei ihren Versuchen subjektive Träume von greifbaren Trägern des Fortschritts zu verkaufen, weiden sich die Architekten an der Macht, die ihnen von der Gesellschaft gegeben wurde, wobei sie ihre gesellschaftliche Stellung legitimieren, indem sie ihren Lustgewinn verbergen. Ethik ist in diesem Sinne das Mittel, um das zu tun: Architekten verstehen ihre Macht oft als ein positives Werkzeug, mit dem die Welt zu einem besseren Ort gemacht werden kann. Als Gönner auftreten, ironisch, dogmatisch oder zynisch – die verschiedenen Weisen, die ethische Botschaft zu übermitteln, sind alle darauf gerichtet, die Legitimität des Architekten zu unterstützen.

Während die Mehrzahl der traditionellen Architekturprojekte sich mit der Erfahrung von außen beschäftigen[x], befassen sich einige der neueren, politisch bewussteren Protagonisten mehr mit der Erfahrung von innen; was nicht heißen soll, mit dem Innenraum, sondern mit dem Inneren eines bestimmten angewandten Systems. Dieser Erfahrungsunterschied verweist auch auf eine unterschiedliche Annäherung an formale Bezüge: wo der traditionelle Architekt sich dafür interessiert, eine Kultur zu stützen, die sich mit dem *Ich* beschäftigt, also eine egomanische Betrachtung der Schöpfung einer eigenen Handschrift, lehnen immer mehr Zeitgenossen die selbstreferentielle Typologie als vom Ort und von der Kultur abgehoben ab. Obwohl es mehrere geschichtliche Referenzpunkte für eine ortsspezifische Praxis gibt[39], rührt diese neue Subkultur an Bereiche, die – in der Architektengemeinschaft – bis heute unangetastet geblieben sind. Eine Annäherung der technologischen Entwicklung und ein Bild der vom Modernismus befürworteten Universalität zu unterdrücken, hat nichts mit der Kolonisierung des Territoriums zu tun, sondern mit dem Verschwinden des Objektes zugunsten einer holistischen Lesart der gesellschaftlichen, politischen und räumlichen Umgebung, auf deren Grundlage Mechanismen der Veränderung in verschiedenem Ausmaß angewandt werden. Das bedeutet auch, dass sich die traditionelle Position und Natur des Zeichens und der Sprache ändert – eine innere Entwicklung, die letzten Endes das Subjekt innerhalb des Ganzen transformiert. Diese Entwicklung hat sich in einem gewissen Maße schon in dem frühen Diskurs abgezeichnet, der sich um die Frage ästhetische Lesart versus äußere Einflüsse drehte. Venturis Pop-Urbanismus, der den Blick auf die Stadt eher von einem pragmatischen Engagement als von einer ästhetischen Betrachtungsweise darstellte, könnte als früher Bezugspunkt für Rem Koolhaas' urbane, den Marktdynami-

---

[x] Zum Beispiel formale Aspekte, Planerstellung, räumliche Qualität, Materialauswahl, Sichtlinie, Lichtgestaltung, etc.

ken folgende Designstrategien gesehen werden, da sie als von den Geldflüssen diktiert verstanden wurden. Diese Vorstellungen existierten jedoch nur als Positionen, und die Natur ihrer angewandten Projekte war kaum mehr als ein polemischer Exkurs.

Szene 8
Divinität war von Anfang an eine Illusion

Obwohl der ideologische Hintergrund bis zum ersten Auftauchen des Potlatch[40] zurückverfolgt werden kann (eine Art Ideenlaboratorium für das, was zum Programm der Situationistischen Internationale werden sollte[41]), ist der gegenwärtige Diskurs völlig anders, weil er in der Praxis verankert ist. Abgesehen von der frühen Ausnahme Constant Nieuwenhuys war er – bis dahin – ein völlig ephemeres Projekt. Während der Potlatch auf einer Theorie über den ökonomischen Tausch durch Opferung und Überbietung beruht und Anthropologen und utopische Schriftsteller sich für »die Verbesserung des Status durch zeremonielle Gaben oder festliche Zerstörung«[42] interessieren, verwendet die Raumpraxis heute nicht nur experimentelles Verhalten, das mit den Bedingungen des städtischen Lebens zusammenhängt, sondern auch physische und nicht-physische Strukturen, um bestimmte Gegebenheiten und Rahmenbedingungen zu verändern. Sie bietet beides, die avancierte Vorstellung von experimentellen Techniken und die sich daraus ergebende Anwendung des analytischen Denkens, das alltägliche Kleinigkeiten und physische Bedingungen transformiert. Wenn der Unterschied auch nur gering erscheinen mag, so hat er doch konkrete Auswirkungen. Wenn man ein solches Verständnis in Betracht zieht, muss man auch die Methoden überdenken, mit denen der architektonische Diskurs in den Hochschulen geführt wird. Wenn wir auch – für einen Moment – annehmen, dass es keinen rein formalen Diskurs gibt, sind die meisten der scheinbar phänomenologisch, sozial und politisch motivierten Studiengänge immer noch an der Vergangenheit orientiert: die Fakultäten und ihre verinnerlichten Diskurse sind selten mehr als inzestuöse Polemik.

In seinem Essay »Umgebungsstoizismus und Ortsmachismus« beschreibt Michael Benedikt die »Fähigkeit, Orte zu ertragen oder nicht zu beachten, die billig oder vernachlässigt, deprimierend oder erniedrigend, banal oder unbequem sind oder überwacht werden, Orte, auf die die Leute normalerweise mit Verzweiflung reagieren würden«, als eine Typologie, die in seiner architektonischen Terminologie als »Umgebungsstoizismus« bezeichnet werden könnte. Benedikt weiter: »Während der Stoizismus die stille Hinnahme dessen, was nicht verbessert werden kann, lehrt, empfiehlt der Machismus – weniger eine Philosophie, als eine Haltung – Stolz auf die grimmige Umarmung durch bittere Realitäten.«[43] Obwohl sein Argument, was die Nebeneinanderstellung dieser beiden Verhaltensweisen angeht, zutreffend ist, ist das von ihm vorgeschlagene Modell eines, das von einer bereits vorhandenen Praxis zeugt, die sich mit solchen Fragen von situativen Partikularitäten und der Mikro-Politik auf holistische Weise beschäftigt. Obwohl er hinzufügt, dass »der Umgebungsstoizismus unter Architekten weniger verbreitet ist als in der allgemeinen Bevölkerung«[44], sieht er nicht, dass es spezifische Projekte gibt, die sich mit dem (städtischen) Raum auf andere Weise beschäftigen, als die von ihm beschriebenen Praktiker. Sein Modell geht davon aus, dass Architekten im Wesentlichen dahingehend trainiert werden, die gebaute Umgebung zu verbessern, und es hat – zumindest in der architektonischen Praxis – kaum Vorläufer. Abgesehen von jüngeren theoretischen Ansätzen wie Margaret Crawfords *Everyday Urbanism*[45] und Jonathan Hills *The Illegal Architect*[46], die die gegenwärtigen Architekturinstitutionen kritisieren, nähert man sich dem vorliegenden Phänomen heute zum ersten Mal in räumlichen, d. h. ebenfalls durch physische Eingriffe, und zwar eher aktiv als reaktiv. Es fehlt an adäquaten Modellen und Bezügen in dem Sinne, dass es in der Geschichte nur selten architektonische oder urbanistische Versuche gegeben hat, sich mit solchen Fragen zu beschäftigen. Nur im Umfeld eines zeitgenössisch politisierten räumlichen Enthusiasmus wird die Frage des gesellschaftspolitischen Raumes im Hinblick auf räumliche Konflikte in einer Weise präsentiert, die praktischen Optimismus aufweist, der eher von situationsbedingter Neugier als von theoretischem Pessimismus angetrieben wird. Dieser Optimismus ist die Grunderzählung des vorliegenden Buches, befeuert durch gleichgesinnte Protagonisten wie Eyal Weizman, John Palmesino, Celine Condorelli, Manuel Herz, Nikolaus Hirsch, Philipp Misselwitz, Jesko Fezer, Sabine Bitter, Bassam El Baroni, Teddy Cruz, Srdjan Jovanovic Weiss oder Keller Easterling, um nur einige zu nennen.

Szene 9
Wer hat gesagt, dass die Götter mutig waren?

Das Bild des Architekten ist in der Geschichte oft mit einem männlichen heroischen Protagonisten in Verbindung gebracht worden, der in der Außenwelt einen etablierten Lebensstil einführt, welcher ein Temperament suggeriert, »das offen für emotionale Neuerungen und breite Sympathie ist [...]. Doch die professionellen Sehnsüchte und Prüfungen des Architekten kommen nur selten an die Oberfläche; und noch seltener haben sie Gehör in der Öffentlichkeit gefunden.«[47] Genau hier kann man den Wendepunkt in der Praxis ansiedeln: die Aufgabe der egozentrischen Erzählung und der selbstreferentiellen Ambition zugunsten des Eingehens auf eine bestimmte, ortsspezifische Situation. Eine solche altruistische Einschätzung dessen, was die Architektur möglicherweise sein kann, widersetzt sich dem Individualismus und der Egomanie. Sie wirft die grundsätzliche Frage auf, ob die Architektur künftig »als eine Kunst, die von Individuen und für die Sache von Individuen praktiziert wird, als ein kommerzielles Unternehmen, das auf die Anforderungen des Marktes und Profit ausgerichtet ist, oder als gemeinschaftliches Vorhaben, das im Dienst der Gesellschaft steht«[48] betrieben werden soll. Nichts von all dem ist für sich genommen richtig. Heute interessiert, dass es keine klare Unterscheidung mehr gibt, sondern eher eine spezifische Entscheidungsfindung im Hinblick darauf, ob ein bestimmter Mechanismus bei einem einzelnen Projekt eingesetzt werden sollte oder nicht. Das stark romantisierte Ideal des Architekten – »allgemeiner Fortschritt in der Architektur im Einklang mit einem persönlichen Wettstreit, gemeinhin des Stils, der von Bauwerken verkörpert und im Laufe der Geschichte von Architekten zu Architekt entwickelt wird«[31] – das sich leicht vom aristotelischen Idealismus herleiten lässt, ist nicht mehr gültig.

Als Denise Riley in ihrem Essay »What I want back is what I was«[49] auf Pierre Hadots *Philosophy as a Way of Life*[50] zu sprechen kommt, sagt sie, dass Hadots Auffassung von Foucaults Kultur des Ichs – ein ethisches Modell als Ästhetik der Existenz – Gefahr läuft, »in ihrer erlesenen Absonderung in ihrem eigenen Saft zu schmoren«, während eine stoische Auffassung vom Ich keinen verzweifelten Bedarf an »eleganter Isolation hat, sondern auch mit den Mitteln des öffentlichen Lebens verfolgt werden kann«.[51] Diese Lesart ist in einem gewissen Maße richtig – allerdings nur solange die Person, die eine solche Bemühung um Selbst-Gestaltung verfolgt, sich um das Image bemüht; ein Image, das von außen beurteilt wird. Dies ist genau der Punkt, von dem aus sich die *Image-Architektur* am besten erklären lässt: Man muss heute den Unterschied zwischen einer vom Image geleiteten Praxis und dem, was man *Post-Bilbao-Architektur* nennen könnte, erkennen.[XI] Die Fähigkeiten, Attribute und Ziele, die von der architektonischen Profession geltend gemacht werden, stimmten oft nicht mit der Realität überein. Heute ist man mehr denn je mit einer Situation konfrontiert, in der es nicht genügt, die ideologischen Vitruv'schen Architekturtheorien – Zweckmäßigkeit (*utilitas*), Schönheit (*venustas*) und Stabilität (*firmitas*) – als Grundlage des eigenen Handelns zu verstehen. Der interessanteste Aspekt der gerade entstehenden Praxis hängt mit der Aufhebung des nach außen gewand-

---

[XI] Im Wesentlichen das Image des Star-Architekten.

ten Images durch die Protagonisten zusammen: das eigene Image wird abgeschafft und gehört nicht mehr zur persönlichen Handschrift.

Szene 10
Der Turm von Bilbao – *salva res est.*[XII]

Der Beginn für diese Verschiebung vom *Architekten, der sich mit dem Image beschäftigt*, hin zum *Architekten, der sich mit einer spezifischen Praxis beschäftigt*, kann ganz grob in der Zeit angesiedelt werden, in der 1997 Frank Gehrys *Guggenheim Museum Bilbao* eröffnet wurde. Wie die architektonischen Superstars am Ende des 20. Jahrhunderts[XIII] wurde Gehry zum Inbegriff einer Generation, die aufgebrochen war, um zu einem Teil der Avantgarde zu werden, und die als hochgestochenes Copy-Paste-Establishment endete – das auf die Vergangenheit setzte. Man könnte meinen, dass in dem Moment, in dem Bilbao das Licht der Welt erblickte, eine neue Generation von Architekten damit begann, sich kritisch mit dem Mangel des westlichen Modernismus des 20. Jahrhunderts auseinanderzusetzen, sowie mit dem, was in der Abfolge von Modernismus, Postmodernismus und Supermodernismus[XIV] verabsäumt

---

[XII] Lateinische Redewendung: »Für den Moment ist alles prima.«

[XIII] Wie unter anderem Zaha Hadid, Rem Koolhaas, Coop Himmelb(l)au und Daniel Libeskind, die alle als Teil einer selbsternannten Avantgarde begannen, aber der Tradition des Meisterarchitekten folgten, während sie verschiedene Mechanismen benutzten, um Images zu produzieren.

[XIV] Ein Begriff, der von Hans Ibelings geprägt wurde; seine Verteidigung von ortslosen, kontetxfreien urbanen Vorgehensweisen zielt darauf ab, dass die Welt ein sauberer, einfacherer Raum sein könnte. Er sieht die jüngsten Entwicklungen der Architektur als Symptome einer kulturellen Verschiebung hin zu globaleren, neutralen und nicht-repräsentativen Formen der Kunst und des Austausches; s. a. Hans Ibelings, *Supermodernism. Architecture in the age of globalisation*,

wurde: »Der Modernismus hat die katastrophalen Folgen der Beseitigung des Symbolismus in der Stadt nicht richtig verstanden. Wenn man typologische Qualitäten wie den Park, den Marktplatz und die Hauptstraße wegnimmt, dann verstehen die Leute sie nicht mehr als Orte der sozialen Interaktion. Sie werden einfach zu Orten, die einer maschinellen Existenz dienen... Die Antwort ist hier oft brutal. Ja oder nein. Es gibt keinen Raum für Ungewissheit. Die Macht einiger dieser ›neuen Projekte‹ beruht oft auf einer starken Manipulation archetypischer Situationen.«[52] Im Gegensatz zu einer reinen Image-Produktion und einer bewussten Wühlarbeit für den roten Teppich des Stararchitekten, arbeiten die neuen Praktiker nicht mehr auf dieser *Ismus*-Ebene. Obwohl man meinen könnte, dass selbst die Schaffung eines Anti-Images eine ideologische Position ist, die versucht, ein Image zu schaffen, liegt der Unterschied hier in der Art und Weise, in der die Protagonisten sich selbst sehen, sich selbst benennen und betiteln und ihre Praxis beschreiben. Alle plötzlich auftretenden, peripheren Bereiche sind wichtig und interessant geworden. Im Laufe des letzten Jahrzehnts kann man eine bewusste und amateurhafte (im positiven Sinne) Überspezialisierung und Differenzierung beobachten, die von der Vorstellung ausgeht, dass im Wesentlichen jeder Aspekt im Meta-Diskurs der Architektur und in der Raumproduktion einen Spezialisten braucht und der »Architekt« folglich nicht mehr der alles überblickende Alleskönner ist. Die jüngste Erfindung von speziellen Titeln und Bezeichnungen, die zu dieser Veränderung beiträgt, umfasst Berufsbezeichnungen wie *spatial consultant*, *urban researcher*, *architectural curator*, *spatial tactician* oder *framework designer*. Und da keiner wirklich weiß, was das bedeutet, haben sie das Spiel recht erfolgreich gespielt.

Unbelastet vom Ballast des 20. Jahrhunderts hat die Praxis vor kurzem ein lokales Denken wiederentdeckt, das auf der Überzeugung beruht, dass bestimmte Probleme eher maßge-

---

Rotterdam 1998.

schneiderte Lösungen brauchen als philosophisch überfrachtete Meta-Agendas. Diese Überzeugung basiert auf dem, was man eine »reale Geographie« der Welt nennen könnte, die mit der Erfindung und Entwicklung des Internets entstanden ist. Diese spezifische Art der Problemlösung hat eine Auffassung von Architektur hinter sich gelassen, die für die Sache eines von einer virtuosen Vision getragenen »gestylten Objekts« eintritt. Wenn man heute zum Beispiel an einem Projekt arbeitet, das sich mit der West Bank von Gaza beschäftigt, wird man höchst wahrscheinlich eine Art Open-Source-Beschäftigung mit dem kulturellen und politischen Erbe in Betracht ziehen. Im Gegensatz zu den »Diagramm«-Projekten am Ende des 20. Jahrhunderts, die auf puristische Weise modern waren, insofern sie versuchten, durch die Ausschließung aller anderen Faktoren eine Art wissenschaftliche Lösung für ein Problem zu liefern, hat die Post-Bilbao Bewegung damit begonnen, einen Diskurs in Gang zu bringen, der die politischen Implikationen des Raumes als etwas begreift, mit dem man sich unbedingt beschäftigen muss. Es gibt keine Sympathie für die stoische, selbstreferentielle und eher masturbatorische Vorstellung des Diagramms mehr, wenn – nach 9/11 – jeder mitgekriegt hat, dass der Rest der Welt in Flammen steht. Das politische Denken der Bush-Administration ist sogar noch weiter in Richtung eines Diagramms im Sinne der Herbeiführung einer unflexiblen Lösung gegangen und hat diese implementiert, ohne zu bedenken, was als nächstes geschehen wird.

Wie viele andere Theorien und Praktiken in der Geschichte war das Diagramm ein stoischer Kokon. Anders als eine schlichte Mode blieb es beim Bild des Architekten als das eines Alleskönners stehen, eines Meisters, der nicht versagen kann. Als Inbegriff der heroischen Tradition, die vom Selbstbild getragen wurde, war das Diagramm – im rein modernen Sinne, sofern es mit dem uralten, vorherrschenden Bild des Architekten als makellosem Meister spielte – nur ein intellektueller Anspruch. Die Art von anti-stoischer Praxis, die in diesem Text beschrieben wird, folgt einer anderen Vorstellung, die davon ausgeht, dass Architekten Produkte ihrer Zeit sind. Wir arbeiten heute unter einem anderen ideologischen System als dem modernen, einem System, das vergänglich, kontingent, informell, ephemer ist, und sich gegen die Vorstellung einer reinen Lust am Objekt wendet.

Szene 11
Besiegter Formalismus.

Zu Anfang dieses Zwischenspiels wurde gesagt, dass es ein Leben nach Bilbao gäbe. Und das ist richtig. In seinem Essay »Warum ich schreibe«[53] unterstreicht George Orwell seine Erklärung dafür, warum ein Schriftsteller seinen Beruf mit Stolz ausüben soll. Orwell beschreibt vier Hauptmotive, die den Schriftsteller dazu bringen, zu schreiben: reiner Egoismus, ästhetischer Enthusiasmus, Sinn für Geschichte und politisches Engagement.[54] Da die Geschichte von den Siegern geschrieben wird, sind solche Motive rückblickend in den Werken vieler Schriftsteller und Architekten zu finden. Da wir möglicherweise an einem Wendepunkt in der Geschichte der Raumpraxis stehen, sprich am Scheidepunkt, an dem sich die egoistische Ambition von der ambitionierten Vision trennt, sollten wir uns aktiv mit dem gegenwärtigen Optimismus gegenüber der Gesellschaft als menschliches und als soziales und räumliches Konstrukt beschäftigen.

Wie schon gesagt, generieren die absoluten Gesetze des Stoizismus eine bestimmte Weise des Denkens und Lebens unter turbulenten äußeren politischen und gesellschaftlichen Bedingungen. Wir befinden uns heute in der luxuriösen Position, dass die Leute ernsthaft daran interessiert sind, die spezifischen Situationen nach ihren ethischen Überzeugungen zu verändern. Die Grundlage für diese Veränderung liegt in der Abschaffung des Wunsches in Erinnerung behalten zu werden, anstatt die glorreiche Tugendhaftigkeit der Toten zu pflegen. Die Leute leben heute sowohl mit der Hoffnung auf eine Zukunft als auch der Furcht vor der Zukunft. Statt das Absterben der alten

Codes und der Hoffnung auf ein universelles ethisches Regelwerk zu beklagen, ist es an der Zeit, sich in den Schneesturm hinaus zu wagen. Das ist der tragische Erkenntnismoment, an dem der Stoiker mit dem toten Punkt der stabilen Harmonie als Inbegriff des Nihilismus konfrontiert wird.

»Die Vorstellung ist beendet. Das Publikum erhebt sich. Es ist Zeit, den Mantel überzuziehen und nach Hause zu gehen. Die Besucher drehen sich um: kein Mantel mehr und kein zu Hause.«[55]

Konsens als Stillstand

Die gute Nachricht vorneweg: Konsens wird benötigt. Er ist nicht immer problematisch, aber oft notwendig. Ohne Konsens würde es kaum vorangehen. Allerdings führt gerade das Konsensmodell oft zu einer Aufspaltung der Gesellschaft, die üblicherweise einem Konfliktmodell zugeschrieben wird; dies geschieht aufgrund der kollektiven Passivität, die mit dem Konsensmodell einhergeht. Ironischerweise lässt sich das Konfliktmodell als das aktivere und partizipatorischere Modell verstehen. Konsens bedeutet oft eine Reduzierung der Interaktion. Keine Interaktion bedeutet Stillstand. Wenn es keine Veränderung mehr gäbe, würden wir alle in einem Gleichgewichtszustand enden. Ob man die Politik in Staat und Gesellschaft, die kritische Entscheidungsfindung in Unternehmen, die Art und Weise, in der Nicht-Regierungs-Organisationen funktionieren, oder die Realitäten vieler Auftragsprojekte in der Kunstwelt betrachtet, man tendiert allenthalben dahin, zu schnell ein Konsensmodell zu finden.

Ähnlich wie das niederländische Poldermodell funktioniert die Schweizer Konsens-Demokratie erstaunlich geschmeidig, wenn es um die alltägliche Verwaltung des Landes geht. Sie versagt jedoch, wenn sie mit der Aufgabe konfrontiert wird, kritische Ideen hervorzubringen. Konsens im inneren Kern des Staates bringt uns in eine Situation, in der alles pragmatisch abgewickelt wird. Ist direkte Demokratie eine Frage der Größe oder des Maßstabs? Wo der Konsens herrscht, gibt es kein Denken und keine Kritik. Man sollte kritisch in Frage stellen, ob eine populistische Mehrheit die notwendige Begeisterung – pro und contra – bei oder zu einem bestimmten Projekt aufweist. Es scheint einen zunehmenden Bedarf für die Wiedereinbindung der Affekte zu geben, also für den Glauben an das, was man eine »größere Politik« nennen könnte, und für eine gemeinsame Überzeugung, die über den kleinsten gemeinsamen Nenner hinausgeht.

Wenn man sich an das Beispiel New Labour erinnert, ist es nicht allzu schwierig, eine bestimmte Korrelation zwischen einer opportunistischen Auslegung der Partizipation und sich überlagernden Konsensformen zu erkennen. In einem solchen Kontext sind die Variablen klar, die Gleichung ist einfach: Partizipation minus Konsens ist gleich Manipulation. Partizipation ist zu einer rein symbolischen Geste geworden. In Verbindung mit der Macht der Medien wird die Volksabstimmung oft durch eine strategische Verwendung der Furcht beeinflusst, vor allem von Seiten des rechten Lagers. Man kann – und sollte – keinen Begriff von Demokratie einführen und institutionalisieren, der zufolge jeder in allen Bereichen, Professionen und Praktiken mitbestimmen kann. Es ist gefährlich, die Demokratie als ultimatives Werkzeug zur politisch korrekten Lösung von Problemen und Situationen einzusetzen. Nicht jede Angelegenheit, jedes Problem sollte mittels einer Volksabstimmung gelöst werden. Die Sammelbezeichnung Volkspartei hat das Potenzial für die agonistische Bewältigung eines gewaltfreien Konflikts entschärft. Es hat den Anschein, dass diese Parteien Anfang des 21. Jahrhunderts zunehmend an Unterstützung verlieren, und zwar genau deshalb, weil sie nicht mehr in der Lage sind, Mittel und Wege für eine gesellschaftliche und politische Integration zu finden, und es nicht schaffen, zwischen dem Staat und den Bürgern zu vermitteln. Überdies scheint es, dass das Konzept der politischen Partei an sich kaum noch Rückhalt und Zuspruch findet, da sich immer weniger Leute damit identifizieren und es als Mittel der politischen Partizipation nutzen.[56]

Genau betrachtet ist kaum jemand ein Demokrat. Das Konzept der Demokratie vertraut und gründet auf eine Art Fiktion, auf die Große Erzählung, dass jeder das Recht hat, abzustimmen und im gleichen Maße mitzureden. Eine reine Umsetzung dieses Konzeptes würde jedoch zwei wesentliche Variablen erfordern, um nicht zu einem Demokratiemodell zurückzukehren, das so mit sich selbst beschäftigt ist, dass es nur Stillstand erzeugt: eine überschaubare Gruppe von Beteiligten, die in diesem Format gehandhabt und organisiert werden kann, und das Fehlen externer Kontrolle, – zum Beispiel durch die Medien.

Was das Konsenskonzept als Kernelement einer landesweiten Entscheidungsfindung betrifft, so ist es wichtig, die niederländische Version von Tony Blairs simplifizierter Politikvorstellung (alias: der Todesstoß des Establishments) zu erwähnen: das Poldermodell. Dieser Begriff beschrieb zunächst die niederländische Form der Konsenspolitik in der Wirtschaft, wird heute aber in einem weiteren Kontext verwendet, im Sinne einer konfliktfreien Form landesweiter Debatten. Mit Phrasen wie »pragmatische Anerkennung der Pluralität« und »Kooperation trotz Differenzen«. Der Grund, warum dieser Stil der Entscheidungsfindung in den Niederlanden so gut funktioniert, liegt an der angeblich einmaligen Situation, dass ein großer Teil der Niederlande aus Poldern besteht, die unterhalb des Meeresspiegel liegen – eingedeichtes Land, Flutflächen oder Marschland. Seit dem Mittelalter waren konkurrierende oder kriegführende Städte im selben Polder gezwungen, ihre Streitigkeiten beiseite zu legen, um den Polder nicht zu gefährden. Sonst hätten sie riskiert, überflutet zu werden.

Diese Vorstellung der Konsensproduktion ist tief in der niederländischen Gesellschaft verwurzelt und reicht bis zur Ablehnung oder Akzeptanz von Leuten, Umständen oder außergewöhnlichen politischen Entscheidungen; oder wie mir einmal jemand im Zug von Schiphol nach Alemere erzählte: »Ihr Kopf wird in dem Moment abgeschlagen, in dem sie ihn hinausstrecken – verhalten Sie sich normal, das ist schon verrückt genug.« Es gibt heute einen Trend, führende niederländische Geschäftsleute und Politiker auf Rhetorikschulen in London zu schicken, damit sie wieder eine Vorstellung vom Dissens lernen und einüben. Das niederländische Konsensmodell ist auch in die Populärkultur eingedrungen und prägte den Ausdruck »BNer« (*beroemde Nederlanders* [berühmte Niederländer]).[57] Wie der Ausdruck schon andeutet, wird er für jene verwendet, die – auf die eine oder andere Weise – in den Medien oder durch sie berühmt geworden sind, oft nur aus dem Grund, weil alle mit ihnen übereinstimmen.

Es stimmt schon, »wenn man sich keine Feinde machen will, sollte man Steuerberater, Apotheker oder Hebamme werden.«[58] Die Vorstellung, Demokratie als »Hass auf die Demokratie« zu betrachten, ist, wie Jacques Rancière sagt, sicherlich nichts Neues.[59] Rancière beschreibt das Wort »Demokratie« als einen Ausdruck der Abscheu, so wie er im alten Griechenland verwendet wurde: als ein Schimpfwort jener, die in der unsäglichen Herrschaft der Mehrheit den Niedergang jeder legitimen Ordnung sahen. Er zeigt, wie die Geschichte, parallel zu diesem Hass auf die Demokratie, Zeugnis über die Formen ihrer Kritik ablegt – einer Kritik, die erkennt, dass da etwas ist, aber um es einzugrenzen.

> *So »nahm die Konfrontation mit der demokratischen Vitalität die Form eines* double binds *an, der sich einfach resümieren lässt: Entweder bezeichnete das demokratische Leben eine breite Beteiligung des Volkes an der Diskussion öffentlicher Angelegenheiten und war damit etwas Schlechtes. Oder es meinte eine Form des gesellschaftlichen Lebens, die ihre Energien auf die individuellen Befriedigungen richtete, und auch das war schlecht. Die gute Demokratie also musste jene Form der Regierung und des sozialen Lebens sein, die in der Lage war, diesen doppelten Exzess der kollektiven Aktivität und des individuellen Rückzugs, wie er dem demokratischen Leben eingeschrieben ist, zu beherrschen.«*[60]

Rancière beschreibt die Demokratie weder als eine Art von Konstitution noch als eine Form von Gesellschaft, sondern als die Macht jener, die keinen anderen Anspruch ans Regieren stellen, als regiert werden zu wollen: »Die Macht des Volkes ist nicht die Macht der Bevölkerung oder die seiner Mehrheit.«[61] Er versteht eine demokratische Gesellschaft als eine, die immer nur ein imaginäres Portrait ist, das angefertigt wird, um die Prinzipien der guten Regierung hochzuhalten: »Die Frage wird immer wieder vereinfacht, indem man sie auf den Gegensatz zwischen direkter und repräsentativer Demokratie verkürzt.«[62]

Genau an diesem Punkt kommt die selbst-initiierte Art der Partizipation, die Rolle des Ungeladenen Außenseiters – die ich später erklären werde – ins Spiel. Die oft polarisierte Situation, die Rancière beschreibt, der Gegensatz zwischen direkter und repräsentativer Demokratie muss in eine produktive Beziehung jenseits von Schwarz und Weiß übertragen werden, in eine parallele Bedingung, in der Konflikt und Friktion die Wiedereinführung des Begriffs des Gegners ermöglichen, wie Chantal Mouffe sagt. Es hat den Anschein, dass der Konsens einen großen Teil des Problems von Projekten ausmacht, die auf Partizipation setzen. Er ist vielleicht auch das, was in der Kritik am Werk ist. Wie Chantal Mouffe in dem Gespräch in diesem Buch sagt, gibt es natürlich einen Bedarf für einen Konsens über die demokratischen Prinzipien; doch es sollte eine produktive Nichtübereinstimmung in Bezug auf ihre Interpretation geben. In diesem Kontext muss man den Standard in Frage stellen. Beim größten Teil der *Kunstkritik* gibt es eben gerade eine Übereinkunft, nicht zu interpretieren, was letzten Endes kein produktives Mittel ist, um voranzukommen.

In der Architektur lässt sich nicht nur eine unproduktive, sondern auch eine idyllische Erklärung dafür finden, warum der Konsens notwendig ist: die Architektur bietet nur selten Raum für Diskussionen, vor allem für jene, die von außen kommen. Architekten werden gemeinhin als Dienstleister verstanden, die den Standardregeln ihrer Auftraggeber folgen, und damit dem Konsens der Dienstleistungsindustrie. Im Vergleich zur angeblichen Autonomie des Künstlers wird der Architekt oft in dieses System eingeordnet. Dabei wird davon ausgegangen, dass der Architekt Teil einer bestimmten Gruppe ist, die in einem stabilen Bereich arbeitet und es prägt. Das bedeutet oft Stillstand.

Während der Modernismus klare Spielregeln aufstellte und jedem gesagt hat, was er tun könne und solle, haben wir es heute mit einer Situation zu tun, in der die Fachdisziplinen keine klar getrennten und stabilen Bereiche mehr sind; es bleibt weiter offen, wie dieses Feld der Ungewissheit in einer höchst kritischen produktiven Weise gehandhabt werden kann.

Deshalb lautet hier die grundlegende Frage: Wie setzt man demokratische Instrumente, eine »offenere Politik« der Kompetenz und der Beteiligung in einem System, in einem Netzwerke oder in einem gegebenen Rahmen um? Wie kann man Rahmenbedingungen schaffen, in denen der Stillstand ständig wieder unterbrochen wird?

Kollaboration und Konflikt

Das Verschwinden von Klassenidentitäten und das Ende des bipolaren Konfrontationssystems haben die konventionelle Politik obsolet gemacht. Letztendlich herrscht ein Konsens in Bezug auf die Grundinstitutionen der Gesellschaft, und das Fehlen jeder legitimen Alternative bedeutet, dass sich an diesem Konsens nichts ändern wird.[63]

Chantal Mouffe

Im Gegensatz zur Kooperation wird die Kollaboration eher von komplexen Realitäten angetrieben als von romantischen Vorstellungen von einer gemeinsamen Grundlage oder einer Gemeinsamkeit. Sie ist ein ambivalenter Prozess, der durch eine Reihe von paradoxen Beziehungen zwischen Ko-Produzenten, die sich gegenseitig beeinflussen, zustande kommt.[64]

Florian Schneider

Mitleid wird stark unterschätzt.

George Costanza

Jede Form von Partizipation ist bereits eine Form von Konflikt. Um an einer gegebenen Umgebung oder Situation zu partizipieren, muss man die Konfliktkräfte kennen, die auf diese Umgebung einwirken. In diesem Zusammenhang scheint es dringend und notwendig zu sein, ein Verständnis der »konflikthaften Partizipation« zu fördern, die wie ein ungebetener Störer, Ungeladener Außenseiter, agiert, ein erzwungener Eintritt in Wissensbereiche, die möglicherweise vom räumlichen Denken profitieren können.

Es ist wichtig, in der Partizipationspolitik zwischen Kooperation und Kollaboration zu unterscheiden, wie Florian Schneider gezeigt hat.[65] Die Politikwissenschaftlerin Chantal Mouffe unterscheidet zwischen zwei Szenarien, in denen die Dimension des Antagonismus in einer Gesellschaft zum Ausdruck kommen kann: Antagonismus im eigentlichen Sinne – die klassische

Freund-Feind-Beziehung – und der Begriff des »Agonismus« als eine alternative Art und Weise, in der gegensätzliche Positionen produktiv gemacht werden können. Bei letzterem haben wir es nicht mit der Freund-Feind-Beziehung zu tun, sondern, laut Mouffe, mit einer Beziehung von »Gegnern«. Diese Lesart basiert auf der Vorstellung, dass Gegner »befreundete Feinde« sind: Sie haben etwas gemeinsam und teilen einen symbolischen Raum. Wichtig bei diesem Begriff ist das Potenzial, der Partizipation ihre Unschuld zu nehmen, die Realitäten der Verantwortung zu verdeutlichen und die »Gewalt der Partizipation« aufzuzeigen. In diesem Zusammenhang ist es nützlich, den Begriff der konflikthaften Partizipation als produktive Form der Interventionspraxis zu denken.

Konflikt verweist auf eine Bedingung des Antagonismus oder einen Zustand des Gegensatzes zwischen zwei oder mehr Gruppen. Er kann auch als ein Zusammenstoß von Interessen, Absichten oder Zielen beschrieben werden. Wenn wir den Konflikt als Gegenteil der unschuldigen Form der Partizipation betrachten, dann darf er nicht als Form des Protests oder Gegenprovokation verstanden werden, sondern eher als mikropolitische Praxis, durch die der Partizipant zu einem aktiven Akteur wird, der darauf besteht, ein Akteur in dem jeweiligen Kraftfeld zu sein. Somit wird Partizipation zu einer Form des kritischen Engagements.

Wenn Partizipation zum Konflikt wird, wird der Konflikt zum Raum. Mikro-politisches Handeln kann genauso effektiv sein wie das traditionelle staatspolitische Handeln. Eine solche mikro-politische Fragmentierung verstärkt das, was Hardt und Negri »Multitude« nennen, ein Kompositum aus vielen Unterschieden, das die Macht dieser unterschiedlichen Positionen in sich trägt.[66] Ihnen zufolge hat die immer schnellere Integration von ökonomischen, politischen und kulturellen Kräften in globalem Maßstab das Wachstum eines mächtigen Netzwerkes ermöglicht. Die Multitude wird eher durch ihre Vielfältigkeit als durch ihre Gemeinsamkeiten definiert. Laut Hardt und Negri ist diese Multitude der Schlüssel für eine künftige Veränderung und kann dort zuschlagen, wo es am wenigsten erwartet wird, und zwar mit einem Maximum an Effizienz, wenn der Antagonismus auf seinem Höhepunkt ist. Allerdings, wie das Gespräch mit Chantal Mouffe in diesem Buch zeigt, erscheint Hardts und Negris Theorie der Multitude unterkomplex, wenn sie das Globale dem Lokalen gegenüberstellt.

Im Kontext von Raumpraktiken und Partizipation ist der interessanteste Aspekt des Begriffs der Multitude wohl seine Überschneidung mit der These des italienischen Schriftstellers und Politikwissenschaftlers Antonio Gramsci, der einen »langen Marsch durch die Institutionen« vorschlug, worunter er die Aneignung der kulturellen Institutionen im Ganzen verstand: Medien, Universitäten, Theater. Gramsci, Hardt und Negri verbindet die Ablehnung der Auffassung, dass Veränderungen in der Kultur »nach der Revolution« kommen. Alle drei sehen die Bedeutung der Kultur. Ihre »Revolution« wird daher eher als die Schaffung von Gegen-Institutionen und weniger als Umwälzung der ökonomischen Basis verstanden: eine langsame Transformation, bei der der Konflikt als ein konstruktives Modell der antagonistischen Auseinandersetzung, als ein Mittel der Intervention, das der demokratische Prozess sich leisten können muss, verstanden wird. Erst der Dissens ermöglicht es dem Unerwarteten, sich zu entfalten, bei gleichzeitiger Wertschätzung der Kultur als eines lebendigen Systems.

Im Juli 2006 haben Rem Koolhaas und Hans Ulrich Obrist mehr als fünfzig Leute vierundzwanzig Stunden lang befragt. Ihr erster sogenannter »Interview-Marathon« in der Serpentine Gallery in London war als Versuch angelegt, eine Auswahl verschiedener Praktiker zu befragen, die auf die eine oder andere Weise definieren sollten, was London heute ausmacht. Obwohl das Event interessant und in mancher Hinsicht sehr erfolgreich war, konnte man unter den eher kritisch orientierten Teilnehmern im Publikum auch eine gewisse Frustration spüren. Man könnte sicherlich annehmen, dass der Versuch, eine Art Querschnittsauswahl vorzunehmen, in einer Vielzahl nicht übereinstimmender Aussagen resultieren würde. Um nicht missverstanden zu werden: ich versuche nicht, für ein Modell mit größerer Beteiligung oder für ein politisch korrektes Modell zu plädieren. Ganz im Gegenteil: Was fehlte, war gerade der Konflikt, der die Stadt »ist«. Der Marathon war als »Anregung zur Diskussion« gedacht. Alle Teilnehmer waren jedoch entweder ein Teil eines existierenden Netzwerkes von kulturellen Praktikern, Denkern und Kommentatoren oder stammten zumindest aus demselben kulturellen Milieu.

Indem ich Kollaboration als eine post-konsensuelle Form von Praxis betrachte, gehe ich davon aus, dass man, um die Komplexität der Stadt einzubeziehen, auch die sich in einem Konflikt befindenden Kräfte dieser Stadt einbeziehen muss. Konsens wird nur durch eine Relationalität der Mächte hergestellt. Man könnte meinen, dass, wenn eine solche Relationalität unterbunden werden soll, eine andere Art von Wissen produziert werden würde, die uns hilft, die zusammengesetzten Realitäten der heutigen Stadt und die im Spiel befindlichen Kräfte zu verstehen. Interessanterweise war eine der Interviewten bei diesem Marathon Chantal Mouffe, die normalerweise unter einer schweren Angst vor der Mittelklassen-Konsens-Horde leidet. Obwohl ihre Interviewsitzung eher ein Monolog als ein Gespräch war, enthüllte sie wahrscheinlich den wichtigsten Punkt des Events: Da die heutige Netzwerkkultur eher auf Konsens als auf Konflikt beruht, produziert sie nur Vervielfachungen und kaum neues Wissen. Wie Mouffe sagt: »Um die konstitutive Rolle von Machtbeziehungen zu erkennen, muss man das missverstandene Ideal einer versöhnten demokratischen Gesellschaft aufgeben. Der demokratische Konsens kann nur als ein ›konflikthafter Konsens‹ betrachtet werden. Die demokratische Diskussion ist keine Beratung, die das Ziel hat, ›die eine‹ von allen akzeptierte rationale Lösung zu finden, sondern eine Konfrontation von Gegnern.«[67]

In diesem Zusammenhang könnte es hilfreich sein, den Begriff des Konfliktes als einen *Enabler*, als Produzenten einer produktiven Umgebung und nicht als direkte physische Gewalt zu überdenken. Konflikt darf nicht als eine physische Kraft gesehen werden. Eine größere Vielfalt von sich widerstreitenden Stimmen hätte potenziell eine Gefahr für die Beteiligung am Interview-Marathon sein können. Sie hätte jedoch vielfältige Wirkungen und Diskurse ermöglicht, die über die Rekalibrierung von Vektorkräften durch kritische Gespräche alternatives und unerwartetes Wissen hätte zum Vorschein bringen können: »In einer Gesellschaft wie der unsrigen [...] wird der soziale Körper von vielfältigen Machtbeziehungen durchzogen, charakterisiert, konstituiert; ohne Produktion, Akkumulation und Zirkulation, ohne ein Funktionieren des wahren Diskurses können sich diese weder auflösen noch stabilisieren, noch funktionieren.«[68]

Damit eine Partizipation eine politische Dimension bekommen kann, muss das Engagement auf einer von Außen kommenden kritischen Stimme beruhen. Erst durch diese Art von »konflikthafter Partizipation« beginnt der Wissensaustausch in einem post-disziplinären Kraftfeld neue Formen von Wissen hervorzubringen. Als Ausgangspunkt für ein solches Modell der »konflikthaften Partizipation« könnte man den Begriff der Kollaboration im Gegensatz zu dem der Kooperation nehmen, wie Florian Schneider in »Collaboration: The Dark Side of the Multitude«[69] schreibt: »Ein pejorativer Ausdruck, Kollaboration, steht dafür, bereitwillig einen Feind des eigenen Landes und insbesondere eine Besatzungsarmee oder eine böswillige Macht zu unterstützen. Kollaboration bedeutet, mit einer Wirkungsmacht oder Instrumentalität zusammenzuarbeiten, mit der man nicht unmittelbar verbunden ist...«[70] Da eine solche Vorstellung von Kollaboration auch auf einer Idee von Innen und Außen basiert (wenn man drinnen ist, ist man Teil eines existierenden Diskurses, über den man sich einig ist und den man unterstützt), wird es zunehmend »der Außenseiter« sein, dem es gelingt, kritisch etwas zur prä-etablierten Machtbeziehung der Expertise hinzuzufügen. Obwohl der Außenseiter als jemand verstanden wird, der das innere System aufgrund seines mangelnden Wissens über dessen Struktur nicht bedroht, ist es gerade diese Bedingung, die es ihm ermöglicht, sich auf dilettantische Weise tief in es zu versenken. Wir brauchen heute mehr Dilettanten, die sich nicht davor fürchten, etwas falsch zu machen, und sich nicht scheuen, für Friktionen zwischen bestimmten Akteuren im vorhandenen Kraftfeld zu sorgen, falls dies notwendig ist; wir brauchen ein Mittel, um »die Vorhersagbarkeit zu umschiffen«, wie Claire Doherty sagt.[71] Dieser Dilettantismus kann es uns ermöglichen, produktivere Modelle kollaborativen Engagements zu entwickeln. In diesem Sinne könnte die kritische Produktion jenseits der Fachdisziplinen als vorübergehende Preisgabe des eigenen Spezialwissens zugunsten des Eindringens in einen vorhandenen Diskurs durch das Zugangsmoment der Neugier verstanden werden. Über spezialisiertes Nicht-Wissen und eine spezifische Zielstrebigkeit in Bezug auf die Partizipation in einer gegebenen Umgebung, an einem System oder an einem Diskurs, stimuliert eine solche Neugier die Exploration, Infragestellung und das Lernen; sie ermöglicht eine starke Injektion von externem Wissen, das dem System, mit dem man es zu tun hat, fremd ist.

Schneider beschreibt Teamarbeit als etwas, das aufgrund von häufig banalen, verinnerlichten Formen der Kooperation, die sich durch das Gegenteil von geteiltem Wissen auszeichnen, oft scheitert: »Um Karriere zu machen, muss man relevante Informationen vor anderen verbergen. Andererseits hängt das mit der Tatsache zusammen, dass die Vereinigung von Kräften in einer Gruppe oder einem Team eher die Wahrscheinlichkeit des Scheiterns als die Wahrscheinlichkeit des Erfolgs erhöht. Falsche Gruppendynamik, schädliche Außeneinwirkungen und schlechtes Management sorgen für den Rest.«[72] Interessanterweise unterstreicht Schneider die Tatsache, dass es immer mehr Hinweise darauf gibt, dass es eine Zusammenarbeit auch in unvorhergesehener Weise geben kann. In einer solchen Ordnung der Praxis sind zum Beispiel die Mitglieder einer Arbeitsgruppe – die normalerweise auf Solidarität und Großzügigkeit setzen – einer schrofferen Methode der Kollaboration ausgesetzt, »bei der die Einzelnen um so mehr aufeinander vertrauen, wenn sie ihre eigenen Interessen verfolgen und insofern voneinander abhängig sind, als sie ihre eigenen Vorhaben umsetzen wollen.«[73] Kooperation sollte als Prozess verstanden werden, Seite an Seite zu arbeiten, eher in Übereinstimmung als in Konkurrenz. Kollaboration ist ein Prozess, bei dem Individuen oder Organisationen dort zusammenarbeiten, wo sich ihre gemeinsamen Ziele überkreuzen. So können sich etwa gegnerische Kräfte zusammenschließen, um einen Mehrwert zu erzeugen, obwohl die Ziele der einzelnen Interessenvertreter gegensätzlich sein können. Um deutlich zwischen Modellen der Kooperation bzw. der Kollaboration zu unterscheiden, bezeichnet Schneider Kooperation als Methode, die unter klar benannten Individuen in einer Organisation angewandt wird, während Kollaboration für eine disparatere Beziehung steht, die von heterogenen Teilhabern geschaffen und getragen wird, die als unvorhersehbare Singularitäten definiert werden. Im Gegensatz zum organischen Modell der Kooperation wird Kollaboration als eine streng immanente und illegitime Praxis verstanden.

Dieses Verständnis lässt sich natürlich mit dem Begriff des Außenseiters und dem Bedarf nach einer eher konfliktuellen Partizipation aus Sicht einer eigeninitiierten Praxis, die sich gegen das etablierte Modell vom Dienstleistungsanbieter richtet, in Bezug setzen: »Kooperation findet zwangsläufig in einer Client-Server-Architektur statt [...]. Kollaboration setzt dagegen rhizomatische Strukturen voraus, in denen das Wissen üppig wächst und in einer eher unvorhersehbaren Weise wuchert.«[74] Diese Kollaborationsstruktur ist laut Schneider die fruchtbarste Seite des revolutionären Potenzials. Hier kann es zu einer Veränderung kommen, die Rahmenbedingungen der Differenz können aufblühen und die Kreativität der Mannigfaltigkeit kann produktive Praktiken hervorbringen.

Die Kollaboration produziert oft Akteure, die aus anderen Gründen als dem rein monetären Austausch oder der Akkumulation von kulturellem Kapital an Projekten arbeiten. Sie kann auch als produktiver Lernprozess beschrieben werden. In ihrem Buch *In Search of the New Public Domain* charakterisieren Maarten Hajer und Arnold Reijndorp das, was sie einen wahren öffentlichen Bereich nennen, als Erfahrung einer Wechselwirkung von Friktion und Freiheit, bei der man punktuell, aber wiederholt miteinander in Kontakt kommt und in die Reviere der anderen eindringt.[75] Dabei zeigt sich, dass in einer Situation, in der die Leute an dem arbeiten können, was sie wirklich interessiert, bestimmte Arten von Beziehungen und Produktivitäten entstehen können, die weit über das konventionelle Verständnis von disziplinären oder interdisziplinären Praktiken hinausgehen. Die Logik der Veränderung basiert immer auf dem Begriff der Ausnahme, wohingegen unvorhersehbares Handeln etwas »Neues« ermöglicht. Man könnte sagen, dass die Autonomie der Kunstwelt dafür eine Infrastruktur bereitstellt. In diesem Zusammenhang kann Opposition als Affirmation verstanden werden; und ob die Grenzen nun zurückgehen oder sich ausweiten, sie stellen das Limit der Potenzialitäten dar.

Die Idee, den Konflikt als Antriebsmaschine für eine kritische und produktive Kollaboration zu nutzen, wurde erstmalig in der Konflikttheorie eingeführt. Es gibt stark formalisierte politische, transnationale und nichtstaatliche Strukturen und Vorgehensweisen, die den Konflikt als strategisches Werkzeug einsetzen, um Realitäten aufzudecken und eine Krise auszulösen, die Veränderungsprozesse beschleunigt. Die Vereinten Nationen wenden eine Reihe von Konfliktstrategien an, bei denen vorhandene Konfliktsituationen durch Mikro-Konflikte überlagert werden, um sich mit der eigentlichen Ursache auseinanderzusetzen. Dieses Vorgehen fällt unter das, was offiziell »Konflikttransformationstheorie« genannt wird, die stark von Johan Galtung geprägt wurde.[XV]

[XV] Galtung ist gegenwärtig Leiter von Transcend, einem internationalen Friedens- und Entwicklungsnetzwerk. Er wird als Pionier der Friedens- und Konfliktforschung betrachtet und ist der Gründer des Peace Research Institute Oslo (PRIO) in Oslo. Galtung gilt auch als Erfinder des Friedensjournalismus, der in den Kommunikations- und Medienwissenschaften zunehmend an Einfluss gewinnt. In den letzten vierzig Jahren hat Galtung 95 Bücher und mehr als 1000 Artikel zur Konfliktbewältigung veröffentlicht. Interessanterweise verbrei-

Im Hinblick auf den Begriff der Kollaboration wäre es nicht zu weit hergeholt, wenn man den Konflikt als produktive Variable der Zusammenarbeit bezeichnen würde. Das verweist wiederum auf die größere Frage, wie wir uns Protest und Veränderung vorstellen können. Ein Konflikt ist nicht unbedingt eine Gegebenheit. Er muss sich entwickeln und er muss als produktive Spannung, als Kraft der kritischen Produktion ausgebaut werden. Ein solcher Konflikt muss allerdings, wie schon gesagt, weder als physischer noch gewaltsamer Konflikt verstanden werden, sondern als eine Spannung, die auf einer inhaltlichen und produktiven Ebene entsteht, als Konflikt, der auf einer demokratischen Bühne ausgetragen werden muss. Auf dieser Bühne zu agieren, heißt Realität zu produzieren. Diejenigen, die nicht handeln, sondern nur als Zuschauer dabei sind, partizipieren nicht und bestätigen einfach nur die bereits vorhandenen Praxisparadigmen. Die Kultur der antagonistischen Kollaboration könnte auch als eine städtische und nicht so sehr als eine ländliche Praxis beschrieben werden. Dichte ermöglicht es den Antagonismen, sich auf natürlichere Weise zu entwickeln. Der Raum der Performativität ist ein Raum der Reaktion und des Aufeinandertreffens, in dem es eine intrinsische Beziehung von Gegnern, von »befreundeten Feinden« gibt, wie Chantal Mouffe sagt. Ihnen ist gemein, dass sie einen symbolischen Raum teilen. Sie stimmen in Bezug auf die ethisch-politischen Prinzipien überein, die die politische Assoziation prägen, aber sie sind uneins, was die Interpretation dieser Prinzipien angeht, es fin-

---

tet Transcend auch Verhaltensregeln wie: »Selbst wenn die Wahldemokratie und die individuellen Menschenrechte für dich gut sind, sind sie es vielleicht nicht für andere.« Das ist gerade deshalb interessant, weil Galtung den weithin bekannten Begriff der »strukturellen Gewalt« entwickelt hat. Hier wird der Konflikt nicht als Mittel zur Provokation verstanden, sondern als Idee, eine Veränderung durch den Zusammenstoß von Interessen herbeizuführen, der eine neue Bedeutung und Praxis hervorbringt und somit ein Mittel zur produktiven und wirksamen Veränderung ist.

det eine Auseinandersetzung um die unterschiedlichen Auslegungen der gemeinsam geteilten Prinzipien statt. Auf ähnliche Weise – indem er sich auf die Dynamik zwischen Freund und Feind bezieht – wendet Jacques Derrida in *Politik der Freundschaft*[76] die Differenz auf den Begriff der Freundschaft an. Angeregt durch die provokative Anrede, die Aristoteles zugeschrieben wird – »Liebe Freunde, es gibt keinen Freund« –, zeigt Derrida, dass es ein mit dem Begriff der Freundschaft verbundenes Spiel der Differenz gibt. Er braucht den Begriff der Freundschaft gar nicht erst problematisieren, da dieser bereits durch seine eigene Geschichte problematisiert wurde: In ihrem Wesen ist die Freundschaft durch die Differenz gekennzeichnet. Zwischen Freund und Feind, wie auch zwischen Freund und Freund gibt es das Potenzial für einen konflikthaften Konsens, der die fruchtbare Grundlage für das Auftauchen einer konflikthaften Partizipation bildet.

Damit lässt sich die Politik der Partizipation als produktive Differenz, in Form einer Spannung, neu definieren. Eine kritische Praxis muss die Erwartung dessen in Frage stellen, wie die Verhältnisse aussehen und wie sie verhandelt werden sollten. Wissen lässt sich immer teilen und wird immer dann generiert, wenn es einen gemeinsamen Ausgangspunkt gibt, selbst wenn dieser auf einem Widerstreit beruht. Falls die Kunst politisch ist, insofern sie die Art und Weise definiert, wie man miteinander umgeht, eine gemeinsame Ausgangsbasis schafft und diese weiterentwickelt, so »kann die Kunst zu einer Recherchemethode im Feld des Politischen werden – und sie ist es bereits«, wie Tom Keenan bemerkt.[77] Die Kunst »macht« Politik nicht über Repräsentationsformen, sondern durch die Praxis. Der Moment des Politischen stellt sich dann ein, wenn Wirkungsmacht übernommen wird, wenn man sichtbar wird. Dies wirft fast immer ein Problem auf: Jemand von außen muss die Kunst als politisch anerkennen. Deshalb wird die Beziehung zwischen Praxis und Verbreitung bzw. die Frage, wie man etwas adressiert und präsentiert, wesentlich. Es ist wichtig zu verstehen, dass die Architektur nie Lösungen liefern kann. Sie kann jedoch die Konflikte, die die Realität der eigentlichen Disposition ihres Kontextes sind, visualisieren und verräumlichen; und das um so mehr, wenn man davon ausgeht, dass diese Konflikte aus unseren visuellen Registern verschwinden. Folglich wird die Architektur zu einer Form der Zeugenaussage, ein Akt des Sichtbar-Machens.

Anstatt die nächste Generation von Vermittlern und Mediatoren hervorzubringen, sollte man vielmehr dafür sorgen, den »interesselosen Außenseiter«, den »ungefragten Teilnehmer« zu unterstützen, der die Prämissen und die existierenden Regeln nicht kennt, sondern die Bühne mit nichts als seinem kreativen Intellekt und dem Willen, eine Veränderung herbeizuführen, betritt. Indem er ohne Angst, Friktionen zu verursachen oder vorhandene Machtbeziehungen zu erschüttern, auf dem Schauplatz auftaucht, öffnet er einen Raum für Veränderungen, der eine »politische Politik« ermöglicht. Angesichts der zunehmenden Fragmentierung der Identitäten und der Komplexität der heutigen Stadt sind wir gegenwärtig mit einer Situation konfrontiert, in der es entscheidend ist, kritisch über eine Form der Gemeinsamkeit nachzudenken, die Konflikte als produktives Engagement zulässt: ein Modell der Boheme-Partizipation im Sinne eines Einstiegspunkts für einen Außenseiter, der Zugang zu den vorhandenen Debatten und Diskursen bekommt und sich nicht daran stört, auf Ablehnung zu stoßen.

Demokratie auf dem Prüfstand (Im Gespräch mit Chantal Mouffe)

Von Dezember 2006 bis zum Sommer 2009 hat der Autor eine Reihe von Einzelgesprächen mit der Politikwissenschaftlerin Chantal Mouffe geführt. In mehreren Diskussionen in London, Wien und Berlin, die im folgenden Kapitel zusammengefasst werden, beschreibt er seine Untersuchungen zu konflikt- bzw. nicht-konsensbasierten Formen der Partizipation als alternativer Raumpraxis, die eine Diskussion über demokratische Umgangsformen und über Mouffes Verständnis dessen, was sie »konflikthaften Konsens« nennt, einleiten.

Teil I

Markus Miessen – Chantal, du hast sehr viel über den politischen Kampf und den radikalen Kern des demokratischen Lebens geschrieben. Kannst du die Hauptthese Deines letzten Buches *Über das Politische* erläutern?

Chantal Mouffe – Mein Buch *Über das Politische* hat zwei Ziele: Das erste hinterfragt die Perspektive der politischen Theorie. Ich bin davon überzeugt, dass die beiden vorherrschenden Modelle der demokratischen politischen Theorie – einerseits das aggregative Modell, andererseits das deliberative, das etwa im Werk von Jürgen Habermas zum Ausdruck kommt – ungeeignet sind, um der Herausforderung gerecht zu werden, mit der wir heute konfrontiert sind. Ich wollte zur theoretischen Diskussion über die politische Theorie beitragen, indem ich ein anderes Modell vorschlage, das ich das agonistische Modell der Demokratie nenne. Mein zweites Ziel hängt mit meiner Haupt-Motivation zusammen, die politisch begründet ist. Ich habe versucht zu verstehen, warum es in der Gesellschaft, in der wir heute leben – die ich als post-politische Gesellschaft bezeichne –, eine wachsende Unzufriedenheit mit den politischen Institutionen gibt. Ich beschäftige mich seit einiger Zeit mit dem zunehmenden Erfolg populistischer rechter Parteien, vor allem mit der aktuellen Entwicklung des von Al-Quaida geprägten Terrorismus. Ich habe den Eindruck, dass uns das theoretische Rüstzeug fehlt, um wirklich zu verstehen, was hier geschieht. Natürlich behaupte ich nicht, dass die politische Theorie alles erklären kann, doch ich denke, dass sie eine wichtige Rolle dabei spielen kann, unsere heutige Lage zu erklären. Bis jetzt war sie allerdings keineswegs hilfreich. Man könnte sogar sagen, dass sie kontraproduktiv war. Man hat uns glauben gemacht, das Ziel der demokratischen Politik bestehe darin, einen Konsens zu erreichen. Offensichtlich gibt es verschiedene Weisen, den Konsens zu betrachten, doch die gängige Idee lautet, dass die Unterscheidung von Links und Rechts nicht mehr relevant ist, wie es bei Ulrich Beck und Anthony Giddens heißt. Sie meinen, dass wir jenseits von Links und Rechts denken sollten, und, so Beck, dass wir die Politik als »Sub-Politik« neu erfinden müssen. Das ist natürlich typisch für das liberale Denken, das, wie Carl Schmitt sagt, nie in der Lage war, die Besonderheit des Politischen zu begreifen. Wenn Liberale von Politik sprechen, denken sie entweder ökonomisch – und das wäre definitiv das aggregative Modell – oder moralisch, was dem deliberativen Modell entspricht. Doch das Spezifische des Politischen entgeht dem liberalen Denken immer wieder. Ich halte das für einen schweren Mangel, denn um politisch handlungsfähig zu bleiben, muss man die Dynamik des Politischen verstehen.

MM Ist das die Hauptthese des Buches?

CM Ja. Deshalb beharre ich in dem Buch darauf, dass die Dimension des Politischen irgendwie mit der Dimension des Konflikts zusammenhängt, die es in menschlichen Gesellschaften gibt, mit der immer vorhandenen Möglichkeit des Antagonismus: eines Antagonismus, der nicht ausgerottet werden kann. Das bedeutet, dass ein Konsens ohne Ausschließung – eine Form von Konsens jenseits der

Hegemonie, jenseits der Souveränität – nie geschaffen werden kann.

MM Kannst du etwas zur Beziehung zwischen deiner Theorie und der Arbeit von Carl Schmitt sagen?

CM Ich denke, dass die Stärke von Schmitts Kritik am Liberalismus genau darin liegt, dass er zeigt, dass der Liberalismus blind für diese Dimension des Antagonismus ist und sein muss, und dass er nicht erkennen kann, dass die Besonderheit des Politischen die Unterscheidung von Freund und Feind ist. Schmitt hat völlig recht, wenn er auf diesen Punkt insistiert. Ich stimme jedoch nicht überein mit den Schlussfolgerungen, die er aus dieser Tatsache gezogen hat. Schmitt glaubte, dass die liberale pluralistische Demokratie ein invariables Regime sei, und dass – aufgrund dieser Dimension des Antagonismus, die in menschlichen Gesellschaften vorhanden ist – die einzige Art von Ordnung, die etabliert werden könne, eine autoritäre sei. Ihm zufolge kann Pluralismus in einer politischen Assoziation nicht akzeptiert werden, weil er zwangsläufig zu einem Freund-Feind-Kampf führt, und damit zur Zerstörung der politischen Assoziation. Das war wirklich eine Herausforderung für mich, denn einerseits stimme ich mit Schmitt überein, was die Unausrottbarkeit des Antagonismus betrifft, wohingegen ich andererseits die Möglichkeit einer pluralistischen Demokratie unterstreichen möchte. Deshalb habe ich ein Modell entwickelt, das ich als »agonistisches Demokratiemodell« bezeichne, anhand dessen ich zu zeigen versuche, dass die Hauptaufgabe demokratischer Politik kurz gesagt darin besteht, den Antagonismus in Agonismus umzuwandeln.

MM Wie sieht dieses Modell aus?

CM Ich meine, dass es zwei Arten gibt, in denen die Dimension des Antagonismus in der Gesellschaft ausgedrückt werden kann. Eine besteht in dem, was wir als »eigentlichen Antagonismus« bezeichnen könnten, der die Freund-Feind-Beziehung ist. Schmitt hatte recht, als er sagte, dass dieser Antagonismus zur Zerstörung der politischen Assoziation führt, wenn man zulässt, dass er sich in einer politischen Gemeinschaft entwickelt. Doch es gibt noch eine andere Weise, in der der antagonistische Konflikt eingesetzt werden kann, und diese nenne ich Agonismus. In diesem Fall haben wir es nicht mit der Freund-Feind-Beziehung zu tun, sondern mit der Beziehung von Gegnern. Der Hauptunterschied zwischen Feinden und Gegnern ist, dass Gegner sozusagen »befreundete Feinde« sind, und zwar in dem Sinne, dass sie etwas gemeinsam haben. Sie teilen einen symbolischen Raum. Deshalb kann es zwischen ihnen einen »konflikthaften Konsens« geben. Sie stimmen über die ethisch-politischen Prinzipien, die die politische Assoziation prägen, überein, aber sie stimmen nicht überein, was die Interpretation dieser Prinzipien angeht. Wenn wir unter diesen Prinzipien »Freiheit und Gleichheit für alle« verstehen, ist klar, dass wir sie auf viele verschiedene widersprüchliche Weisen verstehen können, welche zu Konflikten führen, die nie rational gelöst werden können. Man kann nie sagen: »Das ist die korrekte Interpretation von Freiheit und Gleichheit.« So sehe ich den agonistischen Kampf: ein Kampf zwischen verschiedenen Interpretationen gemeinsam geteilter Prinzipien, ein konflikthafter Konsens – ein Konsens über die Prinzipien, und ein Dissens, was ihre Auslegung angeht.

MM Du hast gesagt, dass der demokratische Prozess darauf abzielen sollte, einen Raum zu eröffnen, in dem Differenzen aufeinander stoßen können. Kannst du erklären, inwiefern »Agonismus« als konstruktive Form des politischen Konflikts eine Gelegenheit für den konstruktiven Ausdruck von Uneinigkeiten herstellen kann?

CM Ich halte es für sehr wichtig, die Aufgabe der Demokratie aus einer agonistischen Perspektive zu betrachten, also als Aufgabe der Errichtung von Institutionen, die die zwangsläufig auftretenden Konflikte zulassen. Konflikte zwischen Gegnern und nicht zwischen Feinden. Wenn keine agonistische Form zur Verfügung steht, ist es sehr wahrscheinlich, dass Konflikte, wenn sie auftreten, eine antagonistische Form annehmen.

MM Was verstehst du in diesem Zusammenhang unter »Institution«?

CM Ich verwende den Begriff »Institution« in einem sehr weiten Sinne – als Komplex von Praktiken, Sprachspielen und Diskursen. Aber er steht auch für traditionelle Institutionen wie etwa Parteien, oder andere politische Institutionen und verschiedene Formen der Partizipation unterschiedlichster Leute auf lokaler Ebene und darüber hinaus.

MM Mich interessiert deine Kritik an Michael Hardt und Toni Negri. Kannst du etwas zu deiner Unterscheidung zwischen ihrer Idee einer »absoluten Demokratie« und dem sagen, was du »Formen der Konstruktion eines ›wir/sie‹, die mit einer pluralistischen Ordnung vereinbar sind« nennst?

CM Ich stimme mit dem institutionellen Aspekt, den Hardt und Negri in *Empire* und später in *Multitude* hervorheben, nicht überein. Sie beziehen eine sehr anti-institutionelle Sichtweise. Sie sind gegen jedwede Form lokaler, regionaler oder landesweiter Institution, die sie für faschistisch erklären. Sie meinen, dass die Zugehhörigkeit zu einem spezifischen Ort überwunden werden sollte, und wir so etwas wie eine kosmopolitische Sicht- und Denkweise befördern sollten. Die Multitude sollte keinerlei Form von Zugehörigkeit haben. Ich halte das für theoretisch völlig unzureichend, weil sie nicht die Bedeutung dessen sehen, was ich eine »Leidenschaft« für politische kollektive Identitäten nenne – und so gesehen haben sie meiner Meinung nach etwas mit den Liberalen gemeinsam. Sie erkennen nicht die Bedeutung der Leidenschaften – also dessen, was Freud eine »libidinöse Besetzung« nennt [eine Verbindung intensiver emotionaler Energien mit bestimmten Ereignissen, Personen oder Begriffen] –, die bei der Schaffung von lokalen, regionalen oder nationalen Identitätsformen mobilisiert werden. Sie meinen, dass solche Verbindungen überwunden werden könnten und sollten. So gesehen sind sie wirklich nicht weit entfernt von Habermas' Idee postkonventioneller Identitäten und seiner Vorstellung eines post-nationalen Europas. Aus der Sicht einer philosophischen Anthropologie halte ich das für völlig unangemessen. Worin ich am wenigsten mit Hardt und Negri übereinstimme, ist die Möglichkeit einer »absoluten Demokratie«, einer Demokratie jenseits jeglicher Form von Institution. Es fällt mir sogar schwer, mir vorzustellen, was das sein soll. In ihrer Auffassung schwingt ein messianischer Unterton mit. Sie meinen, dass es möglich ist, eine perfekte Demokratie zu erreichen, in der es keine Machtbeziehung – keinen Konflikt, keinen Antagonismus – mehr gibt. Das steht im völligen Gegensatz zu der Ansicht, die ich verteidigen möchte und die die Grundlage des größten Teils meiner Arbeit bildet, welche besagt, dass der Antagonismus nicht ausgerottet werden kann. Er lässt sich zügeln, und genau das versucht der Agonismus, doch wir werden ihn nie endgültig überwinden.

MM Gibt es in diesem Zusammenhang jemanden, den du sympathischer als Hardt und Negri findest?

CM Wenn ich an die Demokratie denke, interessiere ich mich zum Beispiel weit mehr für Jacques Derrida und seine Vorstellung von einer »kommenden Demokratie«. Wenn wir auf der Tatsache bestehen, dass Demokratie immer erst »kommen« muss, gibt es keinen Punkt, an dem wir sagen können, dass die Demokratie bereits verwirklicht ist.

MM Während Hardt und Negri darauf warten, dass dies geschieht.

CM In dem Moment, in dem wir sagen, dass die Demokratie Wirklichkeit geworden ist, würden wir so tun, als ob wir sagen könnten: Jetzt existiert die perfekte Demokratie. Eine solche Demokratie wäre nicht mehr pluralistisch, weil es keine Möglichkeit für Diskussionen und Konflikte mehr gäbe. Diese Idee steht im völligen Gegensatz zu meiner

Vorstellung von einer agonistischen Demokratie. Für mich gibt es Demokratie, solange es Konflikte gibt und vorhandene Übereinkünfte in Frage gestellt werden können. Wenn wir zu einem Punkt kommen, an dem wir sagen: »Das ist der Endpunkt, Protest ist nicht mehr legitim«, dann ist das das Ende der Demokratie. Ich habe noch ein anderes Problem mit Hardt und Negri. Ich verstehe ihre ganze Theorie als eine Neuformulierung – wenn auch in einem anderen, von Deleuze und Guattari beeinflussten, Vokabular – des Marxismus' der Zweiten Internationale. Das ist derselbe Typ von Determinismus, bei dem wir im Grunde nichts zu tun brauchen und einfach nur auf den Moment warten, in dem der Widerspruch des Empires die Herrschaft der Multitude hervorbringen wird. Alle kritischen und für die Politik grundlegenden Fragen werden automatisch aus dem Weg geräumt. Um ein Beispiel anzuführen: Sie sehen die alternative Globalisierungsbewegung als eine Manifestation der Macht der Multitude. Ich denke auch, dass das eine interessante Bewegung ist, doch das Problem bei dieser Bewegung ist, dass sie sehr heterogen ist. Wir finden in der alternativen Globalisierungsbewegung viele Gruppen mit vielen verschiedenen und oft widersprüchlichen Zielen. Für mich besteht die politische Aufgabe darin, einen Äquivalenzmaßstab zwischen diesen unterschiedlichen Kämpfen zu schaffen. Man muss sich fragen, wie man sie in eine Bewegung konvergieren lassen kann, die eine Art Einheit bildet. Das ist natürlich etwas, mit dem Hardt und Negri überhaupt nicht übereinstimmen. Sie argumentieren, dass diese Gruppen in der Bewegung nicht auf einer horizontalen Ebene miteinander verbunden sind, sondern direkt und vertikal auf die Macht des Empires losgehen, und dass ihr Subversionsvermögen so viel größer ist.

MM Was empfindest du dabei?

CM Für mich ist das ist völlig unzureichend. Einer der Hauptgründe, warum diese alternative Globalisierungsbewegung gegenwärtig auf Schwierigkeiten stößt, liegt darin, dass sie es noch nicht geschafft haben, die verschiedenen Formen des Kampfes miteinander zu koordinieren.

MM Wie hängt das mit den Institutionen zusammen?

CM Die Leute in dieser Bewegung, die von Hardt und Negri beeinflusst wurden, wollen mit vorhandenen Institutionen wie Parteien oder Gewerkschaften nichts zu tun haben. Sie wollen eine reine Bewegung der Zivilgesellschaft, weil sie fürchten – und hier haben sie nicht ganz unrecht –, dass die etablierten Institutionen versuchen werden, einen zu neutralisieren oder zu vereinnahmen, wenn man Kontakt mit ihnen aufnimmt. Diese Gefahr ist vorhanden. Das kann ich nicht leugnen. Andererseits meine ich, dass ohne eine Form von Synergie zwischen der alternativen Globalisierungsbewegung und diesen Institutionen keine wirklichen Fortschritte gemacht werden können. So rühmen sie zum Beispiel sehr stark die Piquetero-Bewegung.

MM Die Arbeitslosenbewegung in Argentinien.

CM Ja. Das ist genau die Art von Bewegung der Zivilgesellschaft, die jeder Form von Institution entgegengesetzt ist, und die Hardt und Negri befürworten. Gewiss, diese Bewegung hat es geschafft, die Regierung von De la Rúa zu stürzen [Fernando de la Rúa, argentinischer Präsident vom 10. Dezember 1999 bis zum 21. Dezember 2001]. Ihre Hauptparole war: »Que se vayan todos« [Sie sollen alle abhauen, wir wollen nichts mit Politikern zu tun haben]. Als es jedoch darum ging, bei den Wahlen irgendeine Art von Ordnung wieder herzustellen, waren die Piqueteros völlig machtlos, da sie keine Verbindung zu den Institutionen oder Parteien hatten. Als die Wahlen stattfanden, gab es daher einen Kampf zwischen Menem [Carlos Menem, argentinischer Präsident vom 8. Juli 1989 bis zum 10. Dezember 1999, Vertreter der Peronistischen Partei] und Kirchner [Néstor Kirchner, argentinischer Präsident vom 25. Mai 2003 bis zum 10. Dezember 2007]. Glücklicherweise hat Menem verloren. Kirchner gewann und entpuppte sich als viel radikaler, als man gedacht hatte. Er versuchte einen Kontakt zu den Piqueteros herzustellen, um sie an seiner Regierung zu beteiligen. Er schaffte es, mit einem Teil dieser Bewegung zusammenzuarbeiten. Es gab aber noch andere Teile, die nichts mit der Regierung zu tun haben wollten, und diese Leute sind heute völlig isoliert. Ich denke, dieses Beispiel zeigt, dass die sogenannten Multitude-Bewegungen nicht sehr weit kommen, wenn sie keine Verbindung zu den traditionelleren Formen der Politik haben.

MM Würde diese »eine Stimme« – oder, wie du sagst, eine »traditionellere Form der Politik« – nicht eine Form von Konsens benötigen? Mir scheint, dass eine Art Verhandlung nötig ist, um die verschiedenen Stimmen zusammenzubringen.

CM Nun, ich denke, das wird ein konflikthafter Konsens sein, oder? So etwas wie eine gemeinsame Artikulation – ich bevorzuge diesen Ausdruck – der verschiedenen Bewegungen, die es ihnen ermöglicht, ein übergreifendes Ziel zu formulieren. Ich mag den Begriff Konsens in diesem Zusammenhang nicht, weil er mehr beinhaltet, als hier notwendig ist. Ein konflikthafter Konsens unterstellt, dass wir im Hinblick auf ein gemeinsames Ziel zusammenarbeiten. Das genügt.

MM Kannst du genauer beschreiben, wie diese Praktiken und Institutionen potenziell beschaffen sein könnten oder wie sie entstehen könnten? Ich interessiere mich hier vor allem für die Schaffung von alternativen Institutionen und Wissensräumen.

CM Die wesentlichen Differenzen und Konflikte bleiben bestehen, aber es gibt zumindest eine Grundübereinstimmung. Was in Bezug auf Hardt und Negri in Frage gestellt werden muss, ist die Idee eines notwendigen Prozesses. Ich bin mir nicht sicher, ob der Kapitalismus sein eigener Totengräber ist. Das behaupten sie, und das hat auch die Zweite Internationale behauptet. Sie glauben, dass das

Empire sich selbst zu Fall bringen wird. Das ist das traditionelle marxistische Argument, dass die Produktivkräfte ein Stadium erreichen werden, in dem sie zwangsläufig für das Auftauchen von Kräften – die Multitude – sorgen, die das herrschende System umstürzen. Leider kann ich diesen Optimismus nicht teilen. Ich glaube nicht, dass dieser Prozess ein notwendiger Prozess ist. Ich denke, er ist eine, aber eben nur eine Möglichkeit – und dass eine politische Intervention nötig ist, damit er stattfindet. Genau das sehen sie nicht. Ich habe einen in Deutschland gedrehten Film mit dem Titel *Was tun?* gesehen. Darin geht es um die alternative Globalisierungsbewegung und den Einfluss von Hardt und Negri. Am Ende fragt der Filmemacher die beiden »Was ist also zu tun?« Und Negri antwortet: »Abwarten und sich gedulden.« Und Hardt antwortet: »Folge deinem Begehren.« Das ist ihre Art von Politik, und ich denke, das ist nicht genug. »Warte einfach ab, die Entwicklung des Kapitalismus wird zur Herrschaft der Multitude führen.« Das ist nicht die Art und Weise, in der wir heute eine radikale Veränderung anstreben können. Ich habe noch viele weitere Einwände gegen Hardt und Negri, aber würde jetzt zu weit gehen.

MM Da wir es, wie du gesagt hast, heute mit einer Situation zu tun haben, in der es wichtig ist, über eine Gemeinschaftlichkeit nachzudenken, die den Konflikt als eine Form des produktiven Engagements zulässt: Könnte ein Modell der »Boheme-Partizipation«, im Sinne eines Eingreifens durch einen Außenseiter, diesen »Außenseiter« zu einem Vorbild machen?

CM Meiner Meinung nach ist es heute notwendig, einen agonistischen öffentlichen Raum zu schaffen, einen agonistischen Typus von Politik. Das fehlt uns. Wir leben in einer Situation, die ich in *Über das Politische* »post-politisch« nenne, und in der uns ständig gesagt wird, dass das Parteienmodell der Politik ausgedient hat, dass es kein links und rechts mehr gibt: Es gibt diese Art von Konsens in der

Mitte, der keine alternativen Optionen kennt. Man will uns weismachen, dass wir angesichts der Globalisierung nichts mehr tun könnten. Und deshalb haben sich die meisten sozialdemokratischen Parteien oder die Arbeiterparteien so stark in Richtung Mitte bewegt. Sie bieten wirklich nichts grundsätzlich anderes als die Mitte-Rechts-Parteien. Es gibt heute einen allgemeinen Konsens darüber, dass es keine Alternative gäbe, was ich für sehr gefährlich halte. Aus meiner Sicht hat diese Situation den Boden für den Aufschwung des Rechtspopulismus in Europa bereitet. Das sind die einzigen Parteien, die sagen: »Es gibt eine Alternative zu diesem Konsens in der Mitte, und wir werden sie bieten. Wir werden dir, dem Volk, die Gewalt wiedergeben, die das Establishment dir weggenommen hat. Wir werden euch die Möglichkeit geben, die Souveränität des Volkes auszuüben.« Die Alternativen, die sie anbieten, sind natürlich ungeeignet und unakzeptabel, da sie in der Regel in einer fremdenfeindlichen Sprache formuliert werden. Doch da rechtspopulistische Parteien oft die einzigen sind, die behaupten, eine Alternative darzustellen, ist es, glaube ich, keine Überraschung, dass sie immer mehr Leute anziehen. Sie sind auch die einzigen, die versuchen, Leidenschaften zu mobilisieren, und die stark affektiv geprägte Identifikationsangebote machen. Es ist für die Linke sehr wichtig, das zu begreifen. Statt mit moralischer Verurteilung zu reagieren, müssen sie die Gründe für den Erfolg dieser Parteien verstehen, um eine adäquate Antwort liefern zu können.

MM Was würdest du in diesem Zusammenhang genau unter Dissens verstehen?

CM Ich meine, es ist wichtig, den in vielen Bereichen vorhandenen Konsens zu untergraben und eine Dynamik des Konflikts wiederherzustellen. Aus dieser Perspektive sehe ich auch, wie jemand eine Rolle spielen könnte, den du als »Außenseiter« bezeichnest. Ich persönlich würde eine andere Bezeichnung wählen, da dies ja eine Person ist, die nicht mit etwas übereinstimmt, die einen anderen Standpunkt hat. Das ist nicht unbedingt ein Außenseiter. Es könnte jemand aus dem Inneren der Gemeinschaft sein, der nicht Teil des vorherrschenden Konsenses ist, der es den Leuten ermöglicht, die Dinge anders zu sehen.

MM Ist es aber nicht gerade die Stimme von außen, die sich hier Gehör verschafft? Es kommt doch auf jene an, die in der Lage sind, sich Zugang zu den vorhandenen Debatten und Diskursen zu verschaffen, obwohl es missbilligt wird.

CM Natürlich. In manchen Fällen kann es jemand von außen sein, der eine neue Sichtweise eröffnet und sagt: »Seht mal, da gibt's auch noch andere Dinge, die ihr nicht berücksichtigt habt«. Das kann zwar ein Außenseiter sein, aber nicht zwingend. Es gibt auch Stimmen innerhalb der Gemeinschaft, die zum Schweigen gebracht wurden. Man könnte vielleicht sagen, dass es in Bezug auf den Konsens ein Außenseiter ist. Für mich wäre es wichtig, möglichst viele jener Stimmen zu hören, die zum Schweigen gebracht wurden oder die nicht in der Lage waren, sich Gehör zu verschaffen. Ich will nicht unbedingt sagen, dass sie nicht sprechen durften, aber es kann Stimmen geben, die deshalb nicht geäußert wurden, weil die ganze Konsenskultur es gar nicht erst zulässt, dass die Leute es für möglich halten, dass die Dinge anders sein könnten. Genau das gefällt mir so an der Parole der alternativen Globalisierungsbewegung: »Es gibt eine andere Welt«. Ich glaube, es ist für uns alle wichtig, dass wir damit anfangen, uns so etwas vorzustellen. Es gibt eine andere Welt. Die heutige neoliberale Hegemonie hat versucht, uns davon zu überzeugen, dass die Dinge nur so sein können, wie sie sind. Das ist zum Glück nicht wahr. Alle Arten von »produktivem Engagement zur Störung des Konsens« sind wichtig, um jene Dinge zum Vorschein zu bringen, die der Konsens beiseite schieben wollte. Bei der Schaffung dessen, was ich einen agonistischen öffentlichen Raum nenne, gibt es viele verschiedene Stimmen und Leute, die dabei eine Rolle spielen. Dass ist jedenfalls definitiv ein Bereich, in dem Künstler, Architekten, oder Leute, die sich im weiteren Sinne für die Kultur engagieren, eine sehr wichtige Rolle spielen, weil sie andere Formen von Subjektivität einbringen, als die gegenwärtig existierenden.

MM Mir scheint, dass es dringend geboten ist, mit der Unschuld der Partizipation aufzuräumen, die genau der *modus operandi* ist, den wir heute in so vielen »gesellschaftlich relevanten« Praktiken finden. Es ist interessant, wie sich bestimmte Praktiken den Begriff der Partizipation als ein eindeutig positives, selbstgesteuertes Instrument des Engagements zu Eigen gemacht haben. In diesem Zusammenhang könnte es hilfreich sein, in Begriffen der »konfliktuellen Partizipation« als produktive Form einer Interventionspraxis zu denken.

CM Ich denke, das ist ein wichtiger Punkt. Wir sind heute in einer Phase, die ich die Post-Washington-Consensus-Phase nenne. Es gibt den Washington Consensus natürlich noch. Glücklicherweise wird er immer stärker hinterfragt, vor allem in Lateinamerika, wo es sehr interessante Entwicklungen gibt. Immer mehr Länder sagen einfach, dass sie nicht mehr dem IWF oder der Weltbank gehorchen wollen, sondern die Dinge stattdessen selber organisieren. Die Macht der Globalisierung beginnt zu realisieren, dass sie eine andere Strategie einsetzen muss, eine Strategie der Partizipation. Und deshalb ist Partizipation zu einem Schlagwort geworden. Aber in vielen Fällen heißt Partizipation einfach, dass die Leute sich selbst ausbeuten. Sie akzeptieren die Dinge zwar nicht so, wie sie sind, aber sie tragen aktiv zum Konsens bei; sie akzeptieren den Konsens. Und deshalb finde ich deinen Ausdruck »Gewalt der Partizipation« sehr interessant. Wir müssen erkennen, dass Partizipation auch sehr gefährlich sein kann.

MM Worin besteht die Gefahr?

CM Ich war bei einer Diskussion in der *London School of Economics*, wo es Leute gab, die am Weltwirtschaftsforum in

Davos teilgenommen hatten, und andere, die beim Weltsozialforum in Porto Alegre waren. Sie alle brachten ihre unterschiedlichen Erfahrungen ein. Eine Person, die in Porto Alegre gewesen war, erzählte eine Geschichte über das Ereignis, und dann sagte eine Person, die dem Davos-Forum beigewohnt hatte: »Das ist ja unglaublich, genau dasselbe ist auch in Davos diskutiert worden. Genau dasselbe.« Das wurde für zu optimistisch gehalten, und ich sagte: »Moment mal, es ist unmöglich, dass sie über dasselbe geredet haben.« Die Tatsache, dass es sich um dasselbe Vokabular handelt, liegt daran, dass die Leute in Davos erkannt haben, dass sie ihr Vokabular ändern müssen. Sie brauchen Leute, damit sie das Gefühl haben, dass sie ein Teil dieser Bewegung sind. Ich bin sehr misstrauisch, was diese Vorstellung von Partizipation angeht, als ob Partizipation schon von sich aus eine wirkliche Demokratie mit sich bringen würde. Es gibt natürlich viele verschiedene Formen von Partizipation. Wenn es sich um eine Art von agonistischer oder konflikthafter Partizipation, wie du das nennst, handelt, bei der es eine wirkliche Konfrontation verschiedener Sichtweisen gibt, dann ist das sehr gut, wie ich meine. Aber Partizipation kann auch bedeuten, an einer Form von Konsens teilzunehmen, den keiner wirklich erschüttern kann und bei dem eine gewisse Übereinstimmung vorausgesetzt wird. Das halte ich ganz entschieden nicht für etwas Positives. Partizipation ist wirklich davon abhängig, wie man sie versteht. Sie ist sicherlich kein unschuldiger Begriff.

MM Jede Form von Partizipation ist bereits eine Form von Konflikt. Um an irgendeiner Umgebung oder gegebenen Situation teilzunehmen, muss man die Kräfte dieses Konfliktes verstehen, die auf diese Umgebung einwirken. Wie kann man sich von der romantischen Vorstellung von Partizipation lösen und zu einem produktiveren, konflikthafteren Modell von Engagement gelangen? Was würdest du als mikro-politische Umgebungen bezeichnen, und wo gibt es mikro-politische Bewegungen?

CM Was die Frage des Raums betrifft, so glaube ich nicht, dass es einen großen Unterschied zwischen dem gibt, was du mikro-politisch, makropolitisch und geo-politisch nennst, da ich meine, dass diese Dimension des Politischen etwas ist, das sich selbst auf allen Ebenen manifestieren kann. Es ist wichtig, nicht zu glauben, dass es bestimmte Ebenen gibt, die wichtiger als andere sind. Hier kommen wir wieder zu dem zurück, was ich vorhin zu Hardt und Negri gesagt habe. Als wir anfingen, das Europäische Sozialforum zu organisieren, waren sie gegen diese Idee, weil sie meinten, der Kampf müsse auf einer globalen Ebene geführt werden. Ein Europäisches Sozialforum habe keinen Sinn, da es automatisch Europa privilegieren würde. Doch ich meine, dass es sehr wichtig ist, Sozialforen auf allen Ebenen zu haben: Städte, Regionen, Nationen – all diese Ebenen und Bereiche sind sehr wichtig. Der agonistische Kampf sollte auf einer Mannigfaltigkeit von Ebenen stattfinden und weder die geo-politischen noch die mikro-politischen Ebenen privilegieren, sondern stattdessen erkennen, dass die politische Dimension etwas ist, das nicht in einem privilegierten Raum angesiedelt werden kann. Sie ist eine Dimension, die sich in allen Arten von gesellschaftlichen Beziehungen manifestieren kann, wie immer der spezifische Raum auch aussehen mag. Wie in letzter Zeit viele Geographen betont haben, ist der Raum immer etwas, das nach einem Ausdruck, den Deleuze und Guattari kritisiert haben, »gekerbt« ist.[78] Sie dachten an einen »glatten« und homogenen Raum, während Doreen Massey der Meinung ist, dass jede Form von Raum immer eine Konstellation von Machtbeziehungen ist. Ich meine, dass das, was ich den hegemonialen Kampf oder den politischen Kampf nennen würde, auf all diesen Ebenen stattfinden muss. Es gibt eine Mannigfaltigkeit von Ebenen, auf denen der agonistische Kampf begonnen werden muss. Deshalb denke ich, dass es auf vielen Ebenen ein Politisierungspotenzial gibt, und dass es wichtig ist, sich mit all diesen Ebenen zu beschäftigen und nicht einfach nur zu sagen: »Okay, aber der globale Kampf ist der wichtigste von allen.« Das ist nicht der Fall. Wir müssen wirklich versuchen, die Machtbeziehungen auf allen Ebenen zu analysieren und zu verändern.

Teil 2

CM Seit unserem ersten Gespräch über die Partizipation habe ich diese Frage in andere Richtungen weiterentwickelt, die ich gern diskutieren würde. Ich war schon beim letzten Mal kritisch oder skeptisch, was den Begriff der Partizipation betrifft. Ich denke, eines der Probleme, die ich mit diesem Begriff habe, hat mit der Art des Verständnisses der Demokratie und des Politischen zu tun, die normalerweise mitschwingt, wenn Leute von Partizipation sprechen. Gemeinhin hat die Idee der Partizipation die Konnotation, dass, wenn jeder beteiligt wäre und partizipieren würde, ein Konsens erreicht und volle Demokratie verwirklicht werden würde. Und gemeinhin gibt es auch eine Art Gegensatz zwischen den Ideen der partizipatorischen und der repräsentativen Demokratie – eine Aufwertung der partizipatorischen Demokratie, der Partizipation im Allgemeinen und andere Dinge, die darauf hinweisen, dass die repräsentative Demokratie etwas ist, das normalerweise im Interesse der Elite arbeitet, während die Partizipation eher progressiv ist. So setzt sie ein bestimmtes Verständnis des Politischen voraus, das genau in dem besteht, was ich in meiner Arbeit kritisiert habe.

MM Kannst du bitte etwas zum Politischen in diesem Kontext sagen?

CM In den verschiedenen Theorien wird das Politische heute auf zwei Weisen verstanden. Die erste könnte die assoziative Sicht des Politischen genannt werden. Die zweite ist die dissoziative Sicht des Politischen. Die assoziative Sicht versteht die Politik als gemeinsames Handeln. Diese Sicht findet sich zum Beispiel bei Hannah Arendt, aber auch bei vielen Denkern, die von ihr beeinflusst wurden. Damit ist gemeint, dass wir alle gemeinsam handeln, und ich denke, das geht in Richtung Partizipation. Die dissoziative Sicht des Politischen, mit der ich mich identifiziere, hat mit der Dimension des Konflikts zu tun, mit der Dimension des Antagonismus und der Feindseligkeit, die es in menschlichen Gesellschaften gibt.

MM Wie hängt das mit dem Begriff des Pluralismus zusammen?

CM Es kommt darauf an, was du unter Pluralismus verstehst. Hier haben wir auch wieder zwei Positionen. Es gibt die liberale Sicht des Pluralismus, die auf der Idee beruht, dass Pluralität etwas mit der Vielzahl zu tun hat – mit der Anerkennung der Pluralität. Mit dem, was ich Pluralismus ohne Antagonismus nenne, und zwar in dem Sinne, dass anerkannt wird, dass es verschiedene Standpunkte, verschiedene Interessen, verschiedene Werte gibt und dass wir nie in der Lage sein werden, sie alle zu umfassen. Dabei geht man davon aus, dass all diese Werte, wenn sie zusammengebracht werden, ein harmonisches Ganzes bilden. Dies ist eine Sicht des Pluralismus, die wir auch in Hannah Arendts Werk finden. Zum Beispiel, wenn sie dafür eintritt, Kants Begriff der »erweiterten Denkungsart« zu benutzen, die Notwendigkeit, an der Stelle jedes anderen zu denken, sich vorzustellen, die Position des Anderen einzunehmen.[79]

MM Wie sieht die andere Position aus?

CM Es gibt eine andere Auffassung des Pluralismus – mit der ich mich identifiziere –, die wir zum Beispiel bei Max Weber oder Friedrich Nietzsche finden. Diese Auffassung besagt, dass der Pluralismus zwangsläufig einen Antagonismus beinhaltet, da all diese verschiedenen und vielfältigen Sichtweisen nicht vereint werden können. Einige von ihnen verlangen die Negation anderer Sichtweisen. So kann man sich nie vorstellen, dass all diese Sichtweisen zusammengebracht werden, um ein harmonisches Ganzes zu bilden. Die Tatsache und die Existenz des Pluralismus zu akzeptieren, bedeutet also, die Tatsache des Antagonismus, des Konflikts zu akzeptieren. Des Konflikts, der nicht beseitigt werden kann, der keine Versöhnung zulässt. Und genau das verstehe ich unter Antagonismus.

MM Antagonismus als produktiver Konflikt?

CM Antagonismus ist eine spezifische Art von Konflikt, ein Konflikt, für den es keine rationale Lösung gibt, weil die beiden Positionen schlichtweg unvereinbar sind. Und ich meine, dies muss unbedingt betont werden, wenn wir von Pluralismus reden: man muss ihn im Sinne dessen verstehen, was ich als zweite Auffassung eingeführt habe, im Sinne von Weber und Nietzsche. Das ist die Sichtweise, die mit der dissoziativen Auffassung des Politischen einhergeht. Wir könnten uns mit dieser Frage auch aus der Sicht des Demokratiemodells »Wir sind das Volk« beschäftigen, mit dem die Souveränität des Volkes unterstrichen werden soll. Doch wie stellen wir uns »das Volk« vor? Ich denke, die Besonderheit der modernen Demokratie – nennen wir sie die westliche pluralistische Demokratie, da ich ein Problem mit dem Ausdruck »modern« habe – ist in der Tat die Erkenntnis, dass das Volk kein Volk ist. Was bedeutet es, dass das Volk kein Volk ist? Es kann bedeuten, dass »das Volk« vielfältig ist, und genau das findet man in der assoziativen Sicht des Pluralismus. Man kann sich auch vorstellen, dass das Volk kein Volk ist, weil es geteilt ist. Das ist die Sicht »des Volkes«, die sich mit meinem Verständnis des dissoziativen Modus des Politischen, des Pluralismus im Konfliktmodus deckt: »das Volk« ist geteilt. Diese Sichtweise findet sich bereits bei Nicolò Machiavelli, der feststellte, dass es zwischen »i grandi« und »i popolo« immer einen Konflikt und einen Antagonismus gibt. Wenn wir all diese verschiedenen

Dimensionen berücksichtigen – die dissoziative Sicht des Politischen, die konflikthafte Sicht des Pluralismus und die Teilung des Volkes –, dann kommen wir dahin, die Partizipation in einer ganz anderen Weise zu verstehen. Wenn wir also an diesem Ausdruck »Partizipation« festhalten wollen, müssen wir ihn neu definieren und im Sinne dessen verstehen, was ich den agonistischen Modus der Partizipation nennen würde.

MM Den ich innerhalb von räumlichen Praktiken vorzuschlagen und zu entwickeln versuche.

CM Genau. Wenn man die Partizipation in diesem Sinne denkt, muss man sich immer zwischen verschiedenen Alternativen entscheiden. So nimmt man teil, aber damit man das tun kann, muss man die Möglichkeit haben, zu entscheiden, und nicht einfach nur an der Herstellung eines Konsenses mitzuarbeiten. Man muss eine Alternative haben, die eine Entscheidung zwischen Alternativen beinhaltet, die nie vereint werden können.

MM Und eine, die Verantwortung beinhaltet. Wenn ich von einer Ent-Romantisierung der Partizipation spreche, dann beziehe ich mich auch auf die Tatsache, dass nicht jeder immer beteiligt werden und eine Rolle spielen kann.

CM Das bedeutet auch – und das bezieht sich auf die Frage Beteiligung versus Ausschließung –, dass es zwangsläufig einen Moment der Ausschließung geben wird. Wenn man entgegengesetzte Alternativen hat, nimmt man an der Entscheidung darüber teil, welche Alternative übernommen werden sollte. Das heißt, dass es einige Alternativen geben wird, die nicht übernommen werden, die in der Tat abgelehnt werden. Das ist etwas, was absolut zentral ist. Ein Konsens ist nur auf der Grundlage möglich, dass etwas ausgeschlossen werden kann, was nicht stattfindet. Eben das beinhaltet die Idee des konflikthaften Pluralismus. Meine Kritik an einer bestimmten Auffassung von Partizipation hängt auch mit meiner Kritik der deliberativen Demokratie zusammen. Ich habe nichts gegen Beratungen, aber damit eine Beratung sinnvoll ist, müssen die Leute, die beraten, eine Wahl zwischen Alternativen haben. Wenn nur eine Alternative vorgelegt wird, über was sollen sie dann beraten? Diese Problematik hängt auch mit der Frage der Partizipation zusammen.

MM Wenn du sagst, dass Partizipation Auswahl- und Entscheidungsmöglichkeiten benötigt, wer produziert oder präsentiert diese Möglichkeiten?

CM Das hängt natürlich davon ab, von welcher Ebene der Partizipation wir sprechen. Ich interessiere mich zum Beispiel ganz besonders für die politische Partizipation. Und deshalb habe ich mich bei meiner Arbeit immer für die Bedeutung der Links-Rechts-Unterscheidung interessiert. Um ein Beispiel anzuführen: Im Gegensatz zu Anthony Giddens und Ulrich Beck glaube ich nicht, dass die Verwischung der Grenzen zwischen links und rechts ein Fortschritt für die Demokratie ist. Aber darüber haben wir schon in unserem letzten Gespräch gesprochen.

MM Kannst du das dieses Mal mit dem *Third-Way*-Konsens und den Rahmenbedingungen der Partizipation als Werkzeuge für politische Legitimation in Verbindung bringen?

CM Ja. Meine Kritik der *Third-Way*-Konsenspolitik und ihres zentralen Modells ist ziemlich einfach: Wenn es keine Alternative zum Neoliberalismus gibt, über was sollen wir dann beraten? An was sollen wir dann teilnehmen? Und wenn wir nicht wirklich zwischen Alternativen entscheiden können, was ist dann der Nutzen? Um zur Frage partizipatorische versus repräsentative Demokratie zu kommen, so denke ich ehrlich, dass das ein falscher Gegensatz ist. Ich weiß, dass es viele neue Strömungen in der Linken gibt, die eine nicht-repräsentative Form von Demokratie wollen – Hardt und Negri mit ihrer absoluten Demokratie sind eine davon. Repräsentative Demokratie ist etwas, das einige Leute in der Linken für etwas Negatives halten. Ich stimme mit einer solchen Sichtweise nicht überein, und ich meine, dass es in einer pluralistischen Demokratie, die anerkennt, dass das Volk geteilt ist, wichtig ist, Parteien zu haben, die unterschiedliche Positionen vertreten und die ein repräsentatives System brauchen. Das sollte in anderen Zusammenhängen natürlich von Basisorganisationen, von direkten Formen der Demokratie begleitet werden. Doch man sollte sie nicht entgegensetzen – eine agonistische Auffassung von Demokratie hält sie für komplementär.

MM Bevor wir weitergehen, habe ich eine Frage zu dieser modernen Demokratie, die du erwähnt hast. Wie wirkt sie sich auf den Aufbau deiner Argumentation aus?

CM Ich habe den Ausdruck »moderne Demokratie« oft als Gegenteil der alten Demokratie benutzt, aber ich bin mehr und mehr davon überzeugt, dass das ein ziemlich gefährlicher rhetorischer Schachzug ist. Der Westen hat sich den Ausdruck »modern« angeeignet, um ein exklusives Privileg zum Modell zu machen. Wenn wir von westlicher Demokratie sprechen, neigen wir dazu, sie modern zu nennen, was automatisch beinhaltet, dass andere Formen von Demokratie unterlegen sind. Eine solche Behauptung liegt natürlich voll auf der Linie der meisten westlichen Demokratietheorien. Sie behaupten, dass die westliche liberale Demokratie die am meisten rationale ist. Theoretiker unterschiedlicher politischer Richtungen stimmen darin überein, dass »wir im Westen«, wir, die Aufgeklärten, die fortschrittlichste und modernste Form von Demokratie geschaffen haben. Wir müssen erkennen, dass dieser theoretische und politische Schachzug sehr gefährlich ist. Die postkoloniale Kritik ist sehr wichtig. So hat zum Beispiel Dipesh Chakrabarty in seinem Buch *Europa als Provinz* gesagt, wir sollten erkennen, dass Europas Aneignung des Adjektivs »modern« schon allein ein Teil der Geschichte des europäischen Imperialismus ist.

MM Was du im Wesentlichen auch sagst.

CM Ich habe selbst angefangen, das Problem zu untersuchen, aber als ich Chakrabartys Buch las, habe ich mir gesagt:

»Ja, er hat völlig recht.« Meine Arbeit über die Multipolarität hat mich oft dahin geführt, über Formen von Demokratie nachzudenken, die sich von der westlichen unterscheiden. Ich bin nicht daran interessiert, am Ausdruck »modern« festzuhalten, um die westliche liberale Demokratie zu beschreiben. Dennoch könnte es nützlich sein, sich auf die Besonderheit einer Form von Demokratie zu beziehen, die in der westlichen Welt weiterentwickelt wurde. Wir sollten uns jedoch der rhetorischen Macht des Ausdrucks »modern« oder »Modernisierung« und seiner politischen Folgen bewusst sein.

MM Dem Schlagwort von New Labour.

CM Ja, Modernisierung ist das Schlagwort des »dritten Weges«. Tony Blair hat andauernd von Modernisierung geredet. Tony Blair, der Modernisierer. Wir sind die Modernisierer. Sich selbst als Modernisierer zu präsentieren, beinhaltet nicht nur automatisch, dass andere Leute unterentwickelt und rückständig sind, sondern auch, die eigene überlegene Rationalität und die eigenen Privilegien in den Himmel zu heben.

MM Kannst du bitte ein Beispiel dafür angeben?

CM Es gibt in diesem Zusammenhang zum Beispiel eine Diskussion über alternative Modernitäten, die ich sehr interessant finde. Nicht nur in Japan, sondern heute auch in Indien und an vielen anderen Orten stellen Leute die Idee in Frage, dass geschichtlicher Fortschritt voraussetzt, dass man die Institutionen der europäischen Modernität übernimmt. Sie zeigen nämlich, dass Modernität nicht einfach mit dem westlichen Modell gleichgesetzt werden sollte und dass es verschiedene Formen von Modernität gibt. Eben das nennt Chakrabarty die »Provinzialisierung Europas«.

MM Wie können wir dies wieder mit der Frage der Partizipation verbinden?

CM Um wieder zur Partizipation zurückzukehren, so gibt es eine andere Weise, darüber nachzudenken und sich zu fragen, warum sie zu einem derartigen Schlagwort geworden ist. Mit der Entwicklung neuer Produktionsformen ist der Ausdruck »Partizipation« immer mehr in Mode gekommen. Ich habe vorhin erwähnt, dass die Business-Elite in Davos die Sprache der Partizipation übernommen hat. Das sollte im Kontext einer neuen Art und Weise der Regulierung des Kapitalismus verstanden werden – die Aufgabe der fordistischen Fließbandproduktion und der Übergang zu neuen Organisationsweisen der Arbeit, die als Post-Fordismus bezeichnet werden. Es ist besonders interessant, die verschiedenen Interpretationen dieses Übergangs zu untersuchen, weil uns das auch einen anderen Blick auf die Idee der Partizipation gibt. Ich denke, man könnte viele Theorien benutzen, aber ich möchte nur zwei Ansätze hervorheben. Der eine ist der Ansatz des italienischen »Operaismus« oder »Workerism« – den wir natürlich bei Hardt und Negri finden, aber auch bei anderen Denkern wie Paolo Virno. Dem Ansatz des Operaismus zufolge haben die Arbeiterkämpfe der 1960er und 1970er Jahre den Kapitalismus gezwungen, die Produktion in einer anderen Weise zu reorganisieren, weil es plötzlich eine Fluchtbewegung aus den Fabriken gab. Operaismus-Theoretiker denken darüber nach, was in jenen Jahren in Italien geschehen ist. Die jungen Arbeiter wollten nicht in den Fabriken bleiben, und so waren die Kapitalisten gezwungen, neue Formen der Arbeitsorganisation zu finden, die kooperativer, flexibler und partizipatorischer waren. Bei den Anhängern des Operaismus finden wir jedoch verschiedene Ansichten, was das politische Potenzial dieser Transformation betrifft. Hardt und Negri sehen sie wie immer optimistisch: sie sehen sie als ein Auftauchen des Kommunismus mitten im Kapitalismus, was mit der Entwicklung dessen zusammenhängt, was sie »immaterielle Arbeit« nennen.

MM Meinst du, dass dies in gewisser Weise naiv oder zumindest problematisch ist?

CM Ich bin nicht die einzige, die das denkt. Virno ist zum Beispiel noch viel skeptischer, was die Folgen des Post-Fordismus betrifft. Er sieht ihn als eine Art »Kommunismus des Kapitals« und hält ihn für eine neue Form der kollaborativen Produktion, die eine Form von Selbstausbeutung der Arbeiter darstellt, die sich selbst zu Akteuren ihrer eigenen Ausbeutung machen. Doch es gibt einen anderen Weg, den Übergang vom Fordismus zum Post-Fordismus zu betrachten. Wir finden ihn in Luc Boltanskis und Eva Chiapellos Buch *Der neue Geist des Kapitalismus*, in dem sie beschreiben, wie es den Kapitalisten gelungen ist, sich die Forderungen nach Autonomie, die von den Bewegungen in den 1960er Jahren erhoben wurden, zueigen zu machen und sie durch die Entwicklung der post-fordistischen Netzwerkökonomie in neue Formen von Kontrolle umzuwandeln. Sie zeigen, wie das, was sie in Bezug auf die Strategien der Gegenkultur »Künstlerkritik« nennen – die Suche nach Authentizität, das Ideal der Selbstverwaltung, das anti-hierarchische Bedürfnis –, benutzt wurde, um eine neue Art der kapitalistischen Regulierung zu fördern und die disziplinären Rahmenbedingungen der fordistischen Periode zu ersetzen. Bei ihrem Ansatz ist interessant, dass er zeigt, wie zentral die Neugliederung von vorhandenen Diskursen und Praktiken beim Übergang vom Fordismus zum Post-Fordismus war. Eine solche Interpretation ermöglicht es uns, diesen Übergang als eine hegemoniale Intervention sichtbar zu machen. Obwohl Boltanski und Chiapello dieses Vokabular nicht benutzen, sind ihre Analysen ein Beispiel für das, was Gramsci »Hegemonie durch Neutralisierung« oder »passive Revolution« nennt.

MM Seine These vom langen Marsch durch die Institutionen.

CM Nein, eine passive Revolution ist kein langer Marsch durch die Institutionen. Sie besteht darin, Forderungen zu neutralisieren, die subversiv für eine hegemoniale Ordnung sein könnten, indem sie sie auf eine Weise befriedigt, die ihr subversives Potenzial unterminiert. Auf Französisch lautet das Wort dafür *détournement*. Damit ist eine Strategie der Aneignung eines Ausdrucks gemeint, um ihm eine neue Bedeutung mit einer anderen Botschaft zu geben, die das Gegenteil der ursprünglichen Bedeutung ist. Ich denke, das ist wirklich ein interessanter Ansatz, der mit meiner Sicht des hegemonialen Kampfes übereinstimmt. Dadurch können wir diese Transformation als einen hegemonialen Schachzug erkennen, den das Kapital macht, um Forderungen zu neutralisieren, die seine Herrschaft in Frage stellen, und die es benutzt, um seine Hegemonie wieder herzustellen. Das Ziel war, den Leuten das Gefühl zu geben, dass ihre Forderungen befriedigt wurden. Doch faktisch ist es gerade diese Befriedigung, die sie vom Kapital abhängig macht.

MM Und in der New Labour-Zeit wurde diese Strategie in Großbritannien benutzt, um den Leuten einzureden, dass sie tatsächlich an politischen Prozessen partizipieren könnten.

CM Ja, das könnte man sagen. Aber ein solcher Ansatz hilft uns, zu verstehen, warum die Frage der Partizipation in Davos so populär war. Bei der Diskussion in der *London School of Economics*, die wir vorhin erwähnt haben, erzählte eine Frau, dass die großen multinationalen Konzerne immer offener und demokratischer werden. Doch das ist in der Tat genau die Art von *détournement*, die Boltanski und Chiapello beschrieben haben. Sie versuchen, die Forderung nach Partizipation in einer Weise zu benutzen, die es ihnen ermöglicht, ihre Hegemonie weiterhin zu behaupten.

MM Genauso wie sich der Kapitalismus – auf kultureller Ebene – jegliche abweichende Subkultur aneignet und eine Taktik in eine systematische Strategie umwandelt.

CM Es gibt heute ganz klar einen hegemonialen Kampf um die Frage der Partizipation. Es geht darum, welche Bedeutung die Partizipation bekommt, die akzeptiert wird. Manche

Auffassungen von Partizipation können subversiv sein, während andere dem Kapital in die Hände arbeiten, weil sie die Leute dazu bringen, an ihrer eigenen Ausbeutung mitzuarbeiten. Deshalb müssen wir in dieser Diskussion wirklich vorsichtig sein und begreifen, dass die Partizipation in gegensätzlicher Weise verwendet werden kann. Wir sollten sie nicht aufgeben, weil sie in einer radikalen Weise formuliert werden kann, aber sie kann auch ein Ausdruck der passiven Revolution sein.

MM Ich denke, die Frage der Flexibilität, die du vorhin erwähnt hast, ist sehr interessant, da sie als ein Werkzeug, als eine produktive Kritik der Partizipation benutzt werden kann. Mir scheint, es ist wichtig, nicht an einer bestimmten Referenz der Partizipation festzuhalten, sondern in der Lage zu sein, auf das, was geschieht, zu reagieren. Wenn man flexibel bleibt, kann man sich auch an sich verändernde Umstände anpassen. Es ist wichtig, dass man flexibel und agil genug ist, um darauf zu reagieren, dass man in der Lage ist, Strategien zu entwickeln, die ein Ziel für einen minimalen Konsens bieten, mit dem weiterzumachen, was sie machen. Wenn man agil bleibt, läuft man auch nicht Gefahr, defensiv zu werden, was sehr hinderlich ist, wenn man wirklich Ideen in die Tat umsetzen und praktische Vorschläge machen will. Es wäre zum Beispiel interessant zu sehen, was bei der nächsten Konferenz in Porto Alegre geschehen ist, was sie dort diskutiert haben, aber ich weiß nichts darüber, ich muss das erstmal nachlesen.

Teil 3

MM Bevor wir uns mit der Nachhaltigkeit beschäftigen, wäre es vielleicht interessant, über die Frage des progressiven Potenzials der aktuellen Krise zu sprechen.

CM Ja. Als wir uns das letzte Mal unterhalten haben, wurde die englische Regierung – mit dem *Third Way*-Konsens im Mittelpunkt – dem restlichen Europa immer noch als der

Weg präsentiert, der zu befolgen sei, und zwar gepaart, wie er war, mit der Idee, dass es keine Alternative zur neoliberalen Globalisierung gibt. Das ist inzwischen mit der Finanzkrise in sich zusammengebrochen.

MM Die Frage ist: Wie sehen die möglichen Perspektiven und Alternativen aus?

CM Zunächst einmal, zu denken, dass dies die letzte Krise des Kapitals ist, wie manche Marxisten glauben mögen, ist offensichtlich falsch. Das mag die Krise einer bestimmten Form von Kapitalismus sein, aber selbst da bin ich mir nicht mehr sicher. Bis jetzt wurden keine radikalen Maßnahmen getroffen, und der Staat hat nur interveniert, um die Banken zu retten. Die Banken selbst scheinen ihre Lektion nicht gelernt zu haben und sind schnell zu ihren vorherigen Vorgehensweisen zurückgekehrt. Es ist gut möglich, dass die Krise nicht so tief war, wie wir dachten, außer natürlich für die vielen Leute, die ihre Jobs, ihre Ersparnisse und ihre Häuser verloren haben. Für die multinationalen Konzerne und die Banken könnten die Dinge jedoch bald wieder so laufen wie vorher. Was interessant war und eine mögliche Alternative hätte eröffnen können, war, dass der Staat plötzlich wieder als jemand gesehen wurde, der eine wichtige Rolle spielt, während man uns vorher erzählt hat, dass der Markt alles war. Der Staat wurde demobilisiert, und das Motto lautete: Je weniger Staat, um so besser. Und dann war der Staat plötzlich wirklich wichtig. Einige Leute waren sogar optimistisch und sagten eine Rückkehr zur neo-keynesianischen Politik voraus. Es gab eine gewisse Rehabilitierung der Rolle des Staates, das ist gewiss. Aber wofür?

MM Doch wie wird die neue Rolle des Staates aussehen?

CM Es gibt zwei Möglichkeiten, wie diese neue Rolle des Staates Gestalt annehmen könnte. Entweder, und ich meine, genau das ist geschehen, der Staat greift ein, um die Banken zu retten, aber ohne sie zu zwingen, eine grundlegende Veränderung ihrer Vorgehensweisen vorzunehmen.

Oder der Staat hätte diese Gelegenheit nutzen können, um eine andere Form von Globalisierung zu fördern und redistributive Maßnahmen zu ergreifen und die starken Ungleichheiten zu bekämpfen, die in den letzten Jahrzehnten vom Neoliberalismus geschaffen wurden – um den Trend zu einer zunehmenden sozialen Polarisierung umzukehren. Doch das ist bis jetzt leider nicht geschehen, und es gibt keinen Hinweis darauf, dass es in Zukunft geschehen wird.

MM Ich möchte auf eine Frage zurückkommen, die wir schon früher diskutiert haben: Frances Fox Piven macht in »Obama Needs a Protest Movement« eine sehr interessante Bemerkung, die besagt, dass Barack Obama kein Visionär und nicht der Anführer einer Bewegung ist, sondern zum Kandidaten der Demokratischen Partei wurde, weil er ein geschickter Politiker ist. Wie können Obamas Bestrebungen in konstruktiver Weise gefördert werden?

CM Ich kenne Frances sehr gut. Sie ist eine sehr alte Freundin von mir. Ich habe sie kurz nach Obamas Amtsantritt in New York getroffen, und wir haben natürlich über die neuen Möglichkeiten gesprochen, die sich durch seinen Sieg eröffnet haben. Ich stimme absolut mit ihr überein, dass alles vom Auftauchen einer sozialen Bewegung abhängen wird. Das ist interessant, weil es in den Vereinigten Staaten viele Leute in der Linken gibt, die äußerst skeptisch sind, was Obama betrifft – nicht anti-Obama, denn das wäre wahrscheinlich zuviel gesagt. Frances war dagegen begeistert von einem Präsidenten, der intelligent ist. Das allein ist schon eine große Veränderung, sagte sie. Doch als sie meinte, die Möglichkeit von progressiven Reformen sei von der Mobilisierung einer sozialen Bewegung abhängig, fragte ich sie: »Aber Frances, welche soziale Bewegung denn?« »Ja, ich weiß, es gibt eigentlich keine«, antwortete sie. Doch dann sagte sie: »Vielleicht taucht sie ja auf.« Ich weiß nicht, was sie heute sagen würde, aber sie war ziemlich zuversichtlich, dass eine solche Bewegung auftauchen könnte. Da sie Historikerin ist, machte sie einen Vergleich mit den 1930er Jahren und meinte, dass das, was damals geschehen ist, so ähnlich sei wie das, was heute geschieht. Übrigens, wenn Frances von Bewegungen spricht, dann bezieht sie sich auf die armen Leute, die aus ihren Häusern geworfen werden. Es geht nicht nur um die Mobilisierung im Internet, sondern wirklich um eine Bewegung an der Basis. Sie ging davon aus, dass in den Vereinigten Staaten heute unglaublich viele Leute ihren Job verlieren und ihre Häuser verlassen müssen. Und sie sagte: »Nun, sie werden das nicht einfach hinnehmen, es wird etwas geschehen. Das ist in den 1930er Jahren geschehen – es waren diese Leute, die anfingen, sich zu organisieren und Druck auf die Regierung auszuüben.« Und das hat Franklin D. Roosevelt vorangetrieben – er wurde radikalisiert. Frances meinte, dass dies auch mit Obama geschehen könnte. Die Art und Weise, in der Regierungen sich mit den Folgen der Krise beschäftigen, ist vom Kräfteverhältnis abhängig. In den meisten Teilen Europas ist nichts Radikales zu erwarten, weil es hier so viele rechte konservative Regierungen gibt. Und selbst wenn es eine Mitte-Links-Regierung gibt, ist sie nicht in der Lage, Alternativen vorzuschlagen. Das liegt natürlich daran, dass sozialistische und sozialdemokratische Parteien so lange die Idee akzeptiert haben, dass es keine Alternative zur neoliberalen Globalisierung gibt. Ich meine jedoch, dass, selbst wenn wir dahin zurückkehren, wo wir vor der Krise waren, die Idee, dass unter der neoliberalen Globalisierung alles wunderbar ist, unterminiert sein wird. Immer mehr Leute werden sich bewusst, dass eine Alternative benötigt wird.

MM Ist das der Grund, warum viele Leute überrascht sind, dass es den sozialdemokratischen Parteien in dieser Krise nicht besser geht?

CM Es stimmt, konservative Regierungen scheinen von der Krise zu profitieren. Erstaunlicherweise wurden die Konservativen nur in Island von der Macht vertrieben. Doch das geschah in keinem anderen europäischen Land. In Frankreich mag das daran liegen, dass die Sozialisten völlig zersplittert sind. Aber das Problem ist, dass die Linke ganz allgemein in die neoliberale Politik verwickelt ist. In vielen Ländern ist die Privatisierungswelle in der Tat von sozialistischen oder Mitte-Links-Regierungen vorangetrieben worden. Sie waren keine Alternative zur Rechten, und somit gab es keine Möglichkeit für eine Veränderung. Darum habe ich gesagt, dass es wichtig ist, dass es Leute gibt, die sehen, dass es eine Alternative zur vorhandenen Ordnung gibt. Und ich meine, wenn man diese Alternative nicht anbietet, halten die Leute an der vorhandenen Ordnung fest.

MM Ja, nicht unbedingt an dem, dem sie vertrauen, sondern an dem, das sie kennen.

CM Die Rechte ist an der Macht, und die Linke bietet keine Alternative. Das erklärt, warum die Krise die Aussichten der Linken in keiner Weise verbessert hat.

MM Meinst du, dass es den Leuten an langfristiger Aufmerksamkeit fehlt? Ich stimme zum Beispiel mit dir überein, dass Obama zur Zeit keine soziale Bewegung – nicht in dem Sinne, den Frances betont hat – repräsentiert, aber was im Wahlkampf interessant war, ist, dass es ihm gelungen ist, eine große Zahl von Leuten für einen bestimmten Zeitraum zu mobilisieren, dann aber plötzlich stehen geblieben ist.

CM Ja, aber ich halte die Mobilisierung von Leuten durch das Internet nicht für eine Form von wirklicher politischer Mobilisierung, da das nicht zu einer echten sozialen Bewegung führt.

MM Das meine ich auch.

CM Und ich denke, das sagt uns auch etwas über den Zustand der heutigen Politik. Obama ist im Grunde als eine Art Popstar vermarktet worden.

MM Eine Ikone der öffentlichen Medien, nicht wahr?

CM Ja, wie Michael Jackson. Und bei vielen Leuten war die Begeisterung für Obama dasselbe wie für, sagen wir, wie für einen Schauspieler oder einen Fußballer. Deshalb glaube ich nicht, dass sie ein Ausdruck echter Politisierung war.

MM Was wäre denn ein Beispiel für eine wirkliche politische Mobilisierung?

CM Wenn man eine Vielfalt von Wählern, einschließlich Arbeiter und arme Leute hat, die mobilisiert und organisiert werden. Nicht einfach junge Leute im Internet. Ich sage nicht, dass das Internet unwichtig ist, aber es ist für mich keine Alternative – es stellt keine soziale Bewegung dar. Übrigens, ich weiß nicht, ob du das gelesen hast, und vielleicht sollten wir beim nächsten Mal in Berlin darüber sprechen, aber da war ein Interview mit Negri in der *Tageszeitung*, in dem er in etwa sagt: »Obamas Sieg ist der Sieg der Multitude«. Das ist völlig lächerlich. Ich denke, die weltweite Anziehungskraft von Obama ist hauptsächlich ein Ausdruck dessen, zu dem die Politik heute geworden ist: eine Medienshow. Eine soziale Bewegung ist aber etwas ganz anderes. Wenn Frances von einer sozialen Bewegung spricht, dann denkt sie wirklich an Leute, die sich organisieren, die Demonstrationen machen, Fabriken besetzen und nicht nur Emails verschicken.

MM Aber wie sollte Obama deiner Meinung nach angetrieben werden, damit er irgendwie produktiver wird, damit er von dieser Seichtheit wegkommt?

CM Nun, ich würde nicht sagen, dass er seicht ist. Ich spreche nicht von Obama, ich meine, dass seine Unterstützung irgendwie seicht ist. Er könnte wirklich eine Menge Mobilisierung gebrachen, um seine Gesundheitsreform voranzubringen. Sein Reformprojekt ist natürlich viel weniger radikal als Hilary Clintons Vorschlag. Von den drei Kandidaten war seine Reform die am wenigsten radikale. Aber für die USA ist sie immer noch ziemlich radikal. So müssen wir abwarten und sehen, was geschehen wird. In Europa haben die Leute jedoch wirklich versucht, Widerstand zu leisten – zum Beispiel in Frankreich. Du hast sicherlich von nur wenigen Orten gehört, an denen die Arbeiter...

MM ... die Fabriken übernommen haben. Du meinst die Brandbombendrohungen?

CM Ja, Sie haben sogar versucht, eine ganze Fabrik anzustecken. Das zeigt wirklich, dass sie aufgrund des Kräfteverhältnisses bereit sind, etwas gegen die vorhandene Situation zu tun. Das bringt uns zu der anderen Frage, die ich diskutieren wollte – zu deinem anderen Schlagwort, Nachhaltigkeit. Was sollen wir zur Nachhaltigkeit sagen? Nun, obwohl ich in diesem Bereich nicht besonders qualifiziert bin, können wir vielleicht kurz darüber sprechen, da das heute eine der am meisten in der Öffentlichkeit diskutieren Fragen ist. Welche Formen von Nachhaltigkeit gibt es? Wenn Leute darüber sprechen, sprechen sie von der allgemein bekannten Tatsache, dass unsere Art der Entwicklung zu einer ökologischen Krise geführt hat. Das ist natürlich völlig richtig, und der Konsens wird immer größer. Man kann nicht mehr sagen, dass diese Frage nur die Linke beschäftigt.

MM Ich finde interessant, was du bei unserem Gespräch im Café Einstein in Berlin gesagt hast, nämlich, dass die Nachhaltigkeit natürlich nicht nur mit der Ökologie zusammenhängt, sondern auch mit vielen anderen Dingen, Themen, Phänomenen und Problemen. So könnte man zum Beispiel von der Nachhaltigkeit eines politischen oder finanziellen Systems reden, das, wie wir gerade gesehen haben, zumindest teilweise zusammengebrochen ist. Aber Nachhaltigkeit ist wirklich ein ganzheitlicher Ansatz, der langfristiges Denken erfordert. Interessant scheint zu sein, dass es, wie wir eben beim Obama-Phänomen gesagt haben, anscheinend nur eine sehr kurze Phase der Aufmerksamkeit gibt. Überdies, um auf das zurückzukommen, was du zuvor gesagt hast, ist diese Aufmerksamkeitsphase unglaublich kurz, wenn es zu einer Finanz-Krise kommt. Es gibt bereits multinationale Konzerne und Banken, die schon wieder Milliarden Gewinne machen, und es hat den Anschein, dass alle Regulierungsfragen, die diskutiert worden sind, innerhalb von sechs oder acht Monaten vom Tisch gewischt worden sind. Ich frage mich im Zusammenhang mit den Fragen der Nachhaltigkeit, ob es interessant sein könnte, sich mit verschiedenen Formen ökonomischer Nachhaltigkeit zu beschäftigen. Wie sehen die verschiedenen Formen von Nachhaltigkeit aus, die diskutiert werden sollten? Denn wenn Leute von Nachhaltigkeit reden, reden sie sehr oft nur über die ökologische Dimension.

CV Ja, und ich würde mich der Frage der Nachhaltigkeit gern aus einer anderen Sicht nähern, aber das würde definitiv zu einer längeren Diskussion führen. Letzten Endes hat sie etwas mit dem zu tun, was wir schon früher diskutiert haben, nämlich mit der Tatsache, dass die Wirtschaftskrise die Möglichkeit einer Alternative zur neoliberalen Globalisierung beinhaltet, so weit weg diese Alternative auch zu sein scheint. Selbst wenn alles wieder seinen normalen Gang geht, gibt es eine Art von moralischer Bewusstheit der Tatsache, dass es nicht mehr möglich ist, sich mit den Dimensionen der Nachhaltigkeit zu beschäftigen, ohne sich gleichzeitig mit den Fragen der Globalisierung zu beschäftigen.

MM Doch wie kann man sich diesen Fragen nähern?

CM Man kann sich ihnen auf ganz verschiedene Weisen nähern, sowohl von der Linken als auch von der Rechten. Die Rechte wird zum Beispiel versuchen, eine Palette von energiesparenden Produkten und Dienstleistungen zu entwickeln – und einige Leute denken schon darüber nach, wie man damit Profit machen kann. Wie man vermarktbare Produkte produzieren kann, die eine ökologischere Annäherung an Produktion und Konsumption darstellen, aber ohne die kapitalistischen Produktionsverhältnisse in Frage zu stellen. Deshalb ist die Frage der Ökologie nicht unbedingt ein Thema der Linken, und es gibt tatsächlich ökologisch denkende Parteien, die keineswegs links sind.

MM Was bedeutet es aus der Sicht der Linken, in Begriffen der Nachhaltigkeit zu denken?

CM Ich denke, eine Alternative zur neoliberalen Globalisierung zu bieten.

MM Was sollte im Mittelpunkt stehen, wenn man über Nachhaltigkeit nachdenkt?

CM Eine Kritik des freien Handels. Ich finde es erstaunlich, dass der freie Handel, außer in der alternativen Globalisierungsbewegung, anscheinend als etwas Positives akzeptiert wird und dass er von den linken Parteien überhaupt nicht in Frage gestellt wird. Der freie Handel ist eine Art Dogma: »Der freie Handel ist gut und der Protektionismus ist schlecht – wir können die Realitäten des freien Handels nicht in Frage stellen.« Meiner Meinung nach sollte die Kritik des freien Handels im Mittelpunkt der Kritik der vorhandenen Ordnung stehen. Es gibt zum Beispiel etwas, dessen sich immer mehr Leute bewusst werden: die Frage der Nahrungsmittelsouveränität. Die Frage der Nahrungsmittelversorgung ist immer deutlicher geworden, sprich, die Tatsache, dass viele Länder nicht mehr in der Lage sind, genügend Nahrungsmittel für ihre eigene Bevölkerung zu produzieren. Ich denke, dieses Phänomen hängt mit der Frage des freien Handels zusammen, und mit der Tatsache, dass im Rahmen der neoliberalen Globalisierung immer mehr für den Export produziert wird. Diese Tatsache hat nicht nur für die Entwicklungs- und Schwellenländer, sondern auch in den westlichen Ländern wichtige und sehr negative Konsequenzen. Eines der Probleme ist, dass die multinationalen Konzerne grundsätzlich für den Export produzieren. Sie kümmern sich nicht mehr um die Binnenmärkte, und das hat viele, sehr negative Konsequenzen.

MM Was geschieht, wenn man sich nicht um die Binnenmärkte kümmert?

CM Früher haben Unternehmen für die Binnenmärkte produziert, und deshalb mussten sie über die Bedingungen nachdenken, unter denen die Leute ihre Produkte kaufen konnten. Sie mussten über lokale Jobs nachdenken. Es hatte keinen Sinn, etwas zu produzieren, wenn es keine Leute gab, die einem das Produkt abkauften. Heute hat sich die Situation dramatisch geändert, weil die Unternehmen für den Export produzieren. Es ist ihnen egal, ob es einen Binnenmarkt für ihre Produkte gibt oder nicht. Dann gibt es auch die Frage der De-Lokalisierung. Multinationale Konzerne suchen nach Orten, an denen die Arbeitskraft am billigsten ist. In fortgeschrittenen Wirtschaftssystemen tragen all diese Faktoren zu einem höheren Grad der Arbeitslosigkeit bei, die auch politische Folgen hat, weil sie ein Terrain schafft, das sehr leicht von populistischen rechten Parteien ausgenutzt werden kann. Für arme Länder sind die Bedingungen natürlich noch schlechter. In afrikanischen Gesellschaften gibt es jede Woche Fälle von lokalen Industrien, die zerstört werden, weil sie nicht mit den billigen Exporten konkurrieren können. Ich habe zum Beispiel kürzlich gelesen, dass es im Senegal traditionell eine blühende Zwiebelproduktion gegeben hat, die heute völlig zerstört ist, weil die in den Niederlanden produzierten Importzwiebeln viel billiger sind. Es gibt konstante und zahlreiche Beispiele für diesen Vorgang. Es gibt sogar Fälle, in denen Länder nicht mehr in der Lage sind, genügend Nahrungsmittel für ihre eigene Bevölkerung herzustellen, weil heute alles von den multinationalen Konzernen, die für den Export produzieren, kontrolliert wird. Deshalb ist die Frage der Nahrungsmittelsouveränität für mich so zentral, und deshalb können und sollten solche Länder nicht ihre gesamte Aufmerksamkeit auf globale Exporte konzentrieren. Ich meine, dass jedes Land zuerst in der Lage sein sollte, genügend Nahrungsmittel zu produzieren, um die eigenen Leute zu versorgen. Das ist auch die zentrale Forderung der *La Via Campe-*

sina-Bewegung, die eine internationale Organisation von Kleinbauern ist. José Bové, von dem du wahrscheinlich schon gehört hast, arbeitet aktiv darin mit. Das ist ein Weg, darauf zu beharren, wie wichtig es für ein Land ist, als erstes Nahrungsmittel zu produzieren, um die Binnennachfrage zu befriedigen.

MM Kannst du bitte noch etwas zum Verhältnis von Export und der Zerstörung lokaler Industrien sagen?

CM Ein Beispiel für extreme Zerstörung und Verzweiflung sind die Länder, die südlich der Sahara liegen. Was in Afrika geschieht, ist genau die Folge all dieser billigen Exporte aus Europa und den USA, die die lokalen Industrien im Laufe der Jahre völlig zerstört haben. Die meisten Menschen haben absolut keine Möglichkeit, ihren Lebensunterhalt zu verdienen und können nur überleben, wenn sie zu Hause arbeiten. Das ist natürlich der Grund, warum sie gezwungen sind, auszuwandern. All diese Leute versuchen, per Schiff und indem sie ihr Leben aufs Spiel setzen nach Europa zu kommen, weil sie aufgrund der ausländischen Exporte in ihren Heimatländern nicht überleben können. Ich meine, es ist sehr wichtig, dass die Europäer das begreifen: Wir sind diejenigen, die für diese Situation verantwortlich sind. Die Politik und die Subventionen in Europa und in den USA haben diese Lage verursacht – eine Lage, in der die jungen Leute ums Überleben kämpfen und gezwungen sind, auszuwandern. Wir müssen begreifen, dass das so nicht weitergehen kann. Aber das ist natürlich eine sehr verzwickte Angelegenheit, da das bedeutet, dass wir unsere eigenen Fehler erkennen müssen und bereit sind, unsere Politik zu ändern. Leider hat die Linke nicht die Vision oder den Mut, den Leuten zu sagen, dass sich die Lebensbedingungen der Leute in den westlichen Ländern ändern müssen, wenn man diese Situation ernsthaft in den Griff kriegen will. Wir müssen uns klar machen, dass unser Wohlstand darauf beruht, dass wir Elend in anderen Teilen der Welt verursachen.

Das ist eine unakzeptierbare Situation. Das ist schockierend und kann langfristig natürlich nicht so weitergehen. Es muss wirklich etwas verändert werden. Die Leute im Westen sind daran gewöhnt, dass die Dinge billiger werden. Wir wollen immer weniger für die Nahrungsmittel bezahlen – und im Grunde nicht nur für Nahrungsmittel, sondern für alles. Wir wollen immer weniger für Kleidung bezahlen. Wir wollen alles, so billig wie möglich. Wir erkennen natürlich nicht oder, noch wichtiger, verinnerlichen den Teufelskreis einer solchen Sucht nach dem »Billigsten«: lokale Industrien werden zerstört, Leute werden delokalisiert, und es gibt einen dramatischen Anstieg der Arbeitslosigkeit. Das konfrontiert uns mit einem sehr gefährlichen Teufelskreis, und die Linke muss den Leuten erklären, dass das so nicht weitergehen kann.

MM Das bringt uns zu einem Thema, für das wir uns beide interessieren und das meiner Meinung nach in diesem Zusammenhang besonders wichtig ist, nämlich zur Frage von nicht-moralisierenden Formen von Politik. Es scheint, dass in fast jedem europäischen Land, die Art und Weise, sich mit dieser Frage zu beschäftigen, darin besteht, sich nicht damit zu beschäftigen, und sich dann mit einer Art von moralisierender Politik zu verteidigen.

CM Einige Leute in der europäischen Linken stehen jeder Form von Einwanderungskontrolle kritisch gegenüber. Sie meinen, dass wir unsere Grenzen öffnen sollten, um es armen Afrikanern zu ermöglichen, hierher zu kommen und zu arbeiten. Aber das ist nicht die Lösung. Wie ich zuvor erwähnt habe, wird die Situation in diesen Ländern nicht besser werden, wenn sie weiterhin ihre potenzielle Arbeitskraft verlieren. Der Weg, um diese Frage zu behandeln, besteht nicht darin, die Einwanderungsbegrenzungen zu bekämpfen oder einfach unsere Grenzen zu öffnen, sondern die Bedingungen in diesen Ländern zu verändern, um es ihnen zu ermöglichen, nachhaltige Form der Ökonomie im Inland zu entwickeln. Es gibt so viel moralisierendes Gerede über »sans papiers« und Einwanderer, während das, was wir wirklich brauchen, eine im eigentlichen Sinne politische Annäherung ist – aber nicht dieses karitative Verhalten, den armen Afrikanern zu helfen, ohne unsere Privilegien auch nur in Frage zu stellen. Es geht nicht um Wohltätigkeit, sondern um Gerechtigkeit. Diesen Leuten zu helfen, bedeutet nicht, ihnen einfach zu erlauben hier herzukommen. Wir müssen die Art und Weise unserer Entwicklung in Frage stellen, die die Ursache ihres Elends ist. Wir müssen diese Gier nach immer billigeren Gütern aufgeben. Die Leute müssen begreifen, dass sie mehr für ihre Nahrungsmittel bezahlen müssen und dass ihr Konsumverhalten nicht so weitergehen kann wie in den letzten Jahrzehnten. Das ist die einzig richtige Weise, sich politisch mit diesem Problem zu beschäftigen. Alles andere ist nur eine moralisierende Annäherung, die nicht in der Lage ist, sich mit den Wurzeln des Problems zu beschäftigen.

MM Ich würde gerne von dir erfahren, wie eine solche Annäherung beginnen kann, zwischen Ebenen zu kommunizieren, zum Beispiel zwischen der lokalen und der globalen – worüber wir ja auch schon in einem unserer früheren Gespräche gesprochen haben.

CM Zunächst einmal sollten die lokalen und die globalen Ebenen nicht entgegengesetzt werden. Sie sind ko-konstitutiv und voneinander abhängig. Das Globale ist immer lokal konstituiert und *vice versa*. Wie schon im Zusammenhang mit Negris und Hardts Begriff der Multitude gesagt, ich bin dagegen, die »Deterritorialisierung« hochzuhalten, die in letzter Zeit in manchen linken Kreisen so in Mode gekommen ist. Das ist für mich genau die Art und Weise, in der die Frage nicht gestellt werden sollte. Ich meine sogar, dass ein bestimmtes Maß an Protektionismus notwendig ist. In Frankreich hat Emmanuel Todd begonnen, für einige Formen des europäischen Protektionismus zu plädieren, was ich unter der Bedingung unterstütze, dass es sich nicht um eine nationale, egoistische Form von Protektionismus handelt, bei dem wir nur an »unsere« Industrie und »unsere« Arbeiter denken. Wir müssen über den Zusammenhang von Lokalem und Globalem nachdenken.

MM So müssen wir also zunächst ein Gespräch innerhalb Europas, unter uns selbst, führen, um über den moralisierenden Konsens, Gutes zu tun, indem man etwas gibt, hinaus zu gehen, um unserer eigenes Verhalten und unseren Lebensstil zu ändern, damit sich etwas ändert. Kannst du noch etwas mehr zu deiner Sicht und Kritik der Art und Weise sagen, in der Nachhaltigkeit verstanden wird?

CM Was ich über die Europäer und ihre Vorgehensweise gesagt habe, gilt auch für die Frage der Nachhaltigkeit. Sie bietet eine Alternative zur gegenwärtigen Art der Entwicklung, die keiner, und erst recht nicht politisch in Frage stellt. Aus der Sicht der Linken würde ich darauf beharren, dass wir unbedingt eine Politik der Nachhaltigkeit brauchen, die die Frage der Gleichheit und der Umverteilung berücksichtigt. Ich kann mir einfach keine Politik der Nachhaltigkeit vorstellen, die sich nicht mit Gerechtigkeit beschäftigt und nicht über eine Umverteilung nachdenkt. In diesem Zusammenhang verteidige ich auch die Idee einer multipolaren Welt, da ich, wie du weißt, sehr kritisch in Bezug auf die Art von kosmopolitischer Sichtweise bin, die für eine kosmopolitische Demokratie, für ein Weltbürgertum eintritt. Ich denke, es ist wichtig, diesen Punkt in regionaler Weise zu betrachten, und dass alle Formen von regionaler Organisation wichtig sind. Es ist immer besser, damit anzufangen, die Dinge aus einer regionalen Sicht zu betrachten. Das Problem der afrikanischen Länder im Süden der Sahara könnte zum Beispiel besser gelöst werden, wenn sich einige dieser Länder zusammensetzen und über einen gemeinsamen Ansatz nachdenken würden. Die Lösungen werden natürlich entsprechend den unterschiedlichen Bedingungen unterschiedlich ausfallen. Für Lateinamerika wird es andere Lösungen als in anderen Regionen geben. Ich glaube nicht, dass wir ein einziges Modell anstreben können. Für mich beinhaltet die Frage der Nachhaltigkeit eine Vielfalt von Lösungen, die sich an unterschiedliche Kontexte anpassen können. Die Idee, dass Nachhaltigkeit ein einziges Modell für alles liefern könnte, ist falsch und irreführend. Wir müssen den Kontext, die Bedingungen berücksichtigen, und auch die lokalen und regionalen Traditionen. Nachhaltigkeit geht Hand in Hand mit der Idee einer multipolaren Welt.

MM Was auf vielfache und differenzierte Weise zu einer Kritik der modernen Demokratie und zu einem möglichen Modell für einen agonistischen Raum führt.

CM Ja. Warum fangen wir nicht einfach damit an, dass wir Folgendes sagen: Das ist unsere Form von Demokratie, die natürlich radikalisiert werden muss. Sie ist ganz spezifisch für den Westen, und wir sollten nicht glauben, dass dasselbe Modell in Afrika oder im Nahen Osten funktionieren könnte – um nur zwei Beispiele zu nennen. Das heißt nicht, dass die Demokratie, wie manche Leute meinen, nur für den Westen gut ist. Ich würde im Gegenteil sagen, dass die Idee der Demokratie etwas ist, das wir »trans-kulturell« nennen könnten. Ich würde nicht den Ausdruck »universell« benutzen, da er für manche Leute die Existenz eines einzigen Modells, das überall Gültigkeit hat, beinhaltet. Stattdessen würde ich lieber »trans-kulturell« vorschlagen. Es gibt einen Bedarf an demokratischer Partizipation bei der Art und Weise, in der die Leute regiert werden, und das ist nichts Spezifisches für den Westen. Doch die Weise, in der demokratische Institutionen betrachtet werden, ist sehr stark von der Weise abhängig, in der sie in spezifischen Traditionen und Kulturen verankert sind. So sollten wir die legitimen Formen von Demokratie in einer pluralistischen Weise denken und nicht glauben, dass unsere sogenannte moderne Form von Demokratie das einzige legitime und korrekte Modell ist. Es ist wirklich wichtig für die Leute, die ihrem Land entsprechende Form von Demokratie anzustreben.

MM Dieser Punkt »universell« *versus* »trans-kulturell« bringt mich zu der Frage der Verantwortung und des Risikos, insbesondere, wenn du von der europäischen Grenze sprichst – wo man, anstatt wirklich über die Probleme zu sprechen, die es in den Ländern gibt, aus denen die Migranten kommen, über die Frage der physikalischen Grenze und darüber, ob Einwanderer aufgenommen werden sollten oder nicht, diskutiert. Ich meine, Konflikte können nur überwunden werden, wenn jemand die Verantwortung übernimmt. So scheint mir die wahre Frage zu lauten: Warum wird die Verantwortung so oft »outgesourct« und nicht übernommen?

CM Was verstehst du unter »outgesourct«?

MM Ich verstehe darunter dieses Paradigma von sicheren und politisch korrekten Formen der Partizipation, mit denen eine regierende Mehrheit den Leuten den Eindruck vermittelt, dass sie auf nationaler Ebene an der politischen Entscheidungsfindung teilnehmen. Das war besonders auffällig in England zur New Labour-Zeit. Das Outsourcen von Verantwortung führte zu allen möglichen scheinbar partizipatorischen Strukturen, die den Leuten den Eindruck vermittelten, dass sie partizipieren konnten. Doch aus meiner Sicht war das bloß ein Weg, auf dem die Politiker ihre eigene Verantwortung »outgesourct« haben, weil sie in dem Moment, in dem sie von außen kritisiert wurden, auf diese vorhandenen Strukturen verweisen und behaupten konnten, dass jeder, zumindest theoretisch, partizipieren konnte. So meine ich, dass dieser Punkt der Verantwortung sehr wichtig im Hinblick darauf ist, wie damit umgegangen wird, vor allem bei der Linken. Die Frage, die ich weiterhin in dieser Diskussion und im Kontext meines Buches stellen möchte, betrifft die Rolle des Außenseiters. Ich beziehe mich auf den Außenseiter als jemanden, der nicht unbedingt von einem Konsens im unmittelbaren oder weiteren politischen Kontext abhängig ist – zum Beispiel in der eigenen Partei. Ein interessantes Beispiel dafür sind die Crossbench-Politiker im britischen Oberhaus, die keiner bestimmten Partei angehören, was man sich auch in jedem andern Kontext außerhalb der Politik vorstellen kann. Ich würde gern wissen, worin aus deiner Sicht das Potenzial des Außenseiters besteht?

CM Ich stimme nicht mit dir überein, was das Potenzial des Crossbench-Politikers betrifft, da dieser für mich gerade jemand ist, der es vermeiden will, sich auf eine Seite zu schlagen. Ich meine, es ist wichtig in der Politik, die Wahl zwischen echten Alternativen zu haben. Aber dann musst du auch wissen, zu welchem Lager du gehörst, und mir scheint, dass der Crossbench-Praktiker gerade jemand ist, der keine Position einnehmen will, der in der Lage sein will, sich von der einen Seite zur anderen zu bewegen. Ich finde, das ist kein sehr politisches Verhalten.

MM Das könnte eine Sicht der Situation sein. Aber eine andere Betrachtung sagt genau das Gegenteil, nämlich dass das politische Verhalten aus der Fähigkeit und dem Bestreben hervorgeht, eine Veränderung zu bewirken, indem man eine wirkliche politische Auseinandersetzung in Gang bringt. Mein Standpunkt ist, dass es nicht unbedingt darum geht, sich auf eine Seite zu stellen, sondern eher darum, in der Lage zu sein, auf der Grundlage des eigenen Instinkts und wirklichen Glaubens zu entscheiden, damit man sagen kann, was man für das Beste hält, und die eigene Meinung nicht schon verwässert wird, bevor sie den unmittelbaren eigenen politischen Kontext oder, im Kontext der parlamentarischen Demokratie, die eigene Partei verlässt. Das unterscheidet sich grundsätzlich davon, von einer festen Position auszugehen, bei der das erste, was man machen muss, darin besteht, nach einem Konsens unter den Abgeordneten des Oberhauses zu suchen. Im Fall des Crossbench-Praktikers kann man ein

Gespräch damit beginnen, dass man etwas auf den Tisch legt, was nicht unbedingt jedem gefallen muss.

CM Ja, ich sehe, was du meinst. Ich habe das Gefühl, dass du versuchst, eine Theorie zu deiner eigenen Rolle aufzustellen – also zu dem, was du mir über deine verschiedenen Interventionsbereiche erzählt hast.

MM Ja.

CM Es geht also um deine Rolle als Außenseiter in einigen der Kontexte und inneren Mechanismen, in denen du intervenierst. Damit stimme ich durchaus überein. Aber ich meine, dass sich dieser Ansatz vom Crossbench-Politiker unterscheidet, der es mit klar definierten Lagern zu tun hat. Der Crossbench-Politiker vermeidet in der Tat, sich auf eine Seite zu stellen, indem er an einer individualistischen Position festhält. Ich beharre immer darauf, dass politisch zu handeln, bedeutet, als Teil von »uns« zu handeln, aus der Position eines »Wir« zu handeln. Ich würde keine Person verteidigen oder loben, die ausgehend von einer rein individuellen Sichtweise handelt. So sehe ich die linke Politik nicht. Andererseits – und ich meine, das ist ein ganz anderer Fall – sehe ich, dass deine Theorie sehr positiv und produktiv ist, wenn du in den Nahen Osten gehst oder ähnliche Projekte machst. In diesem Sinne kann deine Position anscheinend mit jemandem verglichen werden, der von außen interveniert, eine Rolle, die so ähnlich ist wie bei jemandem, der zum Beispiel in einem Konflikt vermitteln will.

MM Ich will nicht sagen, dass das unbedingt immer in einem eingeschränkten Modell oder Paradigma wie etwa in einem Parlament abläuft, das, wie du gesagt hast, stark strukturiert und durch politische Parteien und Koalitionen definiert und physisch autonom ist. Es sollte auch nicht als allgemeine politische Theorie verstanden werden. Du hast recht, das hat sehr viel mit meinem eigenen Kontext zu tun, aber ich würde des weiteren sagen, dass der Ansatz und das grundlegende Verständnis dieser Prinzipien auch für andere hilfreich sein kann, die unter ähnlichen Bedingungen arbeiten oder sich in Situationen befinden, in denen sie außerhalb klar definierter Fachdisziplinen arbeiten. Es soll einen alternativen Ansatz dafür geben, sich zu engagieren oder sich mit räumlichen Praktiken in einer Welt zu beschäftigen, die – zumindest in einigen Bereichen – stark politisiert ist. Ein Ansatz, zu verstehen, wie man diesen Außenseiterstatus als Vorteil und nicht als Einschränkung begreifen kann.

CM Es geht jedenfalls um eine zeitlich begrenzte Intervention. Deine Arbeit besteht darin, es den Leuten zu ermöglichen miteinander zu reden, oder eine Dynamik einzubringen, die sie dann weiterentwickeln müssen.

MM Genau. Veränderungsprozesse in Gang setzen.

CM Ja, das ist sehr interessant und wichtig.

MM Wenn man zum Beispiel von außen hereinkommt, ist es wichtig, dass man nicht als jemand von dieser oder jener Partei gesehen wird, dass man so wenige Bindungen wie möglich hat.

CM Natürlich, du musst als unabhängig von den Seiten, die sich im Konflikt befinden, betrachtet werden. Aber das ist eine sehr spezifische Art von Intervention.

MM Du hast gesagt, dass, wenn du einen Blick auf das Parteiensystem in der Politik wirfst, so würde es jemand aus dem Inneren des Systems, wie etwa ein Crossbench-Politiker, ablehnen, sich auf eine Seite zu stellen. Vielleicht können wir einen Moment über die Idee der Partei-Repräsentation sprechen. Ich denke, dass der Punkt der politischen Partei, die ein festes Programm hat, wirklich interessant ist, weil sie Leute zusammenbringt, die ähnliche Ansichten und oft einen ähnlichen Hintergrund haben. Aber würdest du auch zustimmen, dass es eine große Gefahr in politischen Parteien gibt, die sehr dogmatisch und paradigmatisch werden und daher eher hemmend als produktiv sind? Selbst wenn die Individuen in solchen Parteien manchmal erkennen, dass eine andere Alternative angemessen sein könnte, können sie diesen nicht nachgehen, weil sie bestimmte dogmatische Rahmenbedingungen unterschrieben haben. Oder übertreibe ich?

CM Nun gut, das ist natürlich immer eine Gefahr. Das hängt davon ab, wie die Parteien organisiert sind und wie viel Agonismus intern erlaubt ist und praktiziert wird. Die meisten Parteien akzeptieren es, Fraktionen zu haben, und sind in diesem Sinne pluralistisch. Prinzipiell, so meine ich, sollte eine Partei, die einigermaßen demokratisch funktioniert, zulassen, dass diese Debatte im Inneren stattfindet, ohne dass sie von jemandem, der von außen kommt, in Gang gebracht werden müsste. Ich sehe, worauf du hinaus willst, und wie ich schon sagte, ich stimme damit im Kontext deiner Praxis überein, der Praxis von jemandem, der versucht, in einem Konflikt zu vermitteln und sogar räumlich zu intervenieren. Doch was die Abläufe innerhalb der Politik und im britischen Oberhaus betrifft, bin ich mir nicht so sicher, zumal das Oberhaus keine besonders demokratische Institution ist.

MM Dessen bin ich mir natürlich bewusst – und für mich gehört das zum Reiz der Analogie. Es handelt sich um eine angeblich demokratische Repräsentation, die ihre Wurzeln in aristokratischen Rahmenbedingungen hat, was natürlich absurd ist. Aber ich benutze es einfach deshalb gern als Vergleichsbild, weil viele Leute leicht verstehen können, worüber ich rede. Das ist für mich auch interessant, weil es sich um ein räumliches Gebilde handelt. Sie können sehen, wo der Agonismus auftaucht, indem sie einfach einen Blick auf das Bild werfen. Sie können wirklich zwei verschiedene Parteien sehen, die auf verschiedenen Seiten sitzen, und dann ›the others‹, die in der Mitte sitzen. Das ist der einzige Grund, warum ich gern darüber rede. Andererseits ist das Oberhaus natürlich schrecklich konservativ.

CM Ja, aber das ist ja nicht das, was du, Markus, tust, wenn du – im Kontext deiner Interventionen – praktisch arbeitest, weil du dich nicht von der einen Seite zur anderen bewegst. Du versuchst, bei all ihren Projekten, Büchern und Vorlesungen draußen zu bleiben.

MM Ja. Der »Ungeladene Außenseiter« – das ist der Titel eines Textes, den ich vor einiger Zeit geschrieben habe.

CM Du versuchst, Leute zusammenzubringen um eine Art Dynamik zwischen ihnen herzustellen. Du bist nie sehr lange auf der einen oder anderen Seite. Und so bist du auch nicht wirklich so was wie ein Crossbench-Praktiker.

MM So brauchen wir vielleicht einfach nur ein anderes Wort, einen anderen Ausdruck. Letztlich läuft alles auf Semiotik und Linguistik hinaus. Toll. Aber Parteien sind auch interessant. Ich persönlich finde es zum Beispiel zurzeit schwierig in Deutschland. In zwei Monaten sind Bundestags-Wahlen und ich kann mich immer noch nicht entscheiden, wen ich wählen soll, ganz zu schweigen davon, in eine politische Partei einzutreten. Für mich ist das ein Teil des inneren Konflikts. Es ist ja nicht so, dass ich nicht an politische Parteien glaube, aber – bist du in einer Partei?

CM Nein. [*Gelächter*] Ja, ich sehe das genauso wie du. Das Problem ist, dass ich nie eine Partei gefunden habe, der ich gern angehört hätte. Aber ich halte danach Ausschau.

Hin zu einer parallelen Realität – Die Institutionalisierung der Linken

Im Oberschichtenviertel Berlin Grunewald, bekannt für seine Jagdhütten aus dem 16. Jahrhundert und seine Villen, geht ein etwa fünfundsechzigjähriger Mann mit seinem Hund an einem abgelegenen See spazieren. Er trägt einen Anzug, der von Nino Cerrutis Außenposten an der Place de la Madeleine in Paris maßgeschneidert wurde. Er ruft nach seinem Hund und schlendert zurück zu seiner vor kurzem renovierten Villa, wo seine zweiunddreißig Jahre alte Filmproduzentin-Gattin – die Tochter eines ehemaligen Mitglieds der demokratischen Oppositionspartei im iranischen Kurdistan – auf ihn wartet.

Heutzutage verkörpert vielleicht keiner so dramatisch die unwiderruflichen kulturellen und politischen Errungenschaften der 68er Generation wie Joschka Fischer. In Deutschland in einer aus Ungarn stammenden Familie geboren, hat Fischer als Photograph, Buchhändler und Taxifahrer gearbeitet; er war ein maoistischer Radikaler und ist von Deutschland nach Kuwait getrampt. Ohne einen höheren Schulabschluss spielte er ab 1967 eine aktive Rolle in der Studentenbewegung, schloss sich später der militanten Gruppe »Revolutionärer Kampf« an und nahm an Straßenschlachten mit der Polizei teil (wenn er sie nicht sogar anführte). Kurz danach stellte er einen ersten Kontakt zur Palästinensischen Befreiungsorganisation (PLO) her und nahm an einer Konferenz in Algier teil, bei der er den jungen Jassir Arafat traf. Vorwärts springend (wie eine antiklimakterische Apostrophe), trat er etwa vierzig Jahre später, 2007, von seinem Amt als Außenminister zurück und verließ die Regierung, um eine Gastprofessur in Princeton anzunehmen.

Im Laufe seiner bewegten Karriere entwickelte er sich von einem archetypischen 60er-Jahre-Radikalen zu einem smarten politischen Insider. Seine Biographie ist indessen ein Beispiel für die Schwierigkeiten der deutschen Linken und ihre tief sitzen romantischen Vorstellungen vom Protest.

Oft als »rebellischer Realist« bezeichnet, stand Fischer fast zwanzig Jahre an der Spitze der Partei der Grünen und trug dazu bei, sie von einer studentischen Protestbewegung in einen politischen Mainstream-Protagonisten zu verwandeln. Während seiner Zeit in der rot-grünen Koalitionsregierung von Kanzler Gerhard Schröder von 1998 bis 2005 war Fischer der populärste Politiker in Deutschland. 2005 war er der Außenminister mit der zweitlängsten Amtszeit in der deutschen Nachkriegsgeschichte und wurde zur politisch korrekten, wenn auch umstrittenen und freimütigen Stimme der Baby Boom-Generation. Einer der schwierigsten Momente kam, als er im Gerichtsprozess seines früheren Freundes Hans-Joachim Klein aussagen musste, dem vorgeworfen wurde, 1975 am Überfall auf die OPEC-Ministerkonferenz der erdölproduzierenden Länder in Wien teilgenommen zu haben, und der somit unter Mordanklage stand.[80] Während der terroristischen Anschläge der RAF in den 1970er Jahren hatte Fischer sich – nach der Entführung und Ermordung des Arbeitgeberpräsidenten Hanns-Martin Schleyer – von der Gewalt als produktives Mittel politischer Veränderung losgesagt. Als er Außenminister wurde, entschuldigte er sich für seine gewalttätige Jugend, aber er hat sich nie von der radikalen Bewegung distanziert.

Während sich Fischers frühe Biographie wie eine Achterbahnfahrt liest, ist seine Karriere vielleicht einfach das Resultat von politischem Ehrgeiz in einer gegebenen Struktur. Einige seiner frühen Aktionen mögen für einen hochrangigen Politiker recht ungewöhnlich erscheinen, aber seine spätere politische Biographie enthüllt einen erstaunlich normalen Weg durch die üblichen Machtstrukturen, der ihn dahin führte, langsam von einem unabhängigen Aktivisten, der zum Beispiel Arbeiter in der Opelfabrik organisierte, zum Parlamentsmitglied und Außenminister zu werden. Im Parlament wurde Fischer oft als der »wirkliche« Oppositionsführer angesehen. Dann verwandelte er seinen Status als »Außenseiter« in politisches Kapital und brachte die Grünen in den Mittelpunkt der deutschen Politik, was den Aufstieg einer Generation durch eine langsame Institutionalisierung bedeutete, wie Antonio Gramsci sagte, und zu einer »relativ bequemen« Stellung in der politisch herrschenden Klasse führte.

Wenn man sich die Reaktion von Fischers Generation auf die gegenwärtigen Protestkulturen anschaut, ist es vielleicht eine Ironie, dass man oft die Klage hört, die heutigen Protestformen würden stagnieren und die Welt erlebe eine endlose Wiederholung und Wiederbelebung von etablierten kulturellen und subkulturellen Grundmustern (wie Rock 'n' Roll, Pop, Punk oder Techno). Während sich die meisten Protagonisten der 1960er und 1970er Jahre voll an die kulturelle Gentrifizierung angepasst, ihre Biographien zielbewusst institutionalisiert und sich an den Lebensstil der mittleren und höheren Klassen gewöhnt haben, werfen sie den jüngeren Generationen vor, konsensorientiert und nicht mehr kritisch bewusst zu sein. Das ist jedoch eine zweischneidige Kritik, da der Konsens zum eigenen Status quo dieser Generation geworden ist, insbesondere in fast jeder europäischen Form von New Labour. Dem entsprechend genügt es nicht mehr, lange Haare zu haben, um sich als Rebell auszugeben. Eine solche oberflächliche »Fehlanpassung« wird heute als populistische Mode gesehen. Wie Liam Gillick kürzlich in *Artforum* gesagt hat, verkörpert das Jahr 1968 mehr als jedes andere Jahr eine Anerkennung der *Differenz*. Eine der grundlegenden Thesen von 1968 – dass es möglich ist, anders zu leben – hat sich in vielen Bereichen durchgesetzt (sexuelle Befreiung, Bürgerrechte, Universitätsreformen, die ökologischen, feministischen, sozialen und Anti-Kriegs-Bewegungen, Selbstbewusstsein, etc.), aber es ist hier nicht gelungen, die grundlegenden strukturellen Elemente der Konsensgesellschaft zu erschüttern.[81] Überdies scheint der gegenwärtige Kapitalismus jede Form von Protest zu absorbieren, zu vermarkten und somit zu vereiteln, bevor es gelingt, eine Veränderung zu bewirken. Wenn die Massenmedien es einmal geschafft haben, die Differenz zu absorbieren, ist diese Differenz bereits unterminiert. Deshalb ist es ironisch, wenn nicht gar leicht reaktionär, einer Generation von heute Zwanzig- oder Dreißigjährigen, die in einer kulturellen Rebellion aufgewachsen sind, vorzuwerfen, unfähig zur Rebellion zu sein.

Während in den 1960er und 1970er Jahren das Hauptmittel der Kritik und des Protests darin bestand, auf die physischen Straßen zu gehen, gibt es heute zunehmend die Subversion von rein öffentlichen Realitäten in nicht-physischen, oft introvertierten und genauer ausgewählten Formen von politischem und kulturellem Zugang über das Web, geschlossene User-Gruppen und andere Formen der Mikropolitik. Während Fischers Generation immer noch auf die »neue Revolution« – eine neue soziale Bewegung, die die Straßen bevölkert – wartet, sind sie so in ihre persönlichen Geschichten und in ihre eigenen Protestformen eingebettet, dass neue Arten von »Radikalismus« ihrer Aufmerksamkeit möglicherweise entgangen sind. Die heutige »Web-Generation« hat ihren Job, das System eher unsichtbar und nicht durch eine offene Konfrontation zu infiltrieren, so gut gemacht, dass dies fast völlig unbemerkt von statten ging. Die einzige Form von offenem Aufbegehren, die es immer noch gibt, beruht auf dem Verzicht auf jede Form von Protest, die von den Medien und Märkten vereinnahmt werden kann. Anstatt uminterpretierbare Rahmenbedingungen zu schaffen, die von den heutigen Unternehmern und Risikokapitalisten (die den ökonomischen Darwinismus predigen) benutzt und angeeignet werden können, schaffen jene, die sich von der kanonisierten politischen Konsumption zurückziehen, neue Formen von Kritik, von Urheberschaft, und soziale Online-Modelle und weigern sich, an autorisierten und politisierten Versionen der Intersubjektivität teilzunehmen. Diese Effekte sind auch außerhalb des Webs zu beobachten. In den letzten zehn Jahren haben kulturelle Praktiker wie Schriftsteller, Filmemacher, politische Aktivisten und Philosophen stillschweigend beschlossen, sich mit dem, um was es geht – Grenzen, Raumpolitik, Abtreibungsrechte – als Außenseiter zu beschäftigen, indem sie sich in Randbereiche begeben und hyper-facettierte Netzwerke der Gemeinschaftlichkeit benutzen, zu denen Peer-to-Peer-Groups, Open Source, NGOs und YouTube gehören, um ihre Positionen aufzuzeichnen. Während diese Formate auch als Plattformen für individuellen Opportunismus gesehen werden können, erzeugen sie auch eine parallele Realität und einen operativen Rahmen und sind weniger ein rein ästhetisches, unitäres Reich, das übernommen, verfolgt, kopiert und/oder angeeignet (gekauft und verkauft) werden kann.[XVI] Die rhizomatische, hyperverlinkte und nicht-physische Struktur des Webs ist die neue Agora – ein beschleunigtes, in Co-Autorenschaft entstehendes System von gemeinsam geteilten und herausgegebenen Erkenntnissen, das die Notwendigkeit einer langsamen Infiltration der Institutionen beiseite drängt und stattdessen ständig sich verschiebende Realitäten schafft, die parallel zu denen sind, die von der Mainstreamkultur und den Medien geboten werden. Die Infiltration eines Systems bedeutet nicht mehr, sich physisch durch es hindurch zu bewegen. Die Web-Generation erzeugt heute Alternativen auf verschiedenen Ebenen, in verschiedenen Medien (neuen Medien) und oft in völlig hyperrealen Formen. Diese Alternativen konkurrieren nicht mehr mit autorisierten, konkreten Realitäten, sondern schaffen eher ihre eigenen parallelen, Welten.

In den meisten Fällen endete Gramscis »langer Marsch durch die Institutionen« mit konventionellen Rahmenbedingungen, etablierten Protokollen und standardmäßigen Konsenspraktiken. Gramscis Lesart der Hegemonie, die durch die Konstruktion von Sprachen und Macht entwickelt wurde, war in diffuser Weise im Gesellschaftskörper wirksam. 1968 ist eine Revolution gegen die traditionelle linke Politik in Europa, die eine Ebene der Vereinfachungen im Marxismus darstellt: Was wir tun müssen, ist, den Kampf in Kämpfe und die Herrschaft von oben nach unten in eine Pluralität von einzelnen Punkten

[XVI] Inzwischen sind jedoch auch diese Formate – zumindest teilweise – vom Establishment übernommen worden, wie etwa beim Wahlkampf in den USA im Jahre 2008.

wie Partizipation, Umwelt, Anti-Rassismus und Feminismus umzuwandeln.

Heute hat indessen ein Marsch in eine parallele Realität begonnen. Wie schon gesagt, lehnen Michael Hardt und Antonio Negri, wie Gramsci, die Idee ab, dass Veränderungen in der Kultur nur *nach* der Revolution kommen können. Durch den Ausdruck von Differenzen kann das Unerwartete geschehen, wenn die Kultur als ein lebendiges System eingeschätzt wird. Während dies nichts Neues ist (da Kunst teilweise immer als »revolutionäre« Inszenierung funktioniert hat), ist der virtuelle und virale Fokus der vernetzten Welten etwas Neues.

Es wird heute immer offensichtlicher, dass die Welt sich nicht mehr langsam durch Strukturen und Institutionen zu bewegen braucht, um ein visionäres Potenzial zu verwirklichen und neue Realitäten zu schaffen; das heißt in Ländern, in denen hoch strukturierte staatliche und gesellschaftliche Institutionen schon seit langer Zeit existiert haben. Die Generation derer, die in den 1970er und 1980er Jahren geboren wurden, hat begonnen, diese überholten Erwartungen beiseite zu drängen, indem sie im Wesentlichen gegen die »Rebellion« rebellieren und stattdessen (alternative) parallele Realitäten hier und jetzt schaffen.

Als die 68er-Generation versuchte, ihre politischen Anschauungen durch die Aneignung von schon vorhandenen Institutionen zu verwirklichen, wie es Gramsci vorgeschlagen hatte, musste sie den Preis der *Realpolitik* zahlen, als sie in der Mitte der Gesellschaft ankam und diese stützte und das für die einzige Möglichkeit einer Veränderung hielt. Die »erwachsene« Linke hat sich nun durch eine intellektuelle Revolution weiterentwickelt und argumentiert heute, dass die Macht benutzt werden sollte, um die Menschenrechte zu schützen. Doch letzten Endes bedeutet das auch, dass selbst die linken Protagonisten aus Fischers Generation zu Mainstream-Politikern geworden sind – die meisten von ihnen sind Alpha-Männchen mit einem interventionistischen Anstrich. Andererseits war Fischer, als es zu einer deutschen Mainstream-Außenpolitik kam, der letzte Visionär, der noch übrig geblieben war. Der Vorteil eines visionären

Potenzials ist, dass es visionär, ein Potenzial bleiben kann, ohne verwirklicht zu werden – etwas, das Sibylle Krause-Burger in ihrer Fischer-Biographie den »Marsch durch die Illusionen« nannte.[82] Heute hat Fischer sich geändert und seine Definition dessen verfeinert, was es bedeutet, links der Mitte zu sein. Er definiert links als »die Überzeugung, an einem egalitären Gesellschaftsbild festzuhalten« – allen Hindernissen zum Trotz, und auch der Suche nach einem klassenlosen *Gesamtkunstwerk*.[83] Aber die kulturelle Veränderung, die seine Generation immer noch als intellektuell und langfristig zu verwirklichend definiert, wird heute möglicherweise durch horizontale Differenzierung und alternative Formen des Zugangs zu den Institutionen und durch Individuen betrieben, sogar durch Individuen, die zu Hause sitzen, eingetaucht in das Web. Die 68er-Generation hat verzweifelt versucht, die demokratischen Regeln auf den Prüfstand zu stellen, um sie sich anzueignen. Angesichts der Generationenverschiebungen in den dazwischen liegenden Jahren scheinen diese frühen Bestrebungen ein Hinweis darauf, dass nein zu sagen – damals – hieß, ja zu sagen.

Vom Markt lernen

Der Markt ist eine Geschichte verpasster Gelegenheiten.

Tobias Meyer

Expansion ist die Entropie des dritten Jahrtausends, ausbreiten und sterben.[84]

Rem Koolhaas

In einer ersten Annäherung ist die Multitude als Zusammensetzung aus all jenen zu begreifen, die unter der Herrschaft des Kapitals arbeiten, und daher potenziell als die Klasse, die der Herrschaft des Kapitals widersteht. [...] Der Begriff beruht anders gesagt auf der These, dass es keine politische Vorrangstellung aufgrund unterschiedlicher Formen von Arbeit mehr gibt: Alle Formen sind gesellschaftlich produktiv, sie produzieren gemeinsam; und ebenso gemeinsam ist ihnen das Potenzial, der Herrschaft des Kapitals zu widerstehen. Man könnte das die Chancengleichheit zum Widerstand nennen.[85]

Michael Hardt & Antonio Negri

Man sollte sich nicht auf Hardt & Negri beziehen, wenn man über wirtschaftliche Zusammenhänge nachdenkt; sie haben keine Ahnung, wovon sie reden.[86]

Joachim Hirsch

1999 haben Luc Boltanski und Ève Chiapello in Frankreich ihr Buch *Der neue Geist des Kapitalismus*[87] veröffentlicht, in dem vorgeschlagen wurde, die Krise der anti-kapitalistischen Kritik durch eine noch nie dagewesene Analyse von Management-Texten zu nutzen und zu untersuchen. Ganz ähnlich sind die folgenden Versuche zu verstehen, eine Reihe von Ideen und Begriffen aus der Management-Theorie, sowie aus dem Business-Denken einzuführen, um eine alternative Annäherung an die Vorstellung vom Außenseiter und externen Akteur zu begreifen und zu entwickeln. In Business-Begriffen könnten das Konzept und die Praxis des externen Beraters mit dem Ungeladenen Außenseiter und dem Crossbench-Praktiker verglichen werden und als nützliches – wenn auch zum Teil problematisches – Beispiel genutzt werden.

Wenn man die Phänomene der Kritikalität aus der Sicht des Marktes untersuchen würde, wären die Dinge ganz klar: Kritikalität tendiert dahin, durch die Ränder, von außen nach innen aufzuscheinen, und nicht aus dem vorhandenen System selbst hervorzugehen. Wenn eine Firma oder eine große Institution Teile ihrer strukturellen Organisation ändern will, dann wird sie höchst wahrscheinlich versuchen, ihre inneren Kräfte und das vorhandene Potenzial zu mobilisieren, aber indem sie einen Außenseiter bittet, kritisch über das nachzudenken, was sie tut – die Schlüsselprozesse zu überprüfen, zu untersuchen und zu analysieren und wenn nötig, eine kritische, aber produktive Alternative vorzuschlagen. Innerhalb eines vorhandenen Systems ist eine Veränderung schwer zu organisieren. Überdies ist es für die meisten Akteure in einem gegebenen System schwierig, die möglichen Mängel des Systems zu erkennen oder vorauszusagen. Kultur ist geschichtlich. Sie hat geschichtliche Register und Tabus, auf die man sich kaum direkt oder bewusst beziehen kann; sie tendiert dahin, die Art und Weise, in der wir etwas tun, durch eine Art Einschüchterung zu beeinflussen und zu gestalten. Dies ist auch die Erkenntnis des Affen-Experiments: Mehrere Affen sitzen in einem Käfig, in dem eine Banane an einer Leiter hängt. Wenn ein Affe versucht, die Leiter hochzuklettern, werden die anderen bestraft. Die Affen lernen es, jeden Affen anzugreifen, der versucht, die Leiter hochzuklettern. Jeder Affe wird der Reihe nach durch einen anderen Affen ersetzt, der auch sehr schnell lernt, jeden Affen anzugreifen, der versucht, die Leiter hochzuklettern, bis kein Affe mehr da ist, der die ursprüngliche Bestrafung gesehen hat, und doch haben sie gelernt, wie sie sich verhalten sollen.[88]

Was eine »produktive« Alternative wirklich bedeutet und wer von ihr profitiert, ist natürlich eine fallspezifische Frage. In einem gegebenen Unternehmen kann ein externer Berater vorschlagen, dass der Vorstand eine Abteilung des Unternehmens komplett schließen sollte, um das Unternehmen gesund zu halten. Dabei könnte herauskommen, dass viele Mitarbeiter ihren Job verlieren. In diesem Text geht es jedoch nicht darum, zu beurteilen oder zu bewerten, ob dieser spezielle Akt eines externen Beraters ethisch richtig ist, sondern es soll vielmehr die Frage gestellt werden, warum es tendenziell produktiver ist, wenn eine Veränderung von außen vorgeschlagen und umgesetzt wird: weg von der Kontextualität und hin zur Idee der Situation.

»Management kann nur erfolgreich sein, wenn es kurz auftaucht und nicht bleibt. Es muss die Dinge blitzartig sichtbar machen [...]. Management besteht darin, die Kontingenz der Situation, ihre Möglichkeit, anders zu sein, als sie ist, und sich anders zu entwickeln, als sie sich gegenwärtig entwickelt, in die Situation hineinzutragen. [...] Es darf nicht der Eindruck entstehen, der Manager könne zeigen, wo es langgeht. Denn er weiß es ja nicht. Er weiß nur, dass in jeder Situation immer auch ein anderes Potenzial enthalten ist als das, auf das die Beteiligten sich bereits eingeschwungen, um nicht zu sagen: eingeschworen, haben.«[89]

Im kommerziellen Business-Milieu gibt es sehr unterschiedliche Vorstellungen und Praktiken, wie dieser externe Akteur funktionieren kann und soll. Die beiden interessantesten Methoden im Kontext kritischer Praxis sind das McKinsey-Modell und der Königswieser-Ansatz.[90] Im Folgenden wird nicht versucht, diese Praktiken aus einer ethischen oder kritischen Sicht zu untersuchen; das heißt, es wird nicht versucht, ihre Taktiken zu enthüllen, sondern die entgegengesetzten Ansätze zu illustrieren.

McKinsey ist eine global operierende Management Consulting Firma, die sich darauf konzentriert, Probleme des höheren Managements zu lösen. Ihre Berater, die als externe »Experten« in ein Unternehmen hineingehen, haben einen klassischen und analytischen Ansatz: einkreisen, aufbrechen und neu zusammensetzen. Die externe Analyse beruht auf einem Katalog von Erfahrungen, einem Wissensmanagement-System, das von McKinsey seit den 1930er Jahren entwickelt wurde. McKinsey Berater sollen eng mit den Unternehmen zusammenarbeiten, und sie arbeiten auf der Grundlage einer Pyramiden-Machtstruktur der Entscheidungsfindung. Der Einsatz der Berater tendiert dahin, kurzfristig zu sein, und ignoriert den Kontext, in den sie versetzt werden – es wird alles gegengeprüft und mit dem Wissensmanagement-System abgeglichen. Sie halten sich an schon lange vorhandene Strukturen der Analyse und der kognitiven Autorität und an einen intellektuellen Konservativismus, der eine Kultur der verschlossenen Türen und nur wenig Crossbench-Kommunikation pflegt. Es wird großer Wert auf Kundenvertraulichkeit innerhalb der Firma gelegt, und es ist den Beratern verboten, Einzelheiten ihrer Arbeit mit den Mitgliedern anderer Teams zu diskutieren. Das angewandte System hat einen großen Anteil von »erprobtem« Wissen, aber lässt nur wenig Raum für das, was man »smart weirdness« (kluge Verrücktheit) nennen könnte, und somit für überraschende Ergebnisse. Eine der Hauptschwächen des analytischen Modells ist, dass es sowohl auf rationalem Denken als auch auf der Vorstellung des Konsenses beruht. Aber jede Ursache hat vielleicht nicht nur eine einzige Wirkung; stattdessen hat sie vielfältige Wirkungen, sodass der klassische Ansatz nicht in jedem Kontext plausibel ist.

Der Ansatz von Königswieser & Network ist das Gegenteil vom McKinsey-Modell. Königswieser, eine in Wien angesiedelte Agentur, ist vor allem bekannt für das, was sie »Complementary Consulting« nennt. Diese Methode unterscheidet sich grundlegend von McKinsey, insofern sie sich langfristig in der zu beratenden Firma engagiert und sozusagen einen im Unternehmen eingebetteten Ansatz verfolgt. Das heißt nicht unbedingt von unten nach oben; es wird im Laufe der Zeit eher ein gewisses Verständnis für die alltäglich ablaufenden Prozesse und den Kontext, der beeinflusst werden soll, entwickelt. Eine solche alternative und nahezu therapeutische Methode neben der Analyse sucht nach einer Besonderheit, die es einem Netzwerk ermöglicht, sich der Problemlösung ohne Formeln zu nähern. Ihr eher intuitives als analytisches tastendes Vorgehen kennt den Wert des Scheiterns, von nicht-linearem Denken und den Begriff des »Lernens von…«. Sie geht davon aus, dass komplexe Probleme ein ganzheitliches Denken brauchen. Statt Lösungen vorzuschreiben, versucht sie, durch Prozesse der nachhaltigen Veränderung Lösungen zu ermöglichen, indem sie erkennt, dass man Probleme nicht lösen, sondern nur eingrenzen kann. Anstelle einer Planungsstrategie fördert ein solches Modell den Prozess einer Umgestaltung der Struktur, in der man arbeitet.

Wie es scheint, ist der analytische Ansatz, was eine kritische Umgestaltung betrifft, zum Scheitern verurteilt, da er versucht, die Elemente der Veränderung aus der vorhandenen Struktur hervorgehen zu lassen, ohne weiter reichende Fragen zu stellen. Oder, wie Arnab Chatterjee kürzlich bei einem Think Tank in den österreichischen Alpen ganz offen sagte: »Wenn man einen McKinsey-Berater und einen Designer bitten würde, ein Glas neu zu gestalten, würde man zwei völlig entgegengesetzte Reaktionen bekommen. Der McKinsey-Berater würde sich das Glas anschauen und überlegen, wie das Glas physisch umgestaltet werden könnte; anders gesagt, ästhetisch. Der Designer würde sich das Glas anschauen und es als Gefäß zur Flüssigkeitszufuhr begreifen.« Das wirft natürlich die Frage nach den Grenzen auf, die man setzt und zulässt. Ein sich wiederholender Designprozess geht über eine Reihe von Umgestaltungsversuchen, wobei es sehr unwahrscheinlich ist, dass das Ergebnis innerhalb des ursprünglichen Rahmens liegt. Überdies tendieren Manager und Berater im McKinsey-Stil dahin, das Framing schon sehr früh im Prozess zu setzen, da sie sich auf das stützen, was vorhanden ist. Ihre Falle besteht sozusagen darin, dass sie Probleme als Abweichung von der Norm definieren – da jedes System die natürliche Tendenz hat, sich selbst zusammenzuhalten. Designer bleiben dagegen nicht bei der ursprünglichen Gestaltung stehen; sie erweitern die Grenzen des ursprünglichen Rahmens.

Wenn diese Veränderungsprozesse nun durch ein Design in Richtung Gespräch und produktive Kommunikation ausgelöst werden können, wird Design in diesem Kontext als Neuanordnung der Problematik auf einer Metaebene verstanden. Kluge Design-Entscheidungsfindung beruht immer auf dynamischen Variablen, und beschäftigt sich und interagiert gleichzeitig mit mehreren Variablen. Das Netzwerk selbst produziert nichts; entscheidend ist die Position innerhalb des Netzwerkes. Überdies muss man in einem produktiven Modell fachübergreifender Zusammenarbeit – die sich auf die realen Differenzen zwischen den einzelnen Fächern bezieht und nicht einfach nur auf jene aus dem kulturellen Milieu – letzten Endes die eigene Position aufgeben, damit neues Wissen zu Tage tritt.

Einige dieser Punkte wurden auch auf einer Think Tank-Sitzung in Linz und Mondsee, Österreich, als Postproduktion der 4. Internationalen DOM-Konferenz diskutiert. Die Konferenz beschäftigte sich mit der Relevanz der Design-Methodologie in Hinblick auf die Lösung komplexer Probleme. In diesem Zusammenhang wird Design nicht in dem Sinne verstanden, ein Objekt oder eine Architektur im Kontext einer komplexen organisatorischen oder gesellschaftlichen Situation zu entwickeln, sondern als interaktives Lern- und Problemlösungsvorgehen, das jede professionelle Organisation verwenden kann, um zu Lösungen jenseits bloßer Modifikation oder Optimierung zu kommen.[91] Diese Perspektive hängt mit der Vorstellung der Offenheit in kollaborativen Dialogen zusammen, und mit dem Lernen durch die Schaffung neuer Realitäten. Um kritische Modelle für die Praxis zu entwickeln, muss man das direkte und spezifische Engagement fördern, also eine nicht formelhafte Annäherung, die nicht einfach auf die Neuauslegung von vorhandenem und archiviertem Wissen vertraut.[92]

Eine solche Vorgehensweise bricht auch mit den Aufklärungskategorien des Wissens, insbesondere mit der Annahme, dass die Wahrheit existiert und objektiv entdeckt werden kann. Ich werde euch nicht diktatorisch sagen, dass etwas richtig oder falsch ist, sondern euch stattdessen Hinweise geben. Im Gegensatz zum systemischen Denken erkennt ein solcher ganzheitlicher Ansatz, dass, was immer ihr wisst, bereits wertvoll ist;

man braucht nur eine andere Dimension hinzuzufügen. Wo der systemische Ansatz mit konventioneller Medizin verglichen werden könnte, ähnelt das ganzheitliche und konflikthaftere Modell eher der komplementären oder alternativen Medizin.

Im Business beruht heute fast alles auf dem Modell des Wachstums. Aber weil X gerade mal gut ist, muss mehr X nicht unbedingt besser sein. Ein Entwicklungsprozess ist kritisch: »Ein Friedhof wächst, aber entwickelt sich nicht.«[93] Dieses Phänomen könnte auch als einer der Gründe der Finanzkrise beschrieben werden: Die Hauptsorge war eher das Volumen als der Wert, während keiner darauf vorbereitet war, Verantwortung zu übernehmen. Im Gegensatz zur Vorstellung von Wachstum und Volumen, die sich auf die Größe bezieht, hat Entwicklung immer etwas mit dem Inhalt und der Notwendigkeit der Gestaltung (*design*) zu tun. Der Hauptkontext für eine solche Entwicklung und ihre kritische Veränderung ist das situative und ganzheitliche Denken, ohne dass es direkt mit der (Macht-)Struktur zusammenhängt, die man ändern will. In einem solchen Rahmen wird es wichtig, Mechanismen zur Operationalisierung des Wissens nach seiner Erfindung zu entwickeln. Ohne diese Mechanismen ist selbst eine höchst komplexe Ansammlung von Wissen nutzlos. Die USA produzieren zum Beispiel mehr Wissen als alle anderen Länder zusammen, sind aber nicht besonders gut darin, es anzuwenden. Als Business-Modell führt dieser Mangel an möglicher Anwendung natürlich zu einem Konflikt: Wachstum tendiert dahin, auszubeuten (*exploit*), aber nicht zu erkunden (*explore*). Wenn ein Unternehmen langfristig Erfolg haben will, muss es sowohl zur Anpassung (*adaptability*) als auch zur Ausrichtung (*alignment*) in der Lage sein, eine Eigenschaft, die manchmal als »Ambidextrie« bezeichnet wird. Was, aus dem Lateinischen abgeleitet, soviel wie »auf beiden Seiten zugleich sein« bedeutet. Im Business-Bereich beinhaltet ein solches Modell der Ambidextrie, dass man in der Lage ist, mit dem Oszillieren zwischen Ausbeutung und Erkundung umzugehen. Und es beinhaltet überdies, dass man, wenn man nur das Eine verfolgt, auch dann wenn man dabei erfolgreich ist, scheitern kann. Wenn man die Geschichte der Apple-Computer oder des OMA (Office for Metropolitan Architecture) verfolgt, kann man eine bestimmte und lebhafte Beziehung zwischen Anpassung und Ausrichtung, Ausbeutung und Erkundung finden. Gerade weil Apple den iPod hat, der ein absoluter Bestseller ist, kann das Unternehmen die eigenen inhaltlichen Grenzen überprüfen und erweitern, indem es Milliarden Dollar für Forschung und Entwicklung »verschwendet«. Auf ähnliche Weise könnte man sagen, dass das OMA heute – nach einer Reihe von Insolvenzen – eine Möglichkeit gefunden hat, bestimmte »Stealth«-Projekte als Mittel zur »Finanzierung« der Entwicklung interessanter Inhalte zu nutzen, was zuvor immer ein kalkulierter Verlust gewesen ist.

Wir haben von Chantal Mouffe mehr über die Probleme als über die Lösungen, die sie vorschlägt, gelernt, was ein allgemeines Problem ist. Wie kann man sich kritisch mit den Bedingungen, von denen man umgeben ist oder die man untersucht, beschäftigen, und sie gleichzeitig in einen konstruktiven und auf die Praxis ausgerichteten Diskurs verwandeln?

Im Bereich der Wirtschaft würde das, was Mouffe tut, als *formulating the mess* (Beschreibung der aktuellen Probleme) bezeichnet werden. In diesem Fall geht es um den Zustand des Untersuchungsbereiches, Problemfeldes oder Aktionsgebietes. Man beschreibt den aktuellen Zustand, um sich oder andere davon zu überzeugen, dass sich etwas ändern muss. Als Methode oder Werkzeug schafft das, wie Mouffe sagt, einen gemeinsamen Raum, bei dem man sich einig ist, dass man sich nicht einig ist. Für einen Berater bedeutet das, dass man den Grund vorbereitet, dass man die Realitäten, mit denen man es zu tun hat, erkundet, um Alternativen zu entwickeln. Für Mouffe bedeutet das die Schaffung einer Umgebung, in der es einen Konsens über die Existenz eines bilateralen Konflikts gibt, mit dem man sich dann in produktiver Weise beschäftigen kann. Um den aktuellen Zustand oder das Konfliktfeld zu erkunden, ist es wichtig, den Hintergrund des Systems zu beobachten und zu verstehen, seine Geschichte kennenzulernen und zu schauen, wie es arbeitet. Geschichtlich gesehen, wird dies genau immer dann interessant, wenn man eher über das Scheitern als über den Erfolg, eher über Probleme als über Lösungen nachdenkt.

Aus der Geschichte zu lernen, indem man Fehler in der Vergangenheit analysiert, kann sehr produktiv sein. In Japan werden ehemalige leitende Angestellte in einen Expertenausschuss gesetzt und arbeiten als Übersetzer zwischen der Vergangenheit und der Gegenwart des Unternehmens, indem sie alte Probleme für eine neue Generation von Angestellten übersetzen. Und als Karl Marx den aktuellen Zustand der Gesellschaft und der Ökonomie vor den Lesern des *Kapitals* ausbreitet, beschäftigt er sich ebenfalls mehr mit den Problemen als mit der Lieferung von Lösungen. Das Hauptziel des *Kapitals* bestand nicht darin, ein Rezept für eine Veränderung zu liefern, sondern durch eine Beschreibung des aktuellen Zustands deutlich zu machen, dass eine Veränderung notwendig ist.

Jamshid Gharajedaghi illustriert die Natur unseres gegenwärtigen »Zustands« als ein interaktives System von Problemen, Dynamiken, Dimensionen und Leitprinzipien, die gesellschaftliche Systeme jeder Art co-definieren. In diesem Fall ist die Zustandsbeschreibung ein Werkzeug zur Gestaltung von Strukturen für die Zukunft, die in die Praxis umgesetzt werden können. Sie sollte autonom von Individuen oder Gruppen vorgenommen werden und sich unbedingt mit dem schwächsten Link im untersuchten System beschäftigen. In diesem Zusammenhang ist die schlimmste Situation, mit der man als Außenseiter konfrontiert werden kann, die Kombination aus der Nichtbereitschaft, Verantwortung zu übernehmen, mangelnder Macht und Unsicherheit.

Anders gesagt: Die Taktik, die man anwenden muss, wenn man etwas ändern will, ist, den richtigen Ansatz nicht zu »kennen«, aber in der Lage zu sein, andere zu überzeugen, dass der vorgelegte Ansatz wichtig ist und getestet werden sollte. Um Interessenvertreter zu beeinflussen, muss man ihre Aktivitäten, Interessen und Ziele kennen. In gesellschaftlich komplexen Situationen ist Rationalität schlichtweg wirkungslos, da die

Leute oder Interessenvertreter in den meisten Fällen ihre eigenen Interessen verfolgen. Das ist natürlich auch eine der am meisten romantisierten Dynamiken in Partizipationsstrukturen: Wenn man einmal eine Von-unten-nach-oben-Struktur geschaffen hat, werden nicht alle Interessenvertreter am Tisch im gleichen Maße an einem solchen demokratischen Ansatz interessiert sein. Die Realität zeigt, dass, wenn Leute zusammenkommen, sich die meisten Individuen hauptsächlich selbst vertreten, was aber auch sinnvoll ist, weil Kollaboration – als konfliktreichere Schwester der Kooperation – nur funktioniert, wenn es für jeden am Tisch eine klar erkennbare Chance oder erreichbare Ziele gibt.

Modelle gemeinsam geteilter Urheberschaft zu entwerfen, beinhaltet, dass die Macht eine Art Reichtum ist, der nicht gemeinsam geteilt werden kann. Die Fähigkeit zu haben etwas »zu tun«, verkörpert die Macht »zu tun«, zum Beispiel: zu planen, abzustimmen und in dem Rahmen zu handeln, in dem Entscheidungen getroffen werden. Das unterscheidet sich von der Macht »über« Leute. Dezentralisierung ist die Erhöhung dieser Macht. Um zu einer gemeinsamen Grundlage zu kommen – ein gemeinsames Verständnis des »Warum« – muss es eine bestimmte Autorität geben, die in dezentralisierten Interessenvertretern verkörpert ist. Diese Interessenvertreter müssen sich überdies über die Basis der gemeinsamen Grundlage einig sein. Diese gemeinsame Grundlage erzeugt ein zentralisiertes Verständnis des Systems, wobei sie seine Struktur dezentralisiert, was die Erhöhung der Macht ist. Die einzige Weise, das System zu verstehen, ist, es zu gestalten. Im Prozess der Gestaltung eines solchen Systems liegt auch eine Gefahr. Einer der wichtigsten Punkte ist die genaue und sorgfältige Gestaltung von Verantwortlichkeiten. Wie schon gesagt, können Partizipationsstrukturen leicht als eine Taktik zum Aussteigen benutzt werden: sich aus der Verantwortung zurückzuziehen, während man technisch weiterhin zuständig ist. In jedem System muss es eine eingebaute Struktur von zumindest teilweiser Autorität geben, damit die Struktur positiv sein kann. Es gibt die romantische Vorstellung einer Welt, die auf der n-ten Stufe allein aus Kanälen der Selbstorganisation, Netzwerken von Netzwerken oder Bewegungen von Bewegungen existiert – die von Hardt und Negri in *Multitude* beschrieben wird.[94] Ihre unablässige Bemühung, die Bedingungen und Formen, die die Demokratie aus ihrer Sicht in der heutigen globalisierten Welt annehmen muss, zu theoretisieren, ist ein Versuch, die Demokratie ohne ihr Paradox zu präsentieren; die Einführung der Demokratie ist immer mit der Unmöglichkeit, ihren eigenen Prinzipien treu zu bleiben, konfrontiert; die Einführung einer neuen demokratischen Ordnung kann nur dadurch legitimiert werden, dass man die Autorität herausfordert, die sie selbst begründen will.

Um zur Welt der Unternehmen zurückzukehren: Die einzige Möglichkeit, Interessenvertreter in einen Prozess einzubeziehen, besteht darin, sie am Gestaltungsprozess zu beteiligen – dann werden sie ihn implementieren. Und das ist natürlich das grundsätzliche Problem bei dem, was man das »Partizipationsprojekt« nennen könnte: Um an diesem Gestaltungsprozess beteiligt zu werden, muss man auch darauf vorbereitet sein, Verantwortung zu übernehmen. Damit es zur Gestaltung kommen kann, muss der Vermittler, um nicht einfach das vorhandene System zu duplizieren, zuerst den aktuellen Zustand beschreiben, um die Grundlage für eine Neugestaltung vorzubereiten. Doch selbst in den am meisten aufnahmebereiten gesellschaftlichen Szenarien ist eine Veränderung immer der Furcht vor Veränderung ausgesetzt. Deshalb ist die Bühne, die Chantal Mouffe beschreibt – sozusagen die gemeinsame Grundlage – und in der man sich einig ist, dass man sich nicht einig ist, von entscheidender Bedeutung, wenn man eine gemeinsame Sprache schaffen will, die es einem ermöglicht, etwas über die unterschiedlichen Polaritäten des Systems zu erfahren und Konflikte auszutragen.

Jede Struktur hat vielfältige Funktionen und bringt sie hervor: Institutionen wie das *Institute of Contemporary Art* in London, *Kunst-Werke* (KW) in Berlin oder das *New Museum* in New York haben bestimmte integrierte Strukturen und Entstehungsgeschichten, die in vielen Jahren aufgebaut wurden. Apple hat einen Vorstand, eine Gewerkschaft, ein Ausbildungssystem, Shareholder und Kunden, um nur einige zu nennen. All diese Interessenvertreter und Geschichten existieren in einem unterschiedlichen Kontext. Das darf nicht außer Acht gelassen werden. Wenn jedoch eine Zustandsbeschreibung, in der sich alle Interessenvertreter wiederfinden, vorgenommen wurde, kann der Gestaltungsprozess beginnen. Man braucht einen starken Willen, um sich in die Situation einzubringen; es ist aber auch wichtig, nicht in die Probleme verwickelt zu werden und ein autonomer Außenseiter zu bleiben.

Die Gestaltung von Veränderungen braucht Zeit. Gestaltung durch das Austragen der vorhandenen Konflikte und durch das Einbringen bestimmter Konflikte als produktiver Anstoß von Seiten des Außenseiters ist von entscheidender Bedeutung. In der frühen Phase des Gestaltungsprozesses muss ein Konsens vermieden werden. Je mehr Spielraum eine Gestaltung für künftige Konflikte lässt, umso erfolgreicher wird sie langfristig sein. Eine solche Gestaltung wird dann das Potenzial verkörpern, damit diese Konflikte immer wieder zu einem produktiven Modus zurückkehren. Sozio-kulturelle Systeme entwickeln sich von selbst. Konflikte ersetzen das verzerrte gemeinsame Bild der Transparenz. Einzelne Interessenvertreter neigen dazu, Probleme ohne den Kontext zu definieren und sie mit Lösungen zu verbinden, die bereits bekannt sind, und allgemeine Zwänge wie Zeit, Geld und Information zu setzen. Innerhalb dieses Registers werden Abweichungen von einer – oder *der* – Norm tendenziell als Bedrohungen verstanden. Doch ein Problem ist höchst wahrscheinlich keine fest gefügte Tatsache, sondern eine unabhängige und sich verändernde Qualität.

Der Außenseiter sollte sich ernsthaft für den Inhalt interessieren und eine gesunde Neugier als treibende Kraft haben, um das Leistungsvermögen eines gegebenen Systems zu testen – und zwar jenseits des pseudo-wissenschaftsbasierten Interesses für das Daten-Alibi, aber getrieben von einem intuitiven und tiefen Verständnis der Situation. Kritische Praktiken und die Herausforderung konventioneller Strukturen und Binsenweisheiten können nur aus den Realisierungen der Praxis hervorgehen, aus der Produktion der »nächsten Ebene«, aus der Extrapolierung der Feedback-Schleifen vom rein Kritischen zur praktischen Umsetzung, zum Angewandten – ohne in die Falle der Dringlichkeit zu gehen, da Dringlichkeit nie Zeit für das lässt, was wichtig ist.

Fast alle Situationen, die es gibt, geschehen im Raum. Die Raumpraxis kann daher als Schmelztiegel physischer Realitäten, gesetzlicher und kultureller Rahmenbedingungen, politischer Dimensionen, philosophischer Grundlagen und des Alltagslebens beschrieben werden. Integriertes Gestaltungsdenken – das sich lokal engagiert, aber in das Gespräch und die Situation aus der Perspektive des Außenseiters hineingeht – kann auf viele verschiedene Bereiche der Expertise und der Leistung angewandt werden. Indem sie immer auf einer Mikroebene anfangen, dabei aber nicht die Makroebene außer Sicht verlieren, sollten die kritischen Raumpraktiker ihr Repertoire zur Kontextualisierung einer Reihe von vorgefundenen Problemen in ihrem räumlichen, gesellschaftspolitischen und sozioökonomischen Kontext nutzen und Mechanismen für eine Veränderung vorschlagen, die die lokale Ebene gegenüber ihren Makro-Verzweiflungen illustriert. Diese Mechanismen zur Veränderung können physischer, gesetzlicher oder gesellschaftlicher Natur sein. Sie sind das Ergebnis eines vorsichtig betriebenen Editierungsprozesses, in dem der Editierungsausschuss gleichzeitig als Anstifter und als Verwirrer handelt: vorgefundene Variablen durch eine strategische Überlappung optimieren und vorhandenes Wissen erschüttern, um zur gemeinsamen Suche nach und zur Produktion von neuen Methoden der intellektuellen, strukturellen und physischen Produktionen aufzubrechen. Die Editoren eines solchen Prozesses müssen bereit sein, Risiken auf sich zu nehmen, und sie müssen genügend Distanz haben, um sich nicht in die vorhandenen Strukturen oder Protokolle zu verlieben, was ihr Kritikvermögen beeinträchtigen kann. Der Outsider hat die Aufgabe, Samen im System auszusäen, die der Insider dann im Laufe der Zeit kultivieren kann. Dies ist letztlich wichtig, weil die Gestaltung das Ergebnis eines gewachsenen Prozesses sein muss, und von den Interessenvertretern genährt wurde – sonst würde es nicht akzeptiert werden.

Architekten, Designer oder Künstler sind Mehrzweck-Tiere, die sich zum Beispiel nicht einfach nur mit dem Profit beschäftigen. Bei der Gestaltung und Formulierung von Thesen, die in die Praxis umgesetzt werden sollen, geht es um die Eliminierung von Auswahlmöglichkeiten, um den editorischen und kuratorischen Prozess und das Wagnis, dem Bauchgefühl zu vertrauen, was das grundsätzliche Gegenteil einer analytischen Annäherung ist. Was indessen interessant und lehrreich bleibt, ist die klare Unterscheidung zwischen innen und außen, zwischen Feldern von vektoriellen Kräften und dem Einbringen von äußeren Vektoren. Die Stärke der Außenseiter liegt in der Tatsache, dass sie weder an innere Strukturen noch an die Politik des Körpers, mit dem sie sich beschäftigen, gebunden sind.

Im Kontext der Architektur bleibt die Frage, wie man den eigenen Werkzeugkasten benutzen kann, um eine Methodik zu entwickeln, die jenseits der populistischen Strömungen des Formalismus angesiedelt werden kann. Architekten machen oft nur Propaganda für ihre Auftraggeber, wie es etwa eine Kommunikationsagentur machen würde. Architekten sind schon immer Außenseiter. Wenn man in der desolaten Situation des Berufes optimistisch sein kann, dann deshalb, weil dies seine oder ihre Stärke und primäres Vermögen ist. Architekten haben immer versucht, Vorschläge auf der Grundlage ihrer relativen Autonomie zu entwickeln. Trotzdem kleben formalistische Architekten, die hauptsächlich daran interessiert sind, freistehende physische und selbstreferentielle Strukturen zu bauen, oft an den Machtstrukturen und arrangieren sich mit ihnen, während sie sich gleichzeitig in die Idee der nie endenden ökonomischen Baugelegenheiten verlieben.

Risiko und Scheitern

In seinen Memoiren *Von der Hand in den Mund. Eine Chronik früher Fehlschläge*[95] erklärt der postmoderne amerikanische Schriftsteller Paul Auster sein Verständnis des Scheitern durch die Feststellung, dass er Ende der 1920er und Anfang der 1930er Jahre eine Periode von mehreren Jahren durchmachen musste, in der alles, was er anpackte, zum Scheitern führte. Wie Colin MacCabe auf der Konferenz »The Value of Failure« im Juni 2005 bemerkte[96]: »Erfolg ist einer der Schlüsselbegriffe geworden, mit dem die Leute ihr eigenes Leben und das anderer bewerten.« Wenn MacCabe vom Scheitern spricht, begreift er es als eine wichtige Komponente, sowohl der Entwicklung von Wissen in der Wissenschaft, als auch als kreatives Experimentieren in den Künsten. Er endet mit der Frage, in welchem Maße die gegenwärtige Gesellschaft den Erfolg fordert und was geschieht, wenn im heutigen Großbritannien (und auch Europa) die öffentliche und private Förderung von Projekten im Kultur- und Bildungssektor immer erfolgsorientierter ausgerichtet wird.

Man stelle sich vor, man könnte die Welt durch die technokratische Brille zur Analyse des Scheiterns sehen. Mit den bequemen Environments strukturalistischer Gewissheit gerüstet, ist das tatsächlich ziemlich einfach. Man würde eine Analyse beginnen, indem man sowohl den Mechanismus als auch die Ursache des Scheiterns untersucht, um eine Korrektur vorzunehmen. Dann kann man die entsprechende »Erfolgs-«Bilanz im Laufe der Zeit nachverfolgen.

Wir halten Erfolg immer für etwas Gutes, weil er mit Wohlstand verbunden ist. In MacCabes Worten: »Erfolg dominiert aufgrund seines Anteils an der allgemeinen Bewertung des guten Lebens in Form von Geld.« Das Scheitern ist daher die undenkbare, die semantische Bestätigung der Armut geworden. Wenn man sich die heutige Produktion des Raumes anschaut, und auch die Kunstwelt, stellt man zufrieden fest, dass kreative Produktion und Scheitern ein untrennbares Paar sind. Das mag natürlich für fast jede Industrie oder Ökonomie zutreffend sein, doch es scheint, dass zumindest im heutigen kulturellen Diskurs der Wert des Scheiterns als eine alternative Idee zum Erfolg vorangetrieben wird. In einem solchen Regime der Produktion kann man argumentieren, dass die Wahrnehmung des »Scheiterns als grundlegende Bedingung der Überraschung« nichts Neues, aber eine interessante Erkenntnis ist, auf der man aufbauen kann. Der wichtigste Punkt, der heute unterstrichen werden muss, ist die Tatsache, dass wir uns zumindest in der kreativen Produktion vom Referenzmodell des Endprodukts wegbewegt haben. Glücklicherweise wird eine solche Vorstellung oft durch kulturelle Laboratorien ersetzt, in denen das Proto-Produkt – anders gesagt, der Prozess in Richtung X – und sein Scheitern als Wissensproduktion bewertet werden und genau das Laboratorium für Experimente verkörpern, das kritische Arbeit liefert. Wenn man das Experiment als einen vitalen Bestandteil begreift, der zur kulturellen Gravität der Raumproduktion beiträgt, muss man folglich auch den Wert des Scheiterns anerkennen. Die gesellschaftliche Norm des Erfolgs als einzigem Maß für Fortschritt muss also überprüft werden.

Wenn man über Scheitern und Konflikt aus der Sicht der Produktion nachdenkt, ist die unfruchtbarste Situation, die auftauchen kann, dass die Furcht vor dem Scheitern zur Inaktivität führt. Es ist der Akt der Produktion, der es uns ermöglicht, etwas zu überprüfen, durchzukneten, zu überdenken und zu verändern. Bei der Neuerfindung unserer selbst öffnet er auch einen Raum der Ungewissheit, der oft ganz überraschend Wissen und Inhalt erzeugt. Wenn die eigene Priorität darin liegt, sich um jeden Preis gegen das Scheitern zu wehren, kommt das Potenzial der Überraschung nie zum Tragen. Deshalb sind die Resultate bestimmter Untersuchungen und Erfindungen in vielen Bereichen und Disziplinen vorhersagbar geworden, und die Ergebnisse einer großen Mehrheit des kreativen und künstlerischen Outputs sind konventionell und mittelmäßig. Ein Risiko auf sich zu nehmen, bedeutet, nicht in der Lage zu sein, das Ergebnis einer Untersuchung vorauszusehen. Wenn man es bewusst zulässt, dass ein Prozess scheitern kann, öffnet man ein Fenster für Überraschungen; das ist der Moment, in dem konflikthafte Beteiligung und nicht-loyale Partizipation neues Wissen und eine politische Politik erzeugen.

Der Ungeladene Außenseiter

In *Götter, die keine sind* beschreibt Edward Said die öffentliche Rolle des Intellektuellen als Außenseiter, Amateur und Störer des Status quo. Aus seiner Sicht besteht eine Aufgabe des Intellektuellen darin, Stereotypen und die vereinfachenden Kategorien niederzureißen, die das menschliche Denken und die Kommunikation einschränken.[97] Said spricht von den Intellektuellen als Figuren, deren Beitrag zum öffentlichen Leben weder vorausgesagt noch auf ein festgelegtes Dogma oder eine Parteilinie reduziert werden kann. Er unterscheidet ganz klar zwischen dem Begriff des Intellektuellen und dem des Insiders: »Insider vertreten besondere Interessen, Intellektuelle indes sollten patriotischem Nationalismus, korporativem Denken, Klassenbewusstsein, rassischen oder geschlechtsspezifischen Privilegien mit Vorbehalt begegnen.«[98] Für Said arbeitet ein Intellektueller in den Randbereichen, wie ein Exilant, wie ein Amateur und wie der Autor einer Sprache, die der Macht die Wahrheit zu sagen versucht. Er spricht nicht wie ein Fachmann oder Experte, der gegen Bezahlung objektive Ratschläge gibt. Diese interesselose Vorstellung von dem, was man den »Ungeladenen Außenseiter« nennen könnte, ist im Kontext dieses Buches die relevanteste von Saids Ideen, denn er geht von der These aus, dass Universalität immer damit einhergeht, ein Risiko einzugehen. Es gibt keine Regeln. Es gibt »keine Götter, auf die man sich berufen oder denen man sich anvertrauen könnte«.[99] Indem er die standardmäßige Vorgehensweise, die ganz klar die des Spezialisten, des Insiders, der eine vom Interesse geleitete Agenda hat, in Frage stellt, beschreibt er den Intellektuellen als jemanden, der immer zu einem Publikum spricht und es dadurch vor sich selbst vertritt. Diese Art von Praxis basiert auf der Vorstellung, dass man im Einklang mit der Idee vorgeht, dass man seine eigene Praxis hat, die die intellektuelle Pflicht der Unabhängigkeit von äußerem Druck mit sich bringt. Indem Said die Rolle des Außenseiters unterstreicht, zeigt er, dass es – manchmal – notwendig ist, zu einem Netzwerk gesellschaftlicher Autoritäten zu gehören, um direkt eine Veränderung zu bewirken (wie bereits im Abschnitt *Vom Markt lernen* gesagt). Dieser Geist der produktiven und zielgerichteten Opposition und nicht die Anpassung ist die treibende Kraft für eine solche Praxis. Zu verstehen, wann man ein Teil von etwas sein muss und wann es besser ist, sich fernzuhalten, sich strategisch einzuordnen, um für wichtige Entscheidungen zu sorgen, die sonst von anderen getroffen werden würden (höchst wahrscheinlich mit einem ethisch weniger entwickelten Horizont).

Said zeigt indessen auch, dass die Rolle des Außenseiters eine einsame Existenzweise ist; sie beinhaltet das, was Foucault einst »eine unnachgiebige Gelehrsamkeit« nannte: »Intellektuellen, die weder Ämter bekleiden noch Claims zu sichern und zu überwachen haben, haftet etwas fundamental Beunruhigendes an.«[100] Der Ungeladene Außenseiter ist jemand, der einen Background in einer bestimmten (erlernten) Fachrichtung hat, aber sich aus seinem Milieu und unmittelbaren beruflichen Kontext herauswagt. Indem er eine Reihe von soften Fertigkeiten, die anderswo gebraucht werden, nutzt, die er dann anwendet, um Situationen und Problematiken zu vertiefen. Laut Said hat dieses Individuum eine spezifische öffentliche Rolle in der Gesellschaft, die nicht auf einen gesichtslosen Experten reduziert werden kann; es ist genau die Tatsache, dass man ohne die eigenen beruflichen Grenzen vorgeht, die es ermöglicht, dass man anfangen kann, Anliegen, Sichtweisen und Verhaltensweisen zu artikulieren, die über den Nutzen des Individuums oder des Einzelnen hinausgehen. Einerseits hat es den Anschein, dass berufliche Grenzen, Fachwissen und spezielle Kenntnisse von Vorteil sind. Während man andererseits sagen könnte, dass bestimmte Bündelungen von parasitärem Wissen in bestimmten Situationen höchst generativ, überraschend und produktiv eingesetzt werden können, und zwar genau dann, wenn sie auf interesselosen Prinzipien beruhen. Das ist etwas, was gerade dann zum Vorschein kommen kann, wenn es vorangetrieben wird von »symbolischen Personen, die sich durch ihre unwiderrufliche Distanz zu praktischen Belangen auszeichnen«[101], die von einem Bewusstsein geleitet werden, das skeptisch und engagiert ist und sich dem moralischen Urteil verpflichtet fühlt: »Der unabhängige Künstler und der Intellektuelle gehören zu den wenigen verbliebenen Persönlichkeiten, in deren Macht es steht, der Stereotypisierung und dem sich daraus ergebenden Absterben des eigentlich Lebendigen zu widerstehen und entgegenzuarbeiten. Eine unverbrauchte Wahrnehmung bringt die Fähigkeit mit sich, die Stereotypen des Sehens und Verstehens, mit denen uns die modernen Kommunikationsmittel überschwemmen, zu entlarven und zu zerstören.«[102] Der Intellektuelle sollte weder als Vermittler noch als Konsensfinder verstanden werden, sondern als »jemand, dessen ganzes Wesen auf einer kritischen Geisteshaltung beruht, einer Geisteshaltung, die nicht gewillt ist, gängige Formeln oder Klischees, geschweige denn die glatten, stets so entgegenkommenden Formulierungen und Gesten der Mächtigen und Erfolgreichen, zu akzeptieren. Und zwar ist der Intellektuelle nicht nur passiv, sondern aktiv entschlossen, sich auch öffentlich in diesem Sinne zu äußern.«[103]

In diesem Zusammenhang muss eine grundlegende und entscheidende Frage gestellt werden: Welche Sprache spricht man und an wen wendet man sich? Aus welcher Position spricht man? Es gibt keine Wahrheit, sondern nur spezifische Situationen. Es gibt Antworten auf Situationen. Die eigene Sprache oder Reaktion sollte sich nach den Situationen richten. Deshalb ist das auch eine Frage der Ebene. Es kann vorkommen, dass eine spezifische Situation zu potenziellen Auslegungen von höheren Körpern und Beziehungen führt. Wenn man sich einmal mit dem Spezifischen beschäftigt hat, kann man gemeinhin die größeren Verzweigungen verstehen. Wenn man die eigene Botschaft vermittelt, ist es wichtig, sich vom eigenen Milieu (das oft aus Leuten besteht, die den gleichen fachlichen Background haben) zu entfernen, um ein neues Publikum und neue Zuhörer zu finden, die nicht zusammenkommen würden, wenn es nicht um die eigene Praxis ginge. Im Kontext des Ungeladenen Außenseiters kann das Exil auch als eine metaphorische Bedingung verstanden werden, wie etwa als Exil in anderen Bereichen des Fachwissens. Oder wie es so schön heißt: Man kann kein Prophet im eigenen Land sein. Auch das hängt mit dem eigenen beruflichen Background zusammen.

Ein solches Exil kann als eine nomadische Praxis verstanden werden, und zwar nicht als eine, die durch territoriale Veränderungen angetrieben wird, sondern als »ein Zustand, in dem man nie voll angepasst ist, sich stets außerhalb der geschwätzigen, trauten Welt der Einheimischen fühlt.«[104] Laut Said kann das Exil – als Unzufriedenheit – nicht nur zu einem Denkstil, sondern auch zu einer neuen, wenn auch vorübergehenden Behausung werden. Said ist überdies für eine Art »Amateurismus«, eine »Tätigkeit, die sich eher der Sorge und Zuneigung verdankt als dem Interesse an Profit und selbstbezogener Spezialisierung«.[105] Folglich muss der heutige Intellektuelle ein Amateur sein, »jemand, der der Meinung ist, dass man als denkendes Mitglied einer Gesellschaft das Recht hat, selbst bei einer ausschließlich technischen und hochprofessionalisierten Tätigkeit moralische Anliegen zur Sprache zu bringen«.[106] Anstatt einfach zu tun, was von einem erwartet wird, kann man die Begründungen und Protokolle in Frage stellen. Praktiker im Exil sind Individuen, die nicht den Konsens einer voranschreitenden Praxis repräsentieren, sondern ihn aus rationalen, moralischen und politischen Gründen anzweifeln. Indem diese Außenseiter schon lange existierende Übereinkünfte und Einwilligungen in Frage stellen, können sie eine Sache vertreten und auf sie hinarbeiten, was ansonsten schwierig für jene sein könnte, die in den Kraftfeldern, Machtbeziehungen und politischen Verwicklungen mit dem Kontext, in den der Paria eintritt, engagiert sind. Hier ist unbedingt zu beachten, dass Said bewusst nur die Notwendigkeit unterstreicht, in irgendeiner Form von Kontakt und Beziehung zum Publikum zu stehen, um Veränderungen zu bewirken: »Die Frage ist, ob dieses Publikum dazu da ist, befriedigt, das heißt als Kunde zufriedengestellt zu werden, oder ob es herausgefordert, das heißt zur offenen Opposition ermuntert oder zur größeren demokratischen Teilnahme an der Gesellschaft mobilisiert werden soll. In beiden Fällen kommt man um Autorität und Macht nicht herum. Der Intellektuelle steht in einem Verhältnis zu beiden.«[107]

Hier geht es nicht um eine Aktivierung des Dilettantismus als Kultivierung der Pseudo-Expertise, sondern eher um eine Vorstellung vom Außenseiter als instrumentalisiertes Mittel zum Ausbrechen aus der tautologischen Schachtel professioneller Praktiken. Der Außenseiter ist nicht unbedingt ein Universalgelehrter oder Generalist – das Bild und die Beschreibung des Architekten in der Renaissance[108] –, sondern jemand, der ein gewisses Abstraktionsvermögen einsetzen kann, damit sein Wissen eine alternative und notwendige Debatte auslösen und vorhandene blockierte Beziehungen und Praktiken in einem fremden Kontext wieder zum Laufen bringen kann. Als Auslöser und Initiator in der Choreographie strategischer Konflikte aktiv und produktiv zu werden, bedeutet, sich die Stärke und das Potenzial schwacher Verbindungen anzueignen. Ein solches Verständnis des Mehrwerts durch Andersartigkeit steht wesentlich im Gegensatz zur Vorstellung eines gnostischen Wissens; das heißt zur Idee, dass der Fachmann »gut« und vertrauenswürdig ist, und dass in einer spezifischen und unmittelbaren Umgebung oder in einem bestimmten Praxisfeld nur Fachwissen akzeptiert werden sollte. Es beinhaltet überdies, dass man den Status quo akzeptiert, da man sich nicht mit ihm beschäftigt, wenn man kein Fachmann ist. Der Außenseiter akzeptiert ihn nicht. Sich aus den Grenzen des Fachwissens und des Faches hinaus zu begeben, ist wichtig, damit man genügend neugierig auf das Fachwissen anderer bleibt. Außerdem ist es wichtig, dass man, wenn man einmal im Exil ist, aufbaut, was Teddy Gruz »kritische Nähe«[109] nennt, einen Raum, in dem die Rolle des Außenseiters darin besteht, eine Institution oder ein anderes Konstrukt taktisch zu betreten, um die dortigen Ressourcen und die vorhandene Organisationslogik zu verstehen, freizulegen und zu mobilisieren.

Das übersetzt sich dann in eine Fachdisziplin ohne Profession, in eine Disziplin ohne eine Reihe von Vorschriften oder bekannten Erkenntnissen, also in einen Rahmen der Kritikalität: eine Disziplin von außen, eine parasitäre und unparteiliche Form von Beratung. Wissen und die Produktion von Wissen wird nicht durch Verwirklichung vorangetrieben, sondern durch *editing* und *sampling*. Wie Jorge Davila zu Foucaults Machtanalyse sagt: einen Schnitt zu machen, bedeutet, etwas Neues anzufangen – das Wissen selbst ist ein Schnitt, ein Moment des Bruchs, ein Ausnahmemoment, angetrieben vom Moment der Entscheidung.[110] Doch wie die »Partizipation« kann auch die »Kritik« selbst zu einer Form und Kraft der Normalisierung werden. Wie schon im Fall von Joschka Fischer gesagt, Kritik kann genauso normalisiert und absorbiert werden, wie Rebellion vereinnahmt werden kann. Damit die kritische Raumpraxis produktiv und unvorhersehbar bleibt, muss man eine Situation vermeiden, in der Kritikalität in eine andere Modalität der Warengesellschaft umschlägt.

Es folgt nun eine Email von dem Kurator und Schriftsteller Tirdad Zolghadr über den Außenseiter als Profi, die im Folgenden beantwortet wird.

Lieber Markus,
bevor Du mich als Fachidioten niedermachst – es geht um Folgendes: Wir sind keine Außenseiter. Wir sehen uns gern als Schmuggler, Störenfriede, Nomaden, etc. Aber in Wirklichkeit ist der Abgesandte der Kunstwelt, der für ein paar hastige multidisziplinäre Bemerkungen vorbeischaut, zu einem orthodoxen Partizipationsmodell geworden. So sind wir nicht nur keine Außenseiter, wir sind auch nicht nicht eingeladen. Als »professionelle Amateure« sind wir wirklich zu Profis geworden. Unsere Rituale des Halbwissens sind heute voll und ganz institutionell. Das heißt nicht, dass man nicht experimentell, spielerisch oder stürmisch sein kann. Aber man braucht auch Ausdauer und Geduld,

um das zu tun. Sich langfristig engagieren, Punkt für Punkt, all dieser Kram.

Mit freundlichen Grüßen
Tirdad

***

Lieber Tirdad,
ich beziehe eigentlich mich auf eine glorifizierte Vorstellung vom romantischen Außenseiter. Ich spreche von einer Jobbeschreibung, von einer Reihe von Fertigkeiten jenseits der Disziplin und ohne Profession. Ich versuche, von der Vorstellung von Partizipation wegzukommen, die mich allzu lange umgeben hat, von einem falschen und pseudo-sozialen Interesse für demokratische Prozesse, und mich in Richtung einer Lesart der Partizipation zu bewegen, die eher opportunistisch ist. Ich bin weder ein Philanthrop noch daran interessiert, mich selbst als Sozialarbeiter zu präsentieren, wie es die Hälfte der Kunstwelt seit der zweiten Hälfte der 1990er Jahre anscheinend gemacht hat. Obwohl ich sehr gern an Projekten arbeite, die mit meinen persönlichen ethischen Positionen im Einklang stehen, bin ich nicht daran interessiert, eine weitere demokratische Utopie zu entwerfen.

Wie Du weißt, ist es nicht leicht, über die sogenannten »Grenzen der Disziplinen« hinauszugehen. Dass ein Kurator ein guter Kurator ist, bedeutet nicht automatisch, dass er oder sie auch nützlich als Architekt ist, und umgekehrt. In meiner Vorstellung der Crossbench-Praxis gibt es etwas über die Notwendigkeit, Einschränkungen zu akzeptieren: ohne Grenzen und aneinander reibende Kanten gibt es keine produktive Friktion.

Ja, wir sehen uns gern als Schmuggler, Störenfriede und Nomaden. Aber vergiss nicht: ich gehöre nicht zur Kunstwelt, wie Du. Und worüber ich schreibe, worauf ich mich beziehe und woran ich arbeite, hat nur am Rande mit der Kunstwelt zu tun. Ich habe vor kurzem im *Frieze Magazine* ein sehr interessantes

Statement von Dir über Eyal Weizman gelesen. Ich stimme mit Dir überein, was das bemerkenswerte Projekt betrifft, an dem er arbeitet. Das Problem ist, dass das ein großes Projekt ist, weil es sich für die reale Veränderung an einem wirklichen Ort, in einer wirklichen Situation interessiert und nicht nur für die Repräsentation von Veränderung, wie es so oft in der Kunstwelt vorkommt.

Für mich ist die Kunstwelt einer von vielen Testbereichen und Foren für Ideen. Die Kunstwelt ist für jeden, der in ihr arbeitet, der »Arbeitgeber«. Vielleicht erklärt dieser kurze Abschnitt – in dem Brecht eine Gramsci-Idee hegemonialer Artikulation beschreibt, indem er insbesondere auf die Mechanismen eines neutralisierten Medienapparates verweist – zum Teil mein Interesse für den Außenseiter:

»Was nun diesen Lebenszweck des Rundfunks betrifft, so kann er meiner Meinung nach nicht bestehen darin, das öffentliche Leben lediglich zu verschönen. [...] Der Rundfunk [hat] eine Seite, wo er zwei haben müsste. Er ist ein reiner Distributionsapparat, er teilt lediglich zu. – Und um nun positiv zu werden: das heißt, um das Positive am Rundfunk aufzustöbern; ein Vorschlag zur Umfunktionierung des Rundfunks: Der Rundfunk ist aus einem Distributionsapparat in einen Kommunikationsapparat zu verwandeln. Der Rundfunk wäre der denkbar großartigste Kommunikationsapparat des öffentlichen Lebens, ein ungeheures Kanalsystem, das heißt, er wäre es, wenn er es verstünde, nicht nur auszusenden, sondern auch zu empfangen, also den Zuhörer nicht nur hören, sondern auch sprechen zu machen und ihn nicht zu isolieren, sondern ihn in Beziehung zu setzen. [...] Was immer der Rundfunk aber unternimmt, sein Bemühen muss es sein, jener Folgenlosigkeit entgegenzutreten, die beinahe alle unsere öffentlichen Institutionen so lächerlich macht. Wir haben eine folgenlose Literatur, die sich nicht nur bemüht, selber keine Folgen zu haben, sondern sich auch alle Mühe gibt, ihre Leser zu neutralisieren, indem sie alle Dinge und Zustände ohne ihre Folgen darstellt.«[15]

Letzten Endes lautet die Frage: Wie sehen die Konsequenzen aus? Und, noch wichtiger: Wie sehen die Konsequenzen außerhalb der Kunstwelt aus? Wenn überhaupt irgendetwas, dann nutzt dieses Buch meine Situation und verzweifelte Suche nach einem Ausweg aus der »Partizipationskrise« als ein Mittel, um optimistisch – und vielleicht naiv – zu versuchen, meine Gedanken darüber zu ordnen, was man in dieser Krise tun soll. Und wenn wir nicht professionell sein können, wenn wir Außenseiter sind, umso besser!

Viele Grüße
Markus

Die Hochschule der Zukunft – eine Institution in Arbeit

Ich möchte mit einer Hypothese beginnen: Da es anscheinend immer schwieriger wird, in den institutionalisierten Strukturen der Universitäten und Hochschulen einen aussagekräftigen Inhalt zu produzieren, kann ein ethischer und inhaltsorientierter Ansatz zur Produktion neuen Wissens nur von außen kommen – durch die Schaffung kleiner Gefüge, die sich in den Randbereichen ansiedeln. Es gibt natürlich zahllose positive Beispiele für solche Ansätze, aber es kann sich weiterhin lohnen, die gegenwärtige Situation zu beschreiben, indem man sich einen wirklichen Fall vornimmt.

Wie in Beshara Doumanis Buch *Academic Freedom after September 11*[111] gezeigt wird, sind die Vorzüge der Hochschule, die oft für gewährleistet gehalten werden, insbesondere nach dem Anschlag vom 11. September in den USA mit Schwierigkeiten konfrontiert worden und infolge einer ganzen Reihe von politischen Veränderungen durch die Bush-Administration in Mitleidenschaft gezogen worden. Obwohl dies hauptsächlich als ein US-spezifisches Problem zu verstehen ist, muss man doch sehen, dass die Freiheit der Wissenschaft und die Vorstellung einer autonomen Wissensproduktion in vielen Universitäten auf der ganzen Welt einer Praxis weichen musste, bei der der Hochschullehrer zunehmend nicht mehr als Intellektueller im öffentlichen Dienst verstanden wird, sondern als Verwalter und Mittelbeschaffer, der – durch die politisch korrekte und konsensorientierte Politik der vorhandenen Fachbereiche – zu einem Einnahmenbeschaffer für die Universität wird. Ein solches Verständnis bricht grundsätzlich mit der Vorstellung der Hochschule als externer Akteur, der nicht von politischen oder wirtschaftlichen Kräften gestört wird und daher als echter Mittelpunkt der geistigen Produktion dient und die öffentliche demokratische Kultur stärkt. Das wirft die Frage auf, wie man sich heute in komplexe Situationen einbringen und in sie eingreifen kann, wenn die meiste Zeit mit Verwaltungsaufgaben und der Mittelbeschaffung verbracht wird.

Man könnte das Folgende als eine naive und potenziell idealistische Vorstellung missverstehen, doch Freiheit der Wissenschaft beinhaltet auch kritische Perspektiven auf professionelle Normen und die Infragestellung von zuvor etablierten hierarchischen Machtbeziehungen. Die Mission der höheren Bildung ist in dieser Hinsicht auch eine, die auf eine Dienstleistung für das öffentliche Wohl fokussiert ist; wenngleich man das verschieden auslegen kann. Es hat den Anschein, dass es als Ergebnis der verderblichen Auswirkungen auf das geistige Klima in den Hochschulen eine vorsichtige Überlegung und Überprüfung geben muss, ob die Verwandlung der Universitäten in Wirtschaftsunternehmen ein Modell ist, das für die geistige Entwicklung, Experimente und radikales Denken förderlich ist. Seit kurzem kann man bestimmte Praktiken beobachten, durch die ein neues Modell der Hochschule geschaffen wird, in dem die Wissensproduktion kommerzialisiert und als Produkt für das private Wohl verkauft wird. In diesem Zusammenhang wird die Hochschule oft als ein Dienstleistungsunternehmen verstanden. Das wirft wiederum die Frage auf, ob kritisches Denken in einer solchen Unternehmensumgebung überleben kann.

Alain Blooms prophetisches – wenngleich heute überholtes – Buch *The Closing of Academic Mind*[112] verkündete schon in den 1980er Jahren, dass es zuviel Demokratie im amerikanischen Bildungssystem gab, und behauptete, dass die Institution ihre Ausrichtung auf die Studenten aufgeben würde, die nicht wüssten, was sie nicht wussten. Im Jahre 2005 widerrief das in Rotterdam ansässige Berlage Institut die klare Führungsrolle von Alejandro Zaera-Polo zugunsten dessen, was man damals einen Kuratorenausschuss nannte. Eine Spaltung in der Leitung der Institution, die nun zwischen Vedran Mimica (zuständig für den Inhalt) und Rob Docter (zuständig für die Finanzen) aufgeteilt wurde. Dadurch wurde der architektonische Inhalt von seiner Ökonomie getrennt, und das war wegweisend für das, was noch kommen sollte.

Eine solche Verwaltungsstruktur, die die Leitung der Institution zwischen zwei Parteien aufteilte, trieb nicht nur die Leitung in die Enge, sondern war auch bezeichnend für das ansonsten akzeptierte, wenn auch unausgesprochene Tabu in der Architektur: Die Ausbeutung und Nichtbezahlung der Praktiker als Mittelbeschaffer, verbunden mit dem Einsatz von Studenten als Dienstleister (was man eine ökonomische Zeitwäsche nennen könnte), wurde durch die Institution selbst fortgesetzt und propagiert. Dies wurde verschlimmert durch die Tatsache, dass das Berlage als nicht-akkreditiertes Forschungslabor immer mehr auf Studiengebühren vertrauen musste, um seine Vorhaben zu finanzieren, wobei Gerüchte umgingen, dass die niederländische Regierung seine Finanzierung abgelehnt hätte. Es wurden Studenten aus asiatischen Oberschichten zugelassen, die zwar die Gebühren bezahlen konnten (im Gegensatz zu den europäischen Studenten, die zum Beispiel lieber zur TU Delft gingen, deren Programm akkreditiert war und wo die Gebühren über ein Drittel unter denen von Berlage liegen), aber nicht nur stark unterqualifiziert waren, sondern auch nicht gut genug Englisch sprachen, um sich verbal auszudrücken – was den Eckpfeiler einer Ausbildung durch Kritik, Überprüfung und Diskussion ausmacht. Überdies hoffte die Fakultät, dass sie zur Finanzierung des Studio-Programms beitragen würden, indem sie Auftraggeber mitbrachten. Indessen wurde »Du kannst lehren, wenn du finanzielle Mittel einbringst« zur Leitlinie und zum operativen Credo der Institution, die sich inzwischen tatsächlich in ein Unternehmen und in einen Dienstleistungsanbieter für den Auftraggeber verwandelt hat.

Blooms Ironie traf voll ins Schwarze, als die Richtung des Studio-Kurses von den Studenten diskutiert wurde. Jene, die nicht nur nicht wussten, was sie nicht wussten, sondern auch weder etwas verstehen noch kommunizieren konnten, erlangten die Unterstützung für die Verwaltung, sodass die Fakultät gezwungen wurde, die Studios nach Vorstellung der Verwaltung zu gestalten. Die Fakultät wurde von der zweigeteilten Verwaltung unterhöhlt, um die Leitung der Studios den Studenten zu überlassen, die Studiengebühren bezahlten. Auf zwei Ebenen wurde Inhalt gegen Wirtschaftlichkeit ausgetauscht. Und die Demokratie im Bildungswesen wurde anscheinend zum unerwünschten Störenfried, Kollaborateur und Vermittler.

Über die Freiheit der Wissenschaft nachzudenken bedeutet also zuallererst die Einführung einer Gegenkultur, die dem jüngsten Prozess entgegengesetzt wird, durch den die Hochschule immer homogener, immer konsensorientierter und zugleich hegemonistisch wird: »Die Kommerzialisierung des Bildungssystems bedeutet, eine Kultur der Konformität zu schaffen, die der traditionellen Rolle der Universität als Hafen für informierte Gesellschaftskritik feindlich gesonnen ist. In diesem größeren Zusammenhang wird die Freiheit der Wissenschaft zum Luxus und nicht zur Bedingung der Möglichkeit der Suche nach Wahrheit.«[113] Man sollte die verantwortungsbewusste (wissenschaftliche) Praxis heute mehr als je zuvor auf eine skeptische Annäherung an professionelle Normen gründen. Genau das steht im Mittelpunkt dessen, was es bedeutet, ein Wissenschaftler zu sein. Dadurch wird die Hochschule zu einer Bastion oder zu einer Insel von fundierten, unabhängigen und alternativen Perspektiven, zu einem Privileg, das auftaucht und das in der Lage sein sollte, in einem spezifischen institutionellen Kontext zu gedeihen. Kann ein solches Privileg nun aber im vorhandenen Gefüge der heutigen Universitätsstrukturen auftauchen?

Es scheint zwei Hauptschwierigkeiten zu geben, auf die man heute in einer solchen Umgebung stößt. Die eine ist die Frage der administrativen und ökonomischen Ausbeutung; die andere, nicht ganz so offensichtliche, ist das Missverständnis, dass »wirkliches« Wissen nur durch professionelle Kompetenz produziert wird: »Daraus folgt, ob eine bestimmte Publikation oder Präsentation außerhalb der Universität oder wissenschaftlich betrachtet wird, kann eine komplexe Angelegenheit sein, insbesondere dann, wenn sich das, was als außeruniversitäre Aktivität einer bestimmten Berufsgruppe beginnt, als etwas erweist, das im Laufe der Zeit einen eigenen professionellen Kompetenzbereich bildet (der Fall von Noam Chomski ist ein gutes Beispiel).«[114] Letzteres setzt voraus, dass es gerade die Idee und Praxis des Fachmanns ist, was die wertvollsten Ergebnisse bringt. Dennoch scheint das Gegenteil der Fall zu sein: die überraschendsten Ergebnisse und Erkenntnisse kommen in den Randbereichen solcher professionellen Bemühung zum Vorschein. Sie tauchen auf, wo die »Dinge«, vorhandenes und manchmal umstrittenes Wissen sich zu überlappen beginnen; nicht unbedingt in einer romantischen überdisziplinären Weise, sondern wenn professionelles oder, besser gesagt, Expertendenken mit dem des Außenseiters zusammenstößt. Insbesondere in den USA wird die Hochschule für ein Zentrum des Fachwissens gehalten. Leider zeigt diese Auffassung, dass die universitäre Praxis nicht zu einem kritischen Engagement führt, sondern eine isolierte und langfristige Karriereplanung ist.

In seinem aufschlussreichen Essay »Education and the Production of New Ideas«[115] entlarvt Paul Hirst die Rhetorik von John Major in Bezug auf »den kulturellen Rückzug mit einer Verteidigung der Veränderung«. Hirst sagt: »So ist die Veränderung rein technisch und ökonomisch, und unser Erfolg auf Märkten definiert und kennzeichnet unsere Modernität.« Hirst konstatiert einen unaufhörlichen Ruf nach Praktikern, die bereit sind, traditionelle Denkweisen aufzugeben und die Praxis zu einem Mittel kultureller und politischer Beteiligung zu machen: »Handwerkliches Können bedeutet nicht, sich von der Welt zurückzuziehen, wie es viele Akademiker tun, die gegen die Veränderungen sind, welche in den Universitäten stattfinden. Wenn die Universität Intellektuelle hervorbringen soll, die eine Rolle bei der politischen und kulturellen Erneuerung spielen können, kann sie es sich nicht leisten, von den Angelegenheiten der Leute abgeschnitten zu sein.« Die Hochschule sollte in der Lage sein, einen quasi utopischen Raum zu bieten, in dem interesselose Reflexion, Kommentierung und Forschung betrieben werden kann. Solche Bemühungen sollten in jeweils zwei Weisen stattfinden: innerhalb eines vorhandenen institutionellen akademischen Körpers, der aufgrund seiner Reputation und seines Ranges in der Lage ist, den notwendigen finanziellen

Rahmen für die Ausführung der Forschung selbst zu stellen, oder durch ein oppositionelles Ausbildungsmodell, das so klein ist, dass keine finanziellen Mittel in den schwarzen Löchern und nicht verfolgbaren institutionellen Kanälen der Universität verschwinden. Wenn das frühere Modell der universitären Ausbildung weiter verfolgt wird, sollte der Staat auch seine politische Rolle und die Verantwortung für die Finanzierung solcher Bildungsaktivitäten übernehmen. Bei einem solchen Ansatz sollte man die Wiederherstellung einer Zeit befürworten, in der die Universitäten kleiner waren. Eine Institution existiert immer als eine Reihe von Echos, die mit anderen Körpern des Wissens kommunizieren. Wenn solche Echos nicht mehr gehört oder gar produziert werden können, ist es an der Zeit, sich zu bewegen und alternative Weisen der formalisierten Wissensproduktion zu entwickeln.

Am 8. März 2010 veröffentlichte das *e-flux journal* seine Nummer 14, die von Irit Rogoff herausgegeben wurde.[116] Darin wird der Leser mit einer Reihe von dringend benötigten Positionen und Thesen konfrontiert, die sich auf eine Neubewertung der gegenwärtigen Bildungsmodelle beziehen und Überlegungen anstellen, wie Formen des Lernens und des Austausches in flexiblen, vorübergehenden und instabilen Konfigurationen aussehen können.

Überall in unserer Umgebung sehen wir die Suche nach anderen Sprachen und anderen Modalitäten der Wissensproduktion, eine Verfolgung anderer Weisen des Zugangs zur »Bildungs«-Problematik, die in Wort und Tat die Einschränkungen in Frage stellen, die von den Kräften des bürokratischen Pragmatismus aufgestellt werden: ein Jahrzehnt der zunehmenden Kontrolle und Regulierung, der Marktwerte, die dem öffentlichen Recht aufgezwungen wurden, und des Normalverbraucher-Positivismus', der gegenüber jeder Form von Kritik bevorzugt wurde – dem aber auch ein anderes Jahrzehnt gegenüberstand, ein Jahrzehnt von noch nie da gewesener Selbstorganisation, der außergewöhnlich kreativen Streitformen, der Kritik und der individuellen Bestrebungen, die die Leute dazu gebracht haben, experimentell zu erproben, wie sie das Feld erschließen können, wie sie das Wissen erschließen können.[117]

Rogoff beschäftigt sich ausführlich mit den Gefahren, die einem Bildungsmodell innewohnen, in dem die Bildung selbst zum Produkt einer Marktwirtschaft wird, die nach Profit und Gewinn strebt. Sie verweist auf die Tatsache, dass die Studenten in einem vom Mainstream beherrschten Bildungssystem immer mehr als zahlende Kunden behandelt werden, deren Zugang und deren Bedingungen sich beträchtlich verschlechtert haben. Eine der Hauptkräfte, die sie für diese Entwicklung verantwortlich hält, ist das Bologna-Abkommen, das eine Bildungspolitik unterstützt, die versucht, die früher vorherrschenden Bildungs-Modelle und -Realitäten des ehemaligen Ostens und des ehemaligen Westens in einer einzigen Wissenstradition zu verschmelzen und zu verschlanken, um »Jahrzehnte von anderen Wissensmodellen in Ost und West auszulöschen und durch Wissensökonomien und Bürokratien die Illusion eines Zusammenhalts zu schaffen.«[118]

Florian Schneider, dessen wichtige Überlegung zum Thema Kollaboration bereits eingeführt wurden, untersucht des Weiteren die Vorstellung der Disziplinarität und die problematische Zirkularität, die eine solche isolierende und hermetische Vorstellung fördert: »Es ist keine Überraschung, dass die Wissensbestände ›Disziplinen‹ genannt wurden. Die disziplinären Institutionen haben die Erziehung als einen Subjektivierungsprozess organisiert, der die vorhandene Ordnung und Machtverteilung in einer Endlosschleife immer wieder bestätigt.«[119] Schneider betont die dringende Notwendigkeit einer Neubewertung der Konzeption von Institutionen und ihrer Opponenten: »Vernetzte Umgebungen, entinstitutionalisierte und deregulierte Räume wie informelle Netze, freie Universitäten, offene Hochschulen, besetzte Universitäten, Abendschulen oder Vorhochschulen.«[120] Er führt den Ausdruck »Ekstitutionen« ein, um zwischen der Notwendigkeit von organisierenden Praktiken (Ekstitutionen) und ihrer Entorganisierung (Institution) zu unterscheiden und um eine überfällige Auffassung von Exklusivität zu befürworten:

»Aufgrund ihrer Natur muss sich die Institution mit der Inklusion beschäftigen. Sie soll offen für jeden sein, der die zuvor gesetzten Standards erfüllt, während die Zulassung in Ekstitutionen der ständigen Verhandlung und Neuverhandlung unterworfen ist.«[121]

Damit kommen wir wieder auf das Berlage Institut zurück, das unter einer neuen Führung behauptet, »der nächsten Generation von Architekten und Stadtplanern Werkzeuge zu liefern, um die Komplexität des heutigen Lebens besser zu verstehen und intervenieren zu können«.[122] Doch innerhalb von wenigen Jahren ist diese Schule von einem anspruchsvollen Mittelpunkt für kritisches Denken und außer-disziplinärer Produktion zu etwas verkommen, das als ein von der Industrie herangezüchtetes Sammelbecken bezeichnet werden könnte, in der die Lehre nur für jene Dozenten gewährleistet ist, die mehr Geld herbeischaffen, als für ihre Entlohnung benötigt wird. Diese Rahmenbedingungen gehen einher mit einer Reihe von doppelten Standards, die den Niedergang der Institution nur noch beschleunigen. Die äußerst problematische Veränderung der Institutspolitik – in Richtung einer unternehmerfreundlichen Pädagogik – wurde auch von der niederländischen Regierung kommentiert, die dem Berlage Institut infolge des deutlich erkennbaren Mangels an Kritikfähigkeit die öffentlichen Fördermittel zusammenstrich. Welchen Wert hat eine mit öffentlichen Mitteln geförderte Institution, die nur für die Industrie arbeitet, die hofft, durch ihre Beschäftigungspolitik Profit zu machen? Ihre Agenda ist einfach: mehr Geld. Erst kommt die Ökonomie, dann die Pädagogik.

2010 wurden zwei der Berlage- Ateliers von externen Unternehmen finanziert, was zu der Zeit der Weg war, den die Institution nach Ansicht der beiden Direktoren einschlagen sollte. Eine solche Drittmittelfinanzierung ist nichts Besonderes und nichts Neues, vor allem in den USA. Wenn eine Außenfinanzierung und ein schwerer Mangel an Verantwortung und an pädagogischem Interesse auf Seiten der Hochschule jedoch bedeutet, dass die Studenten schlichtweg gekidnappt und als unbezahlte

Arbeitskräfte benutzt werden, dann läuft im Bereich der Ausbildung und der Verantwortung etwas ganz entschieden falsch. Das wird besonders problematisch, wenn so eine Entwicklung Hand in Hand mit einem unklaren Ziel des Ateliers, einem Mangel an Inhalten der Ausbildung und der Projekte, sowie mit einer aktiven Rolle des externen Unternehmens bei der Definition und Gestaltung des Programms geht. Beim Berlage Institut ist diese Praxis so weit gegangen, dass nicht nur die Autonomie der Hochschule aufs Spiel gesetzt wurde, sondern die Studenten und das Programm auch benutzt wurden, um Produkte für das Unternehmen herzustellen. Diese Produkte bildeten eine sekundäre Ökonomie für den Auftraggeber – zum Beispiel ein Buch, das benutzt werden kann, um bei potenziellen Kunden für das Unternehmen zu werben. In der Hochschule hat das Unternehmen tatsächlich den Dozenten ersetzt. Sie entscheiden, was wann und wie zu tun ist. Die Rolle des Hochschullehrers wurde in die eines Verwalters umgewandelt, in die eines institutionalisierten Managers für den Auftraggeber, jemand, von dem erwartet wird, seine persönlichen und beruflichen Kontakte einzubringen und eine bestimmte Zahl von freiwilligen Arbeitern zu liefern. In einem solchen Kontext zahlen die Studenten 25.000 Euro für ein Zweijahresprogramm, werden in Wirklichkeit aber missbraucht, um freiwillige Arbeit für Unternehmen zu leisten, damit die Institution ihre Existenz sichern kann.

Das wirkt sich offensichtlich auf die Art und Weise aus, in der die Professoren lehren: Sie interessieren sich nicht mehr für das, was im Studio produziert wird, sondern für die finanzdienlichen Beziehungen, die durch die Projekte hergestellt werden. Überprüfungen der Arbeit der Studenten werden als Präsentationen für die Auftraggeber benutzt. Die sogenannten Jurys sind mit mehr Unternehmensvertretern besetzt als mit akademischen oder auf andere Weise kritisch und intellektuell geleiteten Mitgliedern. Überdies können diese Präsentationen nicht mehr als fruchtbarer und dringend notwendiger intellektueller und kritischer Austausch benutzt werden, da das Unternehmen anwesend ist und in einer geistig anspruchslosen und auf Konsens ausgerichteten Weise mit Samthandschuhen behandelt wird. Wenn der Auftraggeber glücklich ist, sind alle glücklich. Doch was ist die Lernerfahrung für den Studenten? Was hat der Dozent dabei zu sagen? Was gewinnt die Institution dabei, abgesehen von der Sicherung ihrer eigenen Existenz und der Replikation der Forschung in den Unternehmen? Einige Hochschullehrer und Studenten waren von Anfang an gegen ein solches Modell, blieben aber ungehört. Außerdem befindet sich die Institution jetzt in einer unbegreiflichen Praxis der Förderung doppelter Standards, indem sie einerseits davor warnt an »realen« Projekten zu arbeiten, während sie es andererseits ablehnt, zu erkennen, was das zur Folge hat. Es versteht sich von selbst, dass solche Protokolle und Bildungsvorstellungen der Institution schaden, die Hochschullehrer nicht respektieren und inakzeptabel sind, was das »Bild des Studenten« der Institution betrifft. Es wird mit Zuckerbrot und Peitsche gearbeitet, um den ökonomischen Output der Studios ständig zu erhöhen und die Hochschullehrer bei der Stange zu halten, solange sie die Hochschule mit Kapital versorgen; andernfalls werden sie fallengelassen wie eine heiße Kartoffel. Hochschullehrer sollten mit der Finanzierung des Ateliers, das sie leiten, nichts zu tun haben, und ihr Gehalt sollte nicht benutzt werden, um Redner, Kritiker, Studienreisen, etc. zu bezahlen. In der Unternehmensumgebung, die diese Schule nachahmt, würde der Umgang des Berlage Instituts mit den Arbeitskräften interessanterweise als illegale Praxis verstanden und behandelt werden. Denn die Professoren sind nicht mehr richtig angestellt, und die Dozenten bekommen nur semesterlange Verträge. Es gibt weder Sicherheit bei der Ausführung lohnender Forschungsprojekte oder Untersuchungen, noch die Möglichkeit, sich wirklich auf die Arbeit zu konzentrieren. Da die Dozenten ökonomischen Erwägungen entsprechend austauschbar geworden sind, können keine ernsthaften und in die Tiefe gehenden Forschungsmethodologien mehr entwickelt werden.

Es hat den Anschein, dass es in dieser Krise zumindest im Moment nur zwei mögliche Wege gibt, um aus diesem Teufelskreis herauszukommen. Man einigt sich entweder auf eine konventionelle Universität, die als Bildungsstätte die Verantwortung übernimmt und auch bereit und in der Lage ist, die Ausbildung ökonomisch zu unterstützen – was bedeutet, dass sie in der Lage ist, sowohl die Angestellten zu bezahlen, als auch ihre alltäglichen Aktivitäten wie Vorlesungen, Seminare oder Workshops zu unterhalten. Eine andere Möglichkeit ist, externe, kleine Strukturen zu schaffen, die einen beständigen Reformprozess ermöglichen, wie es Schneiders Begriff der »Ekstitution« vorsieht. Die Frage der Größe als wichtiger Modus der Praxis wird auch in dem *e-flux*-Beitrag »Learning by Doing: Reflections on Setting Up a New Art Academy« von Nicolas Siepen und Åsa Sonjasdotter problematisiert.[123] Hier unterscheiden die Autoren zwei grundlegende Bildungsformate: staatliche Kunstinstitutionen (oder privat finanzierte Institutionen in diesem Bereich) und sogenannte selbstorganisierte Strukturen zwischen »bereits vorhandenen Positionen, die gefüllt werden müssen, und unstrukturierten, ständig neu erfundenen Positionen«.[124]

Während selbstorganisierte Modelle oft die Art und Weise, in der ihre Teilnehmer lernen und arbeiten, in Frage stellen und umwandeln, ist es Standard, dass die Weise, in der staatliche Universitäten oder privat betriebene Institutionen unter mangelnder Finanzierung »leiden«, nicht mit der Finanzierung der wirklichen vom Inhalt angetriebenen Ateliers oder Forschung, die in der Hochschule betrieben wird, zusammenhängt, sondern mit einem Mangel an kluger Entscheidungsfindung, wenn sie den übermächtigen bürokratischen Strukturen obliegt, die diese Institutionen sich selbst aufgehalst haben. Ihr »eigentliches« Problem ist Management und Rentabilität: »Perverserweise ist die mangelnde Finanzierung von selbstorganisierten Institutionen gleichzeitig ihr Weh und ihr Stolz! Anders gesagt, wenn staatliche Institutionen nicht funktionieren, machen sie zu, während selbstorganisierte ›Institutionen‹ gerade deshalb, weil sie ›nicht funktionieren‹ [nicht gemanagt werden], aufblühen.«[125] Es gibt jedoch oder es sollte zumindest noch einen anderen Unterschied zwischen einer formalisierten Institution und einer selbstorganisierten Struktur geben. In letzterer arbeitet man dafür, die Forschung voranzubringen, während man wahrscheinlich schlecht oder gar nicht bezahlt wird. Die erstere legt eine Jobbeschreibung nahe: Wenn jemand als Professor oder Dozent eingestellt wird, sollte er angemessen bezahlt werden, da er eine klar definierte Dienstleistung liefert, das heißt, X Studenten pro Atelier, X Vorlesungen, Tutorien und Prüfungen; X Stunden pro Woche, X Wochen pro Jahr. Ironischerweise ist das Berlage Institut als selbstorganisierte Struktur gegründet worden: ein nicht gefördertes Labor, dem bestimmte Freiheiten gegeben wurden, um außerhalb der Grenzen der Hochschule tätig zu werden und doch denselben Drangsalierungen ausgeliefert zu sein wie die Universität, die paradoxerweise durch ihren gewissermaßen inoffiziellen Status verschlimmert werden.

Angesichts dieser Rahmenbedingungen, und um zur Hypothese zurückzukehren, wird es anscheinend immer relevanter, andere Formate des Bildungsengagements zu schaffen, die mit alternativen Formen des Lernens zusammenhängen, welche weiterhin davon ausgehen, dass die Zugehörigkeit zur Institution, das Prestige und die Kunstförderung ein Teil dessen sind, was der Student kauft und, offen gesagt, braucht. Eine strukturelle Veränderung wird höchst wahrscheinlich eher von außen als von innen bewirkt. Die kleinen Gebilde, die in den Randbereichen des staatlich kontrollierten oder privat finanzierten Bildungssystems angesiedelt sind, sind agiler, flexibler und intelligenter, um vom Inhalt angetriebene Annäherungen hervorzubringen und auch lokale Projekte und selbstinitialisierte Formen von Zusammenarbeit zu schaffen und in ihnen mitzuarbeiten. Es gibt Umgebungen, in denen jene, die in ihnen arbeiten und etwas zu ihnen beisteuern, lernen, Gelerntes zu verlernen, die Unterschiede zwischen Praxis und Professionalität kritisch zu betrachten, eine gesellschaftspolitische Lektüre ihrer Umgebung zu entwickeln und Kritik in das Gebiet, in dem sie arbeiten, einzubringen. Dies war für mich die treibende Kraft, die *Winter School* im Nahen Osten zu gründen, was im nächsten Kapitel beschrieben wird. Nicolas Siepen und Åsa Sonjasdotter stellen die entscheidende Frage effektiver und klarer als ich es in der Vergangenheit jemals getan habe: »Für wen oder warum ist diese Institution da?«

Die Grauzone zwischen Kritik und Lob: *Winter School Middle East*

Als direkte Form der Auseinandersetzung mit dem Thema »Institution Building« habe ich 2008 eine nomadische und selbstorganisierte non-profit Institution gegründet (oder »Ekstitution«, wie Florian Schneider sagen würde), um auf Siepens und Sonjadotters Frage zu antworten, die, damals, noch nicht gestellt worden war: Für wen und warum existiert diese Institution. Diese Schule sollte ein erster Schritt in Richtung einer lokalen, aber nomadischen Beschäftigung mit kritischen Raumthemen in der Region sein.

Zu der Zeit hatte der Zustrom von Universitäten durch das Outsourcing in den USA und in der EU in die Vereinigten Arabischen Emirate und insbesondere nach Abu Dhabi und Dubai gerade die nächste Stufe erreicht. Die wichtigsten Universitäten und Eliteschulen der USA waren bereits vertreten oder im Begriff, einen Campus im Nahen Osten zu eröffnen. Interessanterweise war das nicht so sehr das Ergebnis eines plötzlichen Interesses und inhaltsspezifischer Bemühungen um die Region, sondern ganz im Gegenteil eine ökonomische Entscheidung, die sich aus den Anschlägen vom 11. September ergab. Nach 9/11 litten viele US-Universitäten unter einem Mangel an Studenten aus dem Nahen Osten, da ihre Eltern beschlossen, sie nicht mehr in die Vereinigten Staaten zu schicken. Aufgrund der Art und Weise der Finanzierung des Universitätssystems in den USA zwang diese kollektive Entscheidung einer riesigen Gruppe von potenziellen »Kunden« aus dem Nahen Osten die Universitäten, dahin zu gehen, wo die Kunden waren. Das Ergebnis war eine gewaltige Entwicklung der akademischen Kollaboration, Kooperation und des Outsourcings von Universitäten.

Die ersten beiden Jahre der *Winter School* fanden in struktureller Zusammenarbeit mit der Londoner *Architectural Association* statt. Mein Konzept beruhte auf dem Glauben, dass man durch dieses andere, kleinere, aber ganzheitliche Engagement eine alternative Dimension zu den breit angelegten Bildungsexportmodellen, die im Nahen Osten implementiert wurden, schaffen könnte. Anstatt den Lehrkörper nur aus dem Westen zu holen, waren wir daran interessiert, uns auf einen Pool von lokalem Wissen zu konzentrieren, der von den Fachkenntnissen aus der weiteren Region gespeist wurde. Im ersten Jahr konnten wir die lokale politische Sponsorenschaft der Amerikanischen Universität in Schardscha gewinnen, zusammen mit der *Third Line*-Galerie in Dubai. Diese politische Sponsorenschaft war notwendig, um ein solches Modell in den Vereinigten Emiraten in die Tat umzusetzen.

Der erste Workshop fand mit vierundvierzig Studenten aus so unterschiedlichen Ländern und Hintergründen wie dem Libanon, Italien, Iran, Deutschland, Palästina, Ägypten, Großbritannien, Korea, Bahrain, Griechenland, Australien, Neuseeland, Brasilien, Singapur, Mexiko, Irak, Lettland, Dominikanische Republik, Jordanien, Kuwait, Saudi Arabien und Malaysia statt. Am Anfang des 21. Jahrhunderts, das durch einen schnellen Urbanisierungsprozess gekennzeichnet ist, schien es relevant und notwendig zu sein, sich mit einer architektonischen Kultur zu beschäftigen, die über die Praxis der Entwicklung architektonischer und städtebaulicher Vorschläge hinausgeht, und einen Diskurs zu fördern, der unvorhergesehene und überraschende Prozesse und eine Ungewissheit in Praktiken zulässt, die oft als Gewissheit und Kontrolle beschrieben werden und die Konflikte hervorrufen würden, wo die meisten Praktiker die Lösung von »Problemen« vermuten. Dies wurde nicht als koloniale Notwendigkeit, sich an Ort und Stelle festzusetzen, wie es größere Universitäten und Unternehmen tun, verstanden, sondern als ein Weg, kritische Formate und kleine Plattformen für einen Pool von lokalen Praktikern und Dozenten zu öffnen, die ein gemeinsames Interesse daran haben, neben der akademischen Institution zu arbeiten. Anstatt eine bloße Kritik zu liefern, engagiert sich die *Winter School* lokal und fördert eine kritische Praxis der Beteiligung, der Diskussion und eine Streitkultur. Ohne neokoloniale Verhaltensweisen zu unterstützen, versuchen wir proaktiv einige der Punkte anzugehen, die im Kontext institutioneller Modelle in der Region gemeinhin kritisiert wurden und werden." Nur durch direkte Beteiligung können wir räumliche Realitäten in einer ernsthaften und dauerhaften Weise hinterfragen – können wir außerhalb des Bereichs der Politik politisch handeln. Die erste *Winter School* beschäftigte sich mit Fragen der Migrantenarbeit und untersuchte insbesondere die Arbeitslager in Dubai (»Learning from Dubai«, Januar 2008), die zweite *Winter School*, die Januar 2009 stattfand, untersuchte die Frage »Spaces and Scales of Knowledge«.

Man stelle sich eine Stadt ohne Leute vor. Was würde passieren, wenn die Einwanderer Dubai verlassen würden – das war das Szenario, mit dem wir uns beschäftigen wollten. Das Lieblingsthema der Kritiker in den letzten drei Jahren waren die Arbeitsmigranten in Dubai, und vor allem jene im Bausektor; kurz gesagt, die Menschen, die es dem Emirat ermöglichen, sich so schnell zu entwickeln. Als ich zum ersten Mal in Dubai war, war ich erstaunt über die Art und Weise, in der westliche Journalisten, Denker und Schriftsteller ständig die Ambitionen der Stadt kritisierten – wobei sie immer in dasselbe Kritikschema zurückfielen. Doch was oft vergessen oder nicht erwähnt wird, ist, dass Dubai als Stadt und Modell der kulturellen Produktion in weniger als zwei Jahrzehnten zur Modernität gezwungen wurde. Das macht es zu einem noch nie dagewesenen Phänomen und Ort. Was in Europa oder im weiteren »Westen« fast ein Jahrhundert gebraucht hat, geschah und geschieht in Dubai weiterhin innerhalb weniger Jahre, ungeachtet der letzten Finanzkrise. Diese Entwicklung hat Situationen geschaffen, die oft schwierig und eine große Herausforderung sind und eine unglaubliche Menge an Vertrauen, Ambition und Anstrengung brauchen, um sie zu bewältigen. Sehr viel ist in den letzten fünf Jahren geschehen. Während viele Journalisten immer noch die Behandlung und die Lebensbedingungen der Bauarbeiter in Dubai kritisierten, wurden die ersten Gewerkschaften gegründet. Obwohl diese Prozesse nicht über Nacht geschehen, konnte man Veränderungen jenseits der physischen Hülle der Stadt beobachten, aber auch, und noch interessanter, die Entwicklung dessen, was eine zivilbürgerliche Stadt genannt werden könnte, und von kleinen Institutionen und Projekträumen, die zum ersten Mal auftauchen. Statt sich Dubai als einem Ort zu nähern, der allein durch die schwarze Brille des Pessimismus gesehen wird, bestand die Methode der *Winter School* darin, sorgfältig die städtischen Strukturen und die Rahmenbedingungen der Zivilgesellschaft zu untersuchen, während gleichzeitig Umweltalternativen durch direkte, aber äußere Beteiligung vorgeschlagen wurden.

Die auf einem unerschütterlichen Glauben an die Architektur als Modernisierungswerkzeug beruhenden räumlichen Ambitionen von Scheich Al Maktum wirken erheiternd. Die Stadt produziert am laufenden Band Superlative, aber keine von der Art, die im Westen bevorzugt wird. Während die *documenta 12* in Kassel die Frage »Was ist zu tun?« diskutiert, tut Dubai es einfach und denkt später darüber nach. Eine Armada von internationalen Bauunternehmen hat einen außergewöhnlichen Archipel geschaffen, der vom größten Gebäude der Welt bis zur größten Shopping Mall der Welt reicht. Die Biennale in Schardscha im Jahre 2007 hat eine Verschiebung gezeigt, die sich auf noch nie dagewesene gesellschaftliche und politische Punkte bezieht. Anstatt eine Reihe von selbstreferentiellen Objekten zu präsentieren, beschäftigte sie sich mit der exzessiven Stadtentwicklung, Umweltverschmutzung, unilateraler Politik und der Vergeudung und Erschöpfung natürlicher Ressourcen. Hier schien es, als ob Künstler und Raumpraktiker es schafften, etwas zu tun, wozu die Politik in dieser Region oft nicht in der Lage ist: rückhaltlose Kritik. Wie Rem Koolhaas in der Einleitung zu *Al Manakh* schreibt: »Das Recycling der Disney-Fatwa sagt mehr über die Stagnation der westlichen kritischen Phantasie als über die Golf-Städte.«[126] Der Umfang und die Geschwindigkeit der Urbanisierung, vor allem in Dubai, gehen weit über ähnliche Operationen in China oder Indien hinaus. Doch was kann man vom beschleunigten Urbanismus am Golf lernen? Es ist anscheinend dringend notwendig, die Transformation des Golfs in einem anderen Licht zu sehen. Nicht durch die Brille des Pessimismus, sondern mit dem echten Bemühen, seine Dynamik zu verstehen und zu benutzen, und indem man ernst nimmt, was allzu oft lächerlich gemacht wird.

Laut Anselm Franke wirkt der Raum der künstlerischen Produktion als ein *Enabler*: er ist ein Raum der Möglichkeiten und der Autonomie. Diese Freiheit schafft einen Ausnahmezustand, der eine Potenzialität enthält; sie bezieht sich eher auf das Individuum als auf die Gesellschaft insgesamt. Franke kritisiert Doug Aitkens Ruf nach eindringlichen Bildwelten in *Expanding the Image, Breaking the Narrative*[127] als Sehnsucht nach etwas, das den direkten Konflikt mit der Umgebung, mit gesellschaftlichen Rahmenbedingungen und politischen Protokollen meidet. Seiner Meinung nach ist Aitkens Buch symptomatisch dafür, die eigentlichen Fakten nicht zur Kenntnis zu nehmen, und birgt die Gefahr, den Raum der künstlerischen Produktion für neutral zu halten, sodass man sich nicht mit den kontextuellen Rahmenbedingungen zu beschäftigen braucht. Eine ähnliche intellektuelle Operation muss gemacht werden, wenn man versucht, die heutigen Praktiken im Nahen Osten zu verstehen. Wir dürfen nicht mehr so lesen, schreiben oder handeln, als ob sich die Rahmenbedingungen nicht geändert hätten. Statt die Bilder, die diese Territorien bieten, zu kritisieren oder zu loben, müssen wir versuchen, sie zu verstehen, und uns in ihre vielfältigen Erklärungen vertiefen und dabei versuchen, das Bild aufzubrechen und die Erzählung (*narrative)* zu erweitern. Diese möglicherweise naive Ambition wurde kritisch in den lokalen Kontext von Dubai eingeführt, indem wir unsere eigenen kritischen Netzwerke mit der lokalen und regionalen Intelligenz kombinierten. Das intensive, auf Workshops beruhende Programm wurde auf der Grundlage einer Reihe von Inhaltseinheiten durchgeführt, die jeweils ihre eigene Annäherung an die Hauptthemen »Migrant Labor and the City« und »Spaces and Scales of Knowledge« entwickelten. Die einzelnen, von Tutoren geleiteten Einheiten untersuchten verschiedene Aspekte der gerade entstehenden räumlichen Realitäten in der Golfregion, mit einem lokalen Fokus auf Dubai. Einzelne Einheiten konzentrierten sich auf die Bildwelt von Google Earth als strategischem Werkzeug für die allgemeine Darstellung der Stadt, die Verräumlichung und Lokalisierung von Migrantenarbeitslagern in Dubais städtischem Gefüge, ein Oral-History-Archiv von Immigranten, das von Bauarbeitern aus Bangladesh, über russische Sex-Arbeiterinnen, koreanische Handyverkäufer und osteuropäische Architekten bis zum deutschen Kulturberater und zum Scheich reichte. Diese sich schnell wandelnde Natur der Stadt versuchte die *Winter School* unter einen Hut zu bringen. Die *Third Line*-Galerie, die *Traffic Design*-Galerie und das Magazin *Bidoun* sorgten dafür, dass die Ergebnisse der Workshops sich nicht in Luft auflösten, sondern den Ausgangspunkt für eine weiterführende Debatte bildeten, die, optimistisch ausgedrückt, langfristig auch Auswirkungen auf lokale und regionale Praktiken haben könnte.

Die *Winter School*[XVII] ist das direkte Resultat der Erkenntnis, dass die relevanteste Form der Partizipation an der lokalen Bildungspolitik eine kleine nomadische Institution ist. In vielerlei Hinsicht ist ihr Ansatz das Gegenteil des großen Bildungsexportmodells der westlichen Universitäten, bei denen die Dozenten mit wenig bis gar keiner Erfahrung im Nahen Osten mit *rolling contracts* einfliegen und dazu neigen, nach zwei bis drei Jahren wieder wegzugehen, damit ihre Nachfolger unter denselben vertraglichen Bedingungen kommen können: wenig Wissen bleibt zurück, und nur wenig hat Bestand. Die *Winter School* hat das Ziel, kritisch einen Anschub zu geben, der von lokalen Kräften in Anspruch genommen, übernommen und gekapert werden kann, um ihn selbständig weiterzuentwickeln. Dieser Mikrokosmos bietet einen Ausgangspunkt für alternative Produktionsweisen. Die Umgebung des Workshops – in der Information und Wissen geteilt werden, in der die Produktion von Raum nicht von politischen oder kulturellen Hierarchien angetrieben wird, sondern von einem echten Glauben an das

---

XVII www.winterschoolmiddleeast.org

Experiment durch Forschung – legt einen anderen Weg und eine andere Weise des Arbeitens und Lernens nahe, bei dem die Dozenten oft genauso viel von ihren Studenten lernen wie die Studenten von ihnen.

In dieser Weise wird die *Winter School* ihre Bemühungen fortsetzen. Ohne in die Falle einer vom Konsens angetriebenen Politik zu gehen, versucht sie einen alternativen Zwischenbereich zu schaffen und zu besetzen, der einen diskursiven Raum für eine neue produktive Diskussion herstellt, einen Raum, in dem die Grauzone zwischen Kritik und Lob liegt. Mit neuen Formen der Zusammenarbeit bricht die *Winter School* nun zur nächsten Phase der Workshops auf; 2010 ist die Winter School von Dubai nach Kuwait »gezogen«, wo derzeit diverse Kollaborationen mit dem Cultural Council sowie einigen kleinen informellen Kollektiven stattfinden. 2011 wurde das Programm zusätzlich durch eine Konferenz erweitert und gemeinsam mit einer Gruppe ehemaliger Studenten der erste Auftritt Kuwaits auf der Biennale in Venedig (Architektur, 2012) vorbereitet. 2012/13 geht es parallel in Kuwait und Dubai weiter, diesmal erstmalig als Städtebund, die gemeinsam an einem Thema, »Öffentliche Entgrenzung«, arbeiten werden.

Ohne Mandat

»Aus systemischen oder strukturellen Gesetzmäßigkeiten heraus wird sich keine Revolution entwickeln. Wir sind auf uns gestellt und das, was wir tun, müssen wir für uns tun. Politik erfordert subjektive Erfindungen, Vorstellungskraft und Geduld, ganz zu schweigen von Zähigkeit und Gerissenheit. Keine Ontologie oder eschatologische Geschichtsphilosophie wird uns das abnehmen. Wenn wir in interstitieller Distanz zum Staat arbeiten, einer Distanz, die ich als demokratisch zu beschreiben versucht habe, dann müssen wir politische Subjektivitäten bilden, die nicht willkürlich oder relativistisch sind, sondern Ausdruck einer ethischen Forderung, die in ihrer Reichweite universal ist und mit deren Vorhandensein man in einer konkreten Situation konfrontiert wird. Es ist eine schmutzige, mühselige, lokale, konkrete und weitgehend wenig aufregende Arbeit.«[128]

Simon Critchley

»Als Staatsbürger habe ich durchaus das Bedürfnis, meine Meinung zu sagen. Als Architekt nicht unbedingt. Ein Architekt baut am Ende das, was bestellt und bezahlt wird. Da hat man nur eine Möglichkeit, sich selber einzubringen: Indem man sagt, das mache ich, oder das mache ich nicht.«[129]

Peter Zumthor

Leider sagt das obige Zitat des Schweizer Architekten Peter Zumthor schon alles: Wenn man ein standardmäßiges Architekturprojekt unterschreibt, ist der Spielraum ziemlich eingeschränkt. Was Zumthor indessen nicht bedacht hat, ist, dass es zwischen Schwarz und Weiß Grautöne gibt. Es gibt natürlich auch die Möglichkeit, proaktiv zu werden und selbst eine gewisse Verantwortung zu übernehmen, jenseits der Vorstellung von einer Dienstleistung, mit der man auf einer projektspezifischen Grundlage übereinstimmen kann oder nicht. Mit einer Realität konfrontiert, die mit einem allgemeinen Konflikt belastet ist, ist es schwierig zu glauben, dass eine solche eintönige, politische Perspektive wirklich so seicht ist, wie sie aussieht.

Wenn Praktiker immer mehr danach streben, auf die Umwelt zu antworten und ihr gerecht zu werden, indem sie die jüngsten gesellschaftlichen und politischen Ereignisse berücksichtigen[130], ist die Botschaft einfach: Warte nicht darauf, dass du eingeladen wirst. Sonst wird nie etwas geschehen.

Wenn sich die Frage stellt, ohne Mandat tätig zu werden, ist es wichtig, die Rolle des Außenseiters zu mobilisieren, und den Architekten als jemanden zu verstehen, der nicht nur etwas mit der Errichtung von physischen Strukturen oder Gebäuden zu tun hat, sondern auch und vor Allem mit der Analyse, Gestaltung, Zwischennutzung und produktiven Anwendung von lokalisiert entworfenen Rahmenbedingungen. Dies beruht auf der Vorstellung externer Praktiker *versus* eingebundener Mitarbeiter, randständiger Produzent von kritischen Realitäten *versus* reine Dienstleistung – Problematiken zu verorten statt auf andere zu warten, die einem bestimmte Probleme vorlegen. Eine solche Annäherung ist grundsätzlich als propositional und aktiv zu verstehen, eine produktive Weise, gegen eine passive Annäherung vorzugehen. Das hängt mit Edward Saids Begriff des »idealen Intellektuellen« zusammen, jemand, der vom Rand aus arbeitet und der nicht vom System und von der Konsensmaschine, mit der man sich auseinandersetzt, infiltriert, nicht damit zu tun hat und nicht davon konditioniert wird. Das ist ein erzwungener und nicht erbetener Eintritt von außen. Diese proaktive, selbstinitiierte und zwangsläufig optimistische Praxis kann von einer amateurhaften Naivität profitieren, die mit einer gekonnten Präsentation von unverbrauchter Klarheit gepaart ist. Gerade dieser produktive Optimismus macht es einem möglich, das Projekt voranzubringen – und zwar jenseits des Erwarteten, Befürchteten und Konventionellen, das oft das schlichte Resultat der vom Konsens angetriebenen Realitäten des Systems ist, das man untersucht oder mit dem man sich beschäftigt. Eine solche Praxis von außen ermöglicht einen Prozess, der grundsätzlich etwas mit der Frage, um die es geht, zu tun hat und nicht zum Enabler eines *a priori* imaginierten Ergebnisses wird. Das bedeutet nicht unbedingt, dass man versucht, die Möglichkeit eines Konsenses zu attackieren, sondern vielmehr, eine Situation zu ermöglichen, in der eine kritische Entscheidungsfindung aus einer konflikthaften und notwendigen Debatte hervorgehen kann. In diesem Zusammenhang wird der Begriff des »Selbstinitialisierten«, des Unabhängigen und des Ungeladenen zur treibenden Kraft für einen Bruch mit der oft konsensorientierten Beziehung zwischen Architekt und Auftraggeber. Als Ausgangspunkt ist die Frage der Ebene von großer Bedeutung. Statt irgendwelchen Meta-Agendas hinterher zu rennen, kann die Ebene des Lokalen eine Brücke sein, die zu spezifischen und konstruktiven Fragen führt. Überdies sollte die Reichweite der Frage betrachtet und entwickelt werden, und zwar im Hinblick auf das Publikum und darauf, wie der spezifische Diskurs des Projekts jenseits seines eigenen Milieus verbreitet werden kann. Sich aus dem eigenen Milieu hinauszuwagen, kann dabei helfen, einen Multiplikator der Kritik zu schaffen, den Diskurs für andere zu öffnen, die nicht involviert sind, und deshalb eine ganz andere Position und Perspektive auf die vorliegende Frage einzunehmen.

Eine solche Praxis könnte vom »Para-Architekten« ausgeübt werden, was nicht unbedingt eine parasitäre, sondern eher eine paranormale Praxis beinhaltet, insofern sie eine produktive Position ermöglicht, die in einer räumlichen Praxis eingenommen werden kann und sich von der Vorstellung einer entwickelten Fachdisziplin wegbewegt. Sie ist etwas, das ständig in Bewegung ist, an den Rändern, und sich selbst entsprechend ihren Umgebungen und Gastgebern wieder neu positioniert: sie entwickelt sich mit dem Werk, das sie produziert. Sie ist also keine Disziplin mehr, sondern eine Praxis.

Auf früheren Projekten basierend wie »Spaces of Production« für die Europäische Kunsthalle in Zusammenarbeit mit Nikolaus Hirsch, Philipp Misselwitz und Matthias Görlich; der fortlaufenden Winter School Middle East; dem Consulting-Projekt für die Realisierung der inhaltlichen und strukturellen Umgestaltung der niederländischen Kunstinstitution SKOR in Zusammenarbeit mit Andrea Phillips; oder der Beratung und

Durchführung von »East Coast Europe« für die slowenische Regierung während Sloweniens Ratspräsidentschaft der EU 2008, in Zusammenarbeit mit der *School of Missing Studies* (Srdjan Jovanovic Weiss und Katherine Carl), was sicherlich die direkteste Übersetzung des Konzepts bezüglich eines fragenstellenden Außenseiters war; könnte man anfangen, über idealisierte, unzusammenhängende und kurzlebige Rahmenbedingungen für ein kritisches Engagement solcher Praxismodelle nachzudenken. Die räumliche Rahmenbedingung kann als offensichtlicher Ausgangspunkt verstanden werden, da physisch und daher sichtbar und wahrnehmbar. Doch es scheint, dass eine kritische Ebene des Engagements eine ist, die zwar auf einer Mikroebene funktioniert, aber immer im Kontakt mit einem größeren Kontext steht. Solche Mikro-Ebenen können in der Weise interpretiert werden, in der Leute gesellschaftlich interagieren; sie können auf der Art und Weise basieren, in der Politik geschrieben und implementiert wurde; sie können von der Programmierung und Soft-Architektur einer Institution oder sonstigen gesellschaftlichen Struktur beeinflusst werden; und sie können sich zeitweilig, nicht-physisch mehr mit der Gegenwart und Zukunft als mit der Vergangenheit beschäftigen. Diese Agilität des Nicht-Geschichtlichen ist besonders wichtig, wenn es zu dem Bestreben und der Bereitschaft kommt, eher aktiv zu werden als im Reich des Analytischen stehen zu bleiben.

Wenn man immer über das nachdenkt, was bereits existiert, ist es sehr schwierig die Denkweise zu ändern. Wie bereits im Kapitel *Vom Markt lernen* gesagt: Wenn diese Veränderungsprozesse durch eine Gestaltung in Richtung Gespräche und produktive Kommunikation ausgelöst werden können, kann Gestaltung als eine Neuordnung von Angelegenheiten in einem anderen Maßstab verstanden werden. Die Entscheidungsfindung sollte immer auf einer Reihe von dynamischen Variablen beruhen und sich mit mehr als einer Schicht oder mit mehreren Variablen gleichzeitig beschäftigen und interagieren. Das Projekt »Spaces of Production« für die Europäische Kunsthalle war besonders heikel für ein lokales Netzwerk. Es führte nicht zu

Bekundungen des Chauvinismus oder Nationalismus, da es lokal gut verbreitet wurde. Das Projekt zeigte, dass es dort keinen lokalen Raum und keine räumliche Organisation gab, die die Aufgabe übernehmen konnte, sondern nur eine vom Inhalt angetriebene Annäherung, die die Entwicklung und Produktion von variierenden Rahmenbedingungen erforderte. Im Hinblick auf eine kritische und kontextualisierte Praxis als Art und Weise, politisch als Raumpraktiker zu arbeiten, hat es den Anschein, dass man, um zu schauen, welche Machtverteilungen in einer Situation im Spiel sind, einen handhabbaren Fokus mit einem lokalen und spezifischen Radius braucht. Das ist ein weiterer Grund, warum die *Winter School Middle East* als ein skalierbares Modell präsentiert wird, das häufig, aber nicht regelmäßig als kurze, konzentrierte und jährliche Erscheinung auftritt. Im Fall von Dubai geriert die »Schule« irgendwie ins Radar der wohlwollenden politischen Diktatur, die dort an der Macht ist. Eine solche Annäherung legt letzten Endes nahe, dass man durchaus mit einem gegebenen System arbeiten kann, während man gleichzeitig ein subversives Potenzial freisetzt.

Um auf die Kurzlebigkeit des kritischen Engagements zurückzukommen, ein solcher Ansatz hängt auch mit den Potenzialitäten zusammen, die Chantal Mouffe hervorgehoben hat, und insbesondere mit ihren Ideen zur Demokratie, Universalität und Hegemonie. Mouffe stimmt nicht mit dem überein, wie die Demokratie »aussieht«, sondern meint, dass die Demokratie gleichzeitig und immer ein gesellschaftlicher und politischer Horizont bleiben muss, ein Ort – dessen Endpunkt weder erkennbar noch erreichbar ist –, bei dem man sich nicht einmal einig sein mag, wie man zu ihm hinkommt.

Einer solchen Auslegung, einer solchen Lesart entspricht die Verteidigung einer streitbaren Auffassung der Politik, die von Bonnie Honig vertreten wird.[131] Honigs agonistische Annäherung an die politische Theorie entwickelt diese Vorstellung durch eine Reihe von Kritiken, bleibt jedoch, wie auch bei Mouffe, ein theoretisches, nicht erprobtes Konstrukt, das sich für das emanzipatorische Potenzial der Bestreitung und Aufbrechung fest etablierter Praktiken interessiert. Sie sagt, dass die Politik weder auf Konsensmodelle noch auf schlichten Protest reduziert werden kann, da beide wesentliche Aspekte der Politik sind. Kurz gesagt, Demokratie wird immer »in Arbeit« sein. Der Streit um die Demokratie und die Nichtübereinstimmung mit ihr ist letztendlich das, worauf es ankommt. Wichtig bei dieser formelhaften Berechnung ist, dass Dissens verstanden und als produktive Möglichkeit ermöglicht wird. Das Projekt der Winter School hängt mit der Schulform in einem laborartigen Raum zusammen, mit einer Reihe von Think Tanks für und über pädagogische Prozesse und Tagungsorte – und zwar gerade deshalb, weil es Raum ist, der eine Arena für Dissens und Spekulation eröffnet. Eine Demokratie braucht immer Räume, in denen sie überdacht und erdacht werden kann. Diese Räume sind jedoch nicht immer demokratisch legitimiert. Demokratie ist eine frei schwebende Gouvernmentalität, die ihre Zwänge ständig reartikulieren und rekonditionieren muss. Demokratische Entscheidungsfindung wird immer auf einen Raum für Nichtübereinstimmung angewiesen sein, auf einen Raum, in dem Leute sich einig sind, dass sie sich nicht einig sind, wie Mouffe sagt: »Demokratische Legitimation zielt auf Handlung, auf die Veränderung der Welt.«[132] Das ist der Ausdruck einer gemeinschaftlichen Praxis. Die Schwierigkeit bei einer solchen Praxis ist, dass sie immer eher Möglichkeiten als Begrenzungen zulässt und die Wissensproduktion als ein Mittel zur Diversifikation und Öffnung der Debatte für eine Unmenge von Milieus benutzt, statt statisch im eigenen Milieu stehen zu bleiben. Diese Lesart des Milieus unterscheidet sich grundsätzlich von der Vorstellung der Profession oder der Fachdisziplin, da sie einen bestimmten kulturellen Boden vorschlägt, auf dem man handelt – die Kunstwelt existiert zum Beispiel als ein Konstrukt vieler verschiedener Professionen und Fachdisziplinen, könnte aber dennoch als ein singuläres Milieu beschrieben werden.

Ein spezifischeres Beispiel für ein alternatives Modell räumlicher Praxis könnte der Fall des Projektes »Space of Production« der Europäischen Kunsthalle in Köln sein. Das Projekt begann als eine Reaktion auf einen Verlust, einen Mangel, einen physischen Gewaltakt, der von der Kölner Stadtverwaltung begangen wurde. Lokale Behörden hatten die historische Kunsthalle in Köln abreißen lassen und versprochen, eine neue zu bauen. Nachdem das vorhandene Gebäude beseitigt war, behauptete die Stadt plötzlich, es gäbe kein Geld dafür. Daraufhin gründete eine Bürgerbewegung von lokalen und regionalen Künstlern, Aktivisten und Kulturproduzenten den Verein »Das Loch« und stellte dann eine Reihe von Fragen: Was kann getan werden? Was muss in einem weitergehenden Diskurs über die Institution berücksichtigt werden, und zwar sowohl im Hinblick auf ihre Soft-Architektur und den Verwaltungsprozess als auch auf ihre physische Manifestation in der Stadt oder an anderer Stelle? Der Arbeitstitel »Europäische Kunsthalle« war geboren. Statt zu versuchen, unmittelbare Lösungen zu finden, wie etwa, Geld für den Bau eines neuen Raumes aufzutreiben, oder Alternativen wie eine Mehrzweckentwicklung zu akzeptieren, die von der Stadt vorgeschlagen wurde, welche die Kooperation mit einem Immobilienmakler beinhaltet hätte, entschied sich die Initiative für einen steinigeren Weg und untersuchte die Konflikte und Problematiken der institutionellen Typologie selbst: Was bedeutet, angesichts der gegenwärtigen Realitäten, heute eine Kunsthalle in Europa? Der vorhandene Konflikt wurde benutzt, um einen anderen auszulösen und so den Mangel an Konsens in einem bestimmten Moment zu nutzen. Das Ergebnis war die Gründung einer Übergangsinstitution. In diesem Fall hätte ein Konsens viel einfacher sein können und zu einem greifbaren Ergebnis geführt. Stattdessen war die Europäische Kunsthalle daran interessiert, ein Modell, das bereits vorhanden war, durch die strategische Einführung der Friktion zu überdenken, welche eher einen Diskurs ermöglichen als Platz schaffen würde.

Als Werkzeuge sind die Partizipationsweisen die am meisten produktiven, wenn sie als Mittel, proaktiv an etwas teilnehmen, und nicht zwangsläufig als demokratische Prozesse von unten verstanden werden. Das war einer der Gründe, warum der Ansatz von Nicolaus Schafhausen, der der Gründungsdirektor der Europäischen Kunsthalle war, akute Mängel im gegenwärtigen Diskurs über die Rolle, die Institutionen in der Lokalpolitik spielen können, aufzeigen wollte. Partizipation ist sehr effektiv, wenn die Rahmenbedingungen glasklar sind – wenn es ein explizites Publikum gibt, an das man sich wendet, wenn das Projekt einen unmissverständlichen Rahmen hat, an den man sich hält. Innerhalb des Rahmens können die Substrukturen unklar sein. Das Projekt muss eher spezifisch als allgemein sein; es braucht klare Ziele; es muss ein klar bestimmtes Publikum (aber keinen Experten) haben und seinen Kontext berücksichtigen und wissen in welchem Umfang und auf welcher Ebene vorzugehen ist. Es geht davon aus, dass der mikropolitische Kampf möglicherweise effektiver ist als die schlichte Artikulierung makropolitischer Ambition. Diese Auffassung stimmt teilweise nicht mit dem Gedanken der Simultaneität von Ebenen überein, wie er zum Beispiel von Chantal Mouffe propagiert wird, die meint, dass Veränderungen hauptsächlich auf der Ebene von Regierungen stattfinden, während gleichzeitig die regionalen und Mikroebenen in Angriff genommen werden. Auf der Mikroebene – der institutionellen oder lokalen Ebene – können die Wirkungen des Konflikts oft jedoch direkter gespürt werden, und deshalb kann sie als Testgelände für größere gesellschaftliche Konflikte dienen. Die Bedeutung der Mikroebene liegt darin, dass sie stark lokalisiert werden kann und daher spezifisch für die Hervorbringung einer Veränderung ist; sie kann greifbar sein durch die Artikulierung ganz spezifischer Ziele, die schnell mit der Realität abgeglichen werden können. Ganz zu schweigen von dem globalen Ansatz von Hardt und Negri, da sie glauben, dass die Zugehörigkeit zu spezifischen Orten etwas ist, das überwunden werden sollte und eine kosmopolitische Sichtweise die Vorstellung der Zugehörigkeit zu Spezifitäten ersetzen sollte.

Statt über vorhandene Kategorien, Theorieregime oder Denkmodelle nachzudenken, ist es dringend notwendig, eine konflikthaftere Auffassung der Partizipation zu fördern, und zwar nicht als Prozess, bei dem man andere »ein«-lädt, sondern eher als Mittel, um »ohne Mandat« zu handeln, um sich in Diskurse, Projekte oder Realitäten hineinzudrängen, die möglicherweise von einer äußeren und strukturell interesselosen Einmischung profitieren (wie im Kapitel *Der Ungeladene Außenseiter* beschrieben). Das soll nicht heißen, dass es dort keine gemeinsam geteilte Urheberschaft geben wird oder geben kann, sondern einfach, dass das konventionelle Modell des Enablers oder Wohltäters durch das Modell einer proaktiveren und nicht nur hilfsbereiten Praxis ersetzt wird. In diesem Sinne könnte Partizipation auch eine alternative Idee des Networking beinhalten, und zwar nicht als Mittel zur Schaffung konsenshafter und vom Milieu angetriebener runder Tische, sondern zur Kollationierung konfliktueller Stimmen und Perspektiven zu Fragen, zu denen man Zugang bekommen möchte, um das Handlungspotenzial zu erhöhen.

Der Crossbench-Praktiker

Es gibt immer eine verwirrte Seele, die meint, dass ein Einzelner einen Unterschied ausmachen kann. Und du musst ihn umlegen, um ihn vom Gegenteil zu überzeugen. Das ist das Nervige an der Demokratie.[133]

Senator Charles F. Meachum

Ich spreche von meiner Annäherung an die Homöopathie, die ein System vergiftet, um Energie zu erzeugen, die die Schwäche besiegt.[134]

Gustav Metzger

Wie Simon Critchley berichtet, beginnt Philosophie immer mit einer Enttäuschung.[135] Nihilismus ist der Zusammenbruch der Ordnung der Bedeutung, bei dem alles, was wir uns zuvor als eine feste Grundlage des moralischen Urteils vorgestellt haben, bedeutungslos wird. Laut Critchley wird Philosophie, unter der er die freie Bewegung des Denkens und die Möglichkeit kritischer Reflexion versteht, »durch den militanten Widerstand gegen den Nihilismus definiert«.[136] Um sich im gegenwärtigen gesellschaftspolitischen Klima der Praxis zumindest ein kleines bisschen Optimismus zu bewahren, muss man einen Bereich schaffen, in dem es möglich zu sein scheint, den ständig jammernden Pessimismus und die Schwarzmalerei des heutigen Lebens zu überwinden. Wie Peter Sloterdijk meint, muss der einzelne Designer versuchen, ein bestimmtes Kompetenz-Universum zu schaffen, ein Territorium, in dem man als souveränes Individuum existieren kann, und zwar nicht im Sinne relativer Spezialisierung, sondern eher umgekehrt: Der zeitgenössische »Experte« darf nicht zu einem noch spezifischeren Könner auf einem einzigartigen Gebiet werden, sondern zu einem inkompetenten Könner, der im Ozean der Praktiken navigiert. Für Sloterdijk ist Design gekonnte Inkompetenz. »Gekonnte Inkompetenz stiftet eine Art Leerlaufverhalten oder einen Parallelprozess, in dem das Leben auch in Gegenwart des Ohnmächtigmachenden weitergehen kann.«[137]

Die freie Bewegung des Denkens beinhaltet nicht unbedingt immer ein Festhalten an dem, was bekannt ist und für funktional und »richtig« gehalten wird, was früher praktiziert und erfahren wurde. Von außen zu arbeiten wie ein nicht-institutionalisierter freier Akteur – der in gewisser Weise mit einem externen Berater verglichen werden kann[XVIII] – bedeutet auch, aktiv eine gewisse Marginalität an den Tag zu legen. Die Isolation einer solchen Marginalität kann durch einen unablässigen Willen nach Zusammenarbeit, Beteiligung und Veränderung überwunden werden – jenseits intellektueller Bestrebungen, aber durch signifikante Distanz, die einen Modus der Kritik erzeugt, eine Distanz, die der Insider nicht bieten kann und nicht hat. In diesem Modell der Praxis, das für eine Veränderung durch Beteiligung eintritt, bedeutet Komplizenschaft den Tod eines Projektes. Ein solches Modell muss von einer ergebnisorientierten Praxis angetrieben werden, deren Potenzial für Modalitäten immer nur in der Realität getestet werden kann. Statt sein theoretisches Potenzial immer wieder einfach auszuspucken, können diese Ergebnisse kritisiert, verändert, umgearbeitet, ediert und sogar verworfen werden. Die Schlüsselformulierung lautet hier »konstruktive kritische Produktivität«. Man sollte lieber versuchen, zehn kritische Realitäten pro Jahr zu schaffen und immer wieder von den potenziellen Fehlern zu lernen, und dann eine einzigartige Praxis entwickeln. Testen ermöglicht Agilität. Ein solcher Test muss im relevanten Kontext, in Zusammenarbeit mit anderen und quer durch die kulturellen Milieus durchgeführt werden, um Selbststimulierung, Eitelkeit und das bequeme und passive Eingraben hinter den Wällen egozentrischer Praxis zu vermeiden, was höchst unkritisch und sehr unproduktiv ist:

»Die Gefahr ist, dass Theater sich nur noch simuliert. Wie eine Putzfrau, die den Boden schrubbt, plötzlich in einem dunk-

---

[XVIII] Siehe das Kapitel *Vom Markt lernen.*

len Fenster entdeckt: mein Gott, mein Arsch sieht ja geil aus, wenn ich den Boden schrubbe. Jetzt fängt die Putzfrau auf einmal an, auf die irrsinnig geile Bewegung zu achten. Ob der Boden dabei sauber wird, kann man in der Scheibe nicht sehen. Aber eigentlich war es so, dass die geile Bewegung entstand, weil sie den Boden schrubbte. So kommt mir im Moment das Theater vor: Eine Putzfrau, die nur noch diese geile Arschbewegung macht und sich nicht mehr um den Boden kümmert.«[138]

Um Martin Wuttkes Analogie zu benutzen, es scheint wichtig zu sein, einen Weg zu finden, sich selbst in einer agilen Weise im Kontext der gegenwärtigen Praktiken und Lebensbedingungen zu positionieren, ohne in die Falle der Stagnation zu gehen. Der heutige kritische Praktiker sollte sich dafür entscheiden, eher zu einem Empfänger politischer Prozesse als zu einem fernen Spieler zu werden, der taub, stumm und blind durch die kulturpolitische Landschaft kreuzt, was Diedrich Diederichsen als »surrogat-demokratische Partizipation«[139] bezeichnet und was nicht mehr darstellt als eine Entpolitisierung des Individuums jenseits ernsthafter Arten des Engagements. Im gegenwärtigen Klima ist es notwendig, sich von den magischen Buzz-Wörtern – Nachhaltigkeit, Partizipation, Demokratie oder Multitude – zu trennen, die seit dem Ende der 1990er Jahre propagiert wurden. Statt sie als schlichte Plakatanschläge für politische Einzeiler zu benutzen, muss man ihre unterschwelligen Motive durch eine kontextualisierte Praxis attackieren. Diese Buzz-Wörter waren nur ein paar von den Terminologien, die benutzt wurden, um die Aufmerksamkeit von der Mikro- auf die Makroebene zu lenken. Dies geschah in aller Breite, jenseits politischer Bündnisse, ob nun links oder rechts.[140] Von einem bestimmten Punkt an wurde es sexy, diese Terminologien im Munde zu führen. Ob man von ihrem Inhalt oder ihren künftigen Potenzialen überzeugt war, war nebensächlich. Es war ein Mainstream-Trend, quer durch alle Disziplinen und politischen Glaubensbekenntnisse. Worauf es bei der kulturellen Praxis ankommt, ist, dass sie mögliche Zukünfte voraussetzt und übernimmt, dass sie auf das spekuliert, was sie durch eine Reihe von kritischen Theorien und Praktiken, die für die Gesellschaft insgesamt noch zu abstrakt sind, möglich machen könnte.[141]

Man könnte indessen behaupten, dass der wirkliche Wert in einer Annäherung verborgen ist, in der es keine Evidenz im Resultat der völlig rationalen Entscheidungsfindung oder des Konsenses gibt. Man könnte sagen, dass der Crossbench-Politiker im britischen Oberhaus ein interessanter Bezugspunkt ist, und zwar nicht als eine gesamt-politische Struktur des Oberhauses und seiner konservativen Ausrichtung, sondern als eine strukturelle Komponente, die entworfen wurde, um Raum für jene zu lassen, die ungebunden bleiben wollen, damit sie provozieren, motivieren und vielleicht eine Veränderung bewirken können. Der Crossbench-Politiker ist wesentlich ein unabhängiger Praktiker, der weder einer bestimmten Partei angehört, noch regelmäßig Bündnisse mit demselben politischen Lager eingeht. Auch wenn ihn dies zu einem weniger vertrauenswürdigen Spieler macht, der potenziell nicht einmal eine klare Haltung hat, bietet es eine alternative interesselose und weniger voreingenommene Perspektive auf die internen, konsensorientierten Mechanismen der anderen Parteien im Oberhaus. Obwohl diese Politiker eine unzweifelhaft politische Haltung und Meinung haben, unterschreiben sie nicht die festgenagelten Parteibücher oder Parteiplattformen anderer konsolidierter Politiker. Das spiegelt sich auch im räumlichen Arrangement des Crossbenchers und in seiner Positionierung im Oberhaus, wo Labour auf der einen Seite und die Konservativen auf der anderen sitzen; die Crossbencher sind in der Mitte, leicht nach hinten versetzt.

Inzwischen ist Partizipation ein Teil des neoliberalen Projekts und dient letzten Endes der Erhaltung des Systems. Echte Machtfragen werden nicht mehr verhandelt. Im Bereich dieser »gesteuerten Partizipation« und des stark kontrollierten politischen Engagements sollte man eine Praxis des autonomen Praktikers fördern, und zwar als ein Mittel, das eine Konfliktbewältigung eher ermöglicht als verhindert. Das erfordert eine neue Interpretation sowohl des romantischen Gebrauchs der

»Partizipation« als Operationsmodus am Ende der 90er Jahre, als auch der Funktion und der Verantwortung des Crossbenchers: eine Art von konflikthafter Partizipation, die nicht mehr Prozesse perpetuiert und benutzt, durch die andere eingeladen werden, sondern stattdessen ohne Konsensmandat als interesseloser produktiver Störenfried handelt.

Bei der Partizipation gibt es oft zu viele potenzielle Entscheidungsfinder; aber es gibt nicht genügend Leute, die die Verantwortung und das Risiko übernehmen und den Mut aufbringen, diese Entscheidungen in die Realität umzusetzen und die Dinge voranzubringen. Jede politische Praxis muss natürlich immer dafür eintreten, innerhalb des Territoriums und auf dem Boden der grundlegenden Regeln der demokratischen Arena zu bleiben. Trotzdem liegt eine potenzielle Gefahr darin, die Mehrheit immer als einen Weg zu benutzen, um zu einer demokratischen Entscheidungsfindung zu kommen. Das Dilemma bei der Demokratie ist, dass in dem Moment, in dem man einen Raum voller Idioten hat, diese für eine idiotische Regierung stimmen werden; oder, im Fall des jüngsten Schweizer Referendums zum Unterhalt der Moscheen des Landes, dass es, wenn man genügend finanzielle Mittel hat, um die Idioten zu mobilisieren, möglich ist, dafür zu sorgen, dass sich das ganze Land zum Narren macht. Der Hauptunterschied zur romantisierten Vorstellung des Partizipationsprojekts ist, dass es annimmt, dass jeder am Tisch sitzen sollte, um Entscheidungen zu treffen. Das muss jedoch nicht unbedingt im Interesse von jedem sein. Soll man ernsthaft die englische *Sun*, die *New York Post* oder die *Bildzeitung* lesen, bloß weil sie Zeitungen mit der größten Leserzahl und Auflage sind? Die vorliegende Frage und die Entwicklung der Vorstellung vom Partizipationsprojekt in den letzten zehn Jahren verweisen auf eine noch größere Gefahr: das Problem und die Hilflosigkeit der Linken. Wenn alles, was man tun kann, um Entscheidungen zu treffen, darin besteht, sie auszulagern und den Bürgern die Verantwortung zuzuschieben, dann ist in der repräsentativen Wahldemokratie etwas völlig falsch gelaufen. Deshalb konnte man in den letzten zehn Jahren auch den

Wiederaufschwung der Rechten beobachten, welche die Dinge nun scheinbar auf die Reihe kriegt. Sie hat die Ironie zur Perfektion entwickelt, ein Vorstoß, der die Rechte fast unverwundbar gemacht hat: »Die Linke mag die Schlacht um den Lehrplan gewonnen haben, aber die Rechte hat den Reklamekrieg gewonnen. Die Rechten haben dies auf altmodische Weise geschafft, da sie die alte Kunst der Rhetorik beherrschen und ein Vokabular verwenden, das, wenn es sich einmal in der Öffentlichkeit festgesetzt hat, die Argumentationsarbeit von selbst ausführt.«[142]

Wie kann bei all dem heute die Rolle des Architekten aussehen? Als zeitgenössischer Architekt ist man mit dem Dilemma einer Profession konfrontiert, die es eigentlich nicht mehr gibt. Es gibt nicht so etwas wie eine Kernkompetenz, was, wie wir zuvor von Peter Sloterdijk gelernt haben, eher ein Vorteil als ein Nachteil sein könnte. Kernkompetenz (wie Sony = Verkleinerung, Honda = Verbrennungsmotor, 3 M = alles, was man zusammenkleben kann) bedeutet auch, dass man sehr gut darin sein kann, etwas zu machen, aber die Nachfrage einfach verschwindet. Jeder, der sich einem dieser Unternehmen anschließt, muss begreifen, dass solche Kompetenzen nur einen Wert haben, wenn sie in einem anderen Feld angewandt werden können; sie müssen wissen, wie dieser Transfer gestaltet werden kann und warum er wünschenswert ist. Bis vor kurzem wussten die meisten Architekten nicht, wie dies zu bewerkstelligen ist. Über Jahrzehnte haben sie dieses Können verlernt, das lange Zeit sogar ein Teil ihrer Ausbildung war. In der Renaissance war der Universalgelehrte und Generalist das Rollenvorbild für einen solchen Praktiker; er war ein reflexives und gebildetes Individuum, das auf unorthodoxe Weise denken konnte. Verschiedene Zeiten haben verschiedene primäre Dimensionen entdeckt, aber es wird interessant, wenn man zulässt, dass diese Dimensionen transparent und als voneinander abhängig verstanden werden.

Statt der guten alten Zeit nachzutrauern, kann man dies auch als Veränderung und Potenzial begreifen. Architekten sind in bestimmten Zeiten sehr fruchtbar darin gewesen, das Potenzial zu nutzen, das darin besteht, in einer parasitären Beziehung zu der Disziplin zu leben, die wirklich Architektur produziert und die die Disziplin des Bauens ist. Diese natürliche Desillusionierung über die Art und Weise, in der Entscheidungen, die bereits getroffen wurden, oft nicht von jenen ausgeführt werden, die sie umsetzen sollten, hat die Architekten mit einem gesunden Anteil an Skeptizismus versehen. In den letzten Jahrzehnten ist das, was einst als Profession der Architektur bekannt war, in eine Unmenge von Praktiken zerfallen. Diese Veränderung von einer Profession oder einer klar umrissenen Disziplin zu einer Reihe von Praktiken wurde abgetrieben und in Gang gesetzt von einer bestimmten Politisierung, die Mitte der 1990er Jahre zu Tage trat.[XIX] Diese Praktiken versuchen, viele verschiedene Ziele zu erreichen, können aber durch eine einzigartige Eigenschaft vereint werden, welche die Möglichkeit und Fähigkeit der Erfindung, Formulierung und Gestaltung strategischer Rahmenbedingungen ist, die möglich machen, dass Dinge geschehen. Das Problem ist jedoch, dass diese abstrakte Eigenschaft ständig im selben alten Feld und Gebiet angewandt wird, was vor allem die Architekten scheitern ließ. Dies wirft die Frage der Positionierung auf und wie man den Architekten im größeren Territorium kritischer Praktiken ansiedelt. Es ist leicht zuzustimmen, dass hier eine bestimmte Wichtigkeit liegt, die die Profession zu beherrschen scheint. Im kulturellen Bereich gibt es jedoch viele Nischen, die erforscht und besetzt werden müssen. Die kritische Raumpraxis, die den potenziellen Raum zwischen Stabilität und Instabilität erforscht, kann als eine Reihe von Szenarien, als ein strategisches Handbuch für künftige Choreographien verstanden werden. Zyniker mögen sagen, dass das architektonische Projekt per se nur eine aufgeblähtere Form von Geschichtenerzählen ist. Und

---

[XIX] Wie in Kapitel *Die Großen Erzählungen – Leben nach Bilbao* beschrieben.

daran mag sogar etwas Richtiges sein. Aber dennoch muss man ziemlich gut darin sein, die Geschichte zu erzählen.

Eine solche polyphone Praxis gibt nicht nur dem Architekten eine neue Rolle, sondern allen kritischen Praktiken im Allgemeinen, nämlich über die konventionelle physische Konstruktion hinauszugehen und sich in die Konstruktion von Realitäten zu begeben, nicht etwa, um vorhandenen Protokollen zu folgen, sondern um sie proaktiv hervorzubringen. Das beinhaltet einen Ruf nach nicht-akademischen Intellektuellen, die außerhalb der Hochschule weit verbreitet sind, obwohl die meisten von ihnen wahrscheinlich in ihr aufgewachsen sind.[xx] Außerdem sollten die Crossbench-Praktiker nicht vernachlässigt werden. Sie sollten sich gerade deshalb der politischen Welt zuwenden, weil sie von Überlegungen zur Macht und zum Interesse belebt wird. Anders als die Hochschule kann ihr Einfluss sich auf eine ganze Praxis oder auf den ganzen Gesellschaftskörper auswirken und nicht nur auf die Studentenschaft. Das soll nicht größenwahnsinnig sein, sondern eher zum Ausdruck bringen, dass man in Krisenzeiten in einem größeren Maßstab für ein intellektuelles Gebilde verantwortlich ist. In diesem Sinne lässt sich, indem man sich von relativ diskreten Fragen der Interpretation und Auslegung zu signifikanteren und proaktiveren Fragen nach gesellschaftlicher Veränderung und Transformation bewegt, eine Außenseiter-Perspektive in stärkerem Maße einführen und artikulieren: »Dem Intellektuellen, der behauptet, nur für sich selbst oder um der reinen Gelehrsamkeit oder des abstrakten Wissens willen zu schreiben, kann, ja darf man nicht glauben.«[143] In diesem Sinne hat Edward Said die Problematik proaktiv zusammengefasst: »Das Schwierigste an einer intellektuellen Existenz besteht darin, zu repräsentieren, was man mit seinem Werk und seinen Interventionen vertritt, ohne jedoch zu einer Institution oder zu einem Automaten, der auf Befehl eines Systems oder einer Methode handelt, zu erstarren.«[144] Wie Said meint, ist es

---

[xx] Wie im Kapitel *Die Hochschule der Zukunft* beschrieben.

wichtig, nie zu vergessen, dass man die Wahl hat. Und die Wahl bringt Stärke und Macht mit sich, selbst aus der Sicht des Individuums.

Politischer Raum beinhaltet die Praxis der Entscheidungsfindung und des Urteilens; zu urteilen bedeutet, ein System von Hierarchien einzuführen. Eine solche kuratorische Praxis beinhaltet in ihrem inneren Kern den Akt der strategischen Planung und Destruktion: entscheiden, zu bestimmen, was zu eliminieren ist. Im gegebenen Kontext kritischer Raumpraxis könnte der Architekt als Kurator als ein Initiator verstanden werden, der – durch die Einführung von Konfliktzonen – die kulturelle Landschaft umwandelt, die das Ergebnis einer instabilen Gesellschaft ist, die aus vielen verschiedenen und oft im Konflikt stehenden Individuen, Institutionen und Räumen besteht. Man könnte daher sagen, dass wir, anstatt die nächste Generation von Vermittlern und Mediatoren aufzuziehen, die Ermutigung des interesselosen Außenseiters anstreben sollten, der in den Randbereichen lebt und nur auf den richtigen Moment wartet, um Brüche in den vorherrschenden Diskursen und Praktiken zu erzeugen. Er ist jemand, der sich absichtlich nicht um Vorbedeutungen und existierende Protokolle kümmert, jemand, der die Arena mit nichts anderem als seinem kreativen und proaktiven Verstand betritt. Indem er den Korridor entlanggeht, ohne zu fürchten, eine Friktion zu verursachen oder vorhandene Machtbeziehungen zu destabilisieren, öffnet der Außenseiter einen Raum für Veränderungen, die eine »politische Politik« ermöglichen.

Es bleibt die Frage, ob all dies als ein opportunistisches Bestreben zu verstehen ist, das einfach versucht, die eigene Rolle in einer Überfülle von verschiedenen Praktiken zu beschreiben, oder ob es neben der Individualität bestimmte Qualitäten oder einen Gebrauchswert hat. Crossbench-Praxis könnte genau als Handeln ohne klar definiertes Mandat beschrieben werden, das proaktiv nach einem Engagement sucht: ein Freelancer mit Gewissen. Sie verlangt eine Hermeneutik und Rekalibrierung der Vorstellung von der Partizipation.

Ein solches Verständnis der Praxis scheint lebenswichtig zu sein, um optimistisch in die Zukunft zu schauen. Sie setzt voraus, dass man sich selbst eher durch die Vorstellung der Praxis als durch die Fachdisziplin oder Professionalismus definiert. Hier schafft Partizipation eine alternative und parallele Realität, die eher durch Selbstmotivation, eine politische Agenda, die Bereitschaft zur Zusammenarbeit und die Furchtlosigkeit, etwas auszuschließen, aktiviert und angetrieben wird als in unerwünschter Beteiligung zu gedeihen. Eine solche Agenda der kritischen Manipulation darf nichts für gewährleistet halten und nie endgültig eine Position beziehen; anders gesagt, nie die Verantwortung ablehnen, sondern muss immer flexibel, agil und kritisch jenseits der Dogmatik bleiben. Man sollte sich einerseits bewusst sein, dass Crossbench-Taktiken auch einen Schwachpunkt haben, da sie dahin tendieren, kurzlebig und lokal zu sein, während andererseits die Gefahr bestehen kann, dass ihnen das größere Bild fehlt oder dass sie ein Problem damit haben, längere Zeiträume zu überblicken.

Die Cliquen der Kunst- und Architekturwelten als Praxis und nicht so sehr als reine Kritik haben in dieser Hinsicht den Anschluss verloren – abgesehen von einem relativ kleinen Kreis von Praktikern. Viele Praktiker in der Kunstwelt produzieren selten mehr als Einzeiler und Postings und leben in der relativen Freiheit und im Luxus einer über allem schwebenden, unbekümmerten Blase, in der Partizipation zu nichts anderem als einem esoterischen Selbstverklärungsprogramm geworden ist. Das hat zu einer fast völligen Entpolitisierung geführt. Was heute gebraucht wird, ist eine erneute Einführung der kritischen Infragestellung des Wertes, der Positionen und der vergänglichen Natur des politischen Engagements, die im Inneren der Institution und gegen sie vorgenommen wird. Im Laufe dieses Weges sollte eine alternative Lesart der Partizipation und dessen, was mit ihr zusammenhängt, skizziert werden, eine Lesart, die sich vom Performer zum proaktiven Enabler bewegt, jenseits der vom Event angetriebenen Realitäten einer bestimmten Kunstproduktion rund um gesellschaftliche Situationen, hin zu einem direkten und persönlichen Engagement und zur Stimulierung spezifischer Realitäten in der Zukunft. Das kann nur dadurch erreicht werden, dass man die Falle vermeidet, in einem Milieu, wie etwa in der Kunstwelt, oder in einem einzigen politischen Projekt stecken zu bleiben. Menschen haben Füße, um sich zu bewegen und nicht um stehenzubleiben. Sonst wären wir Bäume. Das muss auch zu einer vom Inhalt und von der Agenda angetriebenen nomadischen Praxis, die von kritischen Untersuchungen getragen wird, und zu einer außer-diskursiven Position führen, bei der man ein Milieu verlässt, damit man es auf andere Weise wieder betreten kann. Das sollte eine Ambiguität ermöglichen, die Verantwortung übernimmt, während man sich vom Stammbaum zum Bastard bewegt. Dieser Praktiker wird eher ein Co-Autor als ein Partizipierer sein – da Partizipierer gemeinhin mit vorher festgelegten Strukturen konfrontiert sind. Obwohl der »freie Radikale« nicht existiert und nichts klar ist – alles ist eher ambivalent –, muss ein solcher Praktiker auf eine Ambition hinarbeiten, die gegen Komplizenschaft immun ist. Eine solche Komplizenschaft kann vermieden werden, wenn man drei Positionen übernimmt, bei denen bestimmte Arten prokreativer Partizipation bedeutungsvoll werden: Haltung, Relevanz und Verantwortung. Diese fehlen leider.

Raum ist das Ergebnis von *Handlung*.[145] Es ist unmöglich, eine Veränderung durch den passiven Modus des Reagierens zu bewirken. Praxis muss immer über Absorbierung hinausgehen und aktiv werden; sie muss sich selbst in kontextuelle Realitäten einbringen und sich selbst sichtbar machen, um zu instrumentalisieren. In einer Zeit, in der Partizipation zum schönfärberischen Alibi politischer Korrektheit geworden ist, bietet eine solche eher auf die Umsetzung bezogene als rein reflexive Vorstellung von Praxis eine Zuflucht für agonistische Beteiligung.

»Die meisten subkulturellen Entwicklungen in den letzten fünfzig Jahren fühlten sich eher der militärischen Logik der Avantgarden verpflichtet als der demokratischen Partizipation: Zuerst da sein, unbekanntes Terrain auskundschaften, ab und zu Informationen übermitteln, aber ansonsten das wilde und gefährliche Leben der kleinen Gruppen im Unbekannten leben.«[146] Wie Marcel Reich-Ranicki über Gotthold Ephraim Lessing schrieb: »Die Einsamkeit schien ihm die Voraussetzung für die Unabhängigkeit des Kritikers, die Unabhängigkeit die Bedingung für sein Amt.«[147]

Postskriptum

Jeremy Beaudry und Bassam El Baroni

Ein Albtraum ist eine bildhafte Repräsentation, die durch den Geist erzeugt wird. Eine solche Repräsentation visualisiert eine Situation, die man sich im bewussten Geist nicht schlimmer oder mächtiger vorstellen kann. Das Unterbewusste zeigt einem im Schlaf etwas, das der wache Verstand nicht erklären kann; er kann kein schwierigeres, entsetzlicheres Bild hervorbringen. Das Vertraute und Plausible wird oft derartig auf die Spitze getrieben, dass es erschreckend wird. Oder es werden Probleme, für die es keine Lösung gibt, präsentiert. Man dreht sich endlos im Kreis.

Das Erwachen aus einem Albtraum bedeutet, an die Schwelle zu kommen, an der man erkennt, dass man träumt. Innerhalb der Logik des Traums selbst kann man nicht aus dem Albtraum entkommen; man muss die Traumwelt verlassen. Wenn man die Schwelle der Erkenntnis überschreitet, beginnt man zu begreifen, dass man ein Darsteller ist, der eine Rolle in einem Bühnenstück – dem Traum – spielt, dem man selber zuschaut. Man beobachtet diesen Darsteller, der man selbst ist und der das tut, was gerade eben noch innerhalb der Logik des Albtraums ganz natürlich und unvermeidlich war. Wenn man dieser Logik entflieht, verlässt der bewusste Geist die Traumlandschaft und kommt wieder zu Bewusstsein, da die Künstlichkeit der Bühne enthüllt wird – die Scheinwerfer, die Kameras, die Requisiten, die anderen Schauspieler, das Ungeheuer, das nicht real ist, sondern bloß eine riesige animatronische Puppe.

Im Albtraum der Partizipation werden politische Subjekte in der Logik einer bildhaften Partizipation gefangen, in der Logik einer repräsentativen Partizipation, die bis zum Punkt der Hohlheit und Verlogenheit übertrieben wurde. Die Macht dieser Partizipation ist die Macht des mesmerisierenden Bildes: Sie unterstützt den Albtraum, aus dem wir nicht erwachen können, und zwingt uns, die uns zugewiesenen Rollen weiterzuspielen.

Warum ist Partizipation zum Albtraum geworden? Die Geschichte ist so lang, dass wir sie hier nicht erzählen können. Wir blicken nur ein paar Jahrzehnte zurück, in die 1980er Jahre, als das westliche politische Partizipationsmodell als eine legitimierende Kraft auftauchte – ein wichtiger Schritt in der Entwicklung des politischen Theaters des Spätkapitalismus. Partizipation als instrumentalisierte politische Praxis. Partizipation wird zu einem Szenario der liberalen Demokratie, in das man die notwendigen Schauspieler, Requisiten, Scheinwerfer, Kameras und mechanisierten Ungeheuer einbaut. Aufwachen!

Ein Szenario der Partizipation im schlimmsten Fall! Man stelle sich vor: die Vereinten Nationen beschließen, ein neues Hauptquartier für das 21. Jahrhundert zu bauen und außerdem eine Struktur zu schaffen, die wirklich die Vielfalt von Kulturen und Nationen, die die Weltgemeinschaft bilden, widerspiegeln kann. Sie laden Architekten, Designer und Theoretiker aus buchstäblich jeder Ecke der Welt ein, an einer *Design-Charrette* teilzunehmen, um diesen Höhepunkt der Weltarchitektur zu entwerfen. Wir können den Albtraum der Partizipation in folgendem Szenario umreißen: Was wird von den nicht-westlichen Teilnehmern wie etwa den Architekten aus Mosambik oder den Innenausstattern aus Oman erwartet? Was sollen sie beisteuern? Ihr Erbe? Woher kommt die Prämisse für *ihre* Teilnahme?

Bedeutet die Tatsache, dass sie aus diesen Ländern kommen, dass sie wirklich in Abhängigkeit von dem, woher sie kommen, denken? Wird ihre Andersartigkeit so nah, so einfach verkörpert? Oder ist der Unterschied nicht mehr so groß wie früher, und was ist, wenn doch? Was ist, wenn sie so anders sind, dass es keine gemeinsame Grundlage gibt?

Werden diese eifrigen Teilnehmer wirklich anerkannt und ernst genommen, wenn sie eine nicht-westliche, nicht-moderne Sphäre repräsentieren? Wird jeder ihre Beiträge ablehnen, wenn ihre Andersartigkeit nicht zu den Standards akzeptierbarer Differenz passt?

Gewiss, viele Stimmen sind vertreten – das sind ja schließlich die Vereinten Nationen –, aber was geschieht dann? Repräsentation ist bildhaft, und das Bild kann nur einem Unterbewusstsein Substanz geben. Was geschieht dann? Es geschieht nichts, weil keiner will, dass etwas geschieht. Wir müssen wollen, dass etwas geschieht und das klar und deutlich sagen. Wir wollen keine Repräsentation; wir wollen die Sache selbst. Um aus dem Albtraum aufzuwachen, muss ein Mechanismus erfunden werden, der nicht bildhaft, sondern praktisch funktioniert. Es gibt viel Antagonismus, der zuvor aufgrund der Natur der geschaffenen Differenz in das obige Szenario eingebracht wurde. Differenz wurde und wird durch Menschen geschaffen, doch um die Differenz zu überwinden, müssen wir einen Mechanismus schaffen, der in der Welt des Bewusstseins existiert und der der Komplexität des Lebens gerecht werden kann. Wir müssen den Antagonismus um des Antagonismus willen hinter uns lassen und uns in Richtung Problemlösung bewegen. Antagonismus ist eine Kritik, die von außerhalb des Systems geübt wird, eine Kritik, die pessimistisch ist und nicht ins Wanken gerät. Sie hört nur zu, um dieses Feedback in ihrer eigenen Kritikmaschine zu verarbeiten und in Umlauf zu bringen. Aufwachen!

Der Albtraum der Partizipation kann nur enden, wenn wir in einer seltsamen Welt aufwachen, in der wir eine Ordnung akzeptiert haben, die nicht auf dieselbe Bemessung der Dinge gegründet ist. Das ist vielleicht der Grund, warum wir nicht aus diesem Albtraum aufwachen wollen. In dieser seltsamen Welt aufzuwachen, in der wir wirklich orientierungslos sind, ist vielleicht der am meisten geträumte Albtraum, und deshalb ziehen wir es vor, in diesem immer wiederkehrenden Albtraum der Partizipation zu leben, den wir zumindest kennen und mit dem wir vertraut sind.

Im vorliegenden Buch hat der Autor (ebenso wie seine Mitstreiter) sich ernsthaft mit dem Albtraum der Partizipation beschäftigt, um eine Reihe von Gegenmaßnahmen gegen ein »politisch motiviertes Modell der Pseudo-Partizipation« vorzuschlagen. Die vorgeschlagenen Taktiken werden aus verschiedenen Fachdisziplinen und Wissensgebieten bezogen, und sie treten in mehreren Gestalten auf: der Ungeladene Außenseiter, der Crossbench-Praktiker, der Management-Berater/Systementwickler, um nur einige zu nennen. Und während unsere Sprache hier wegen der metaphorischen Wirkung eher in den Bereich des Imaginativen umschlägt als Miessens Sprache, verstehen wir als Ziel dieses Projekts einen Mechanismus, der uns näher an die Schwelle der Erkenntnis heranbringt, an eine Linie, an der wir den Albtraum der Partizipation als das sehen, was er ist, und an der wir die Kraft finden, dem Griff der bildhaften Macht zu entfliehen. Der Ruf zu den Waffen ist klar: Aufwachen!

Architektur als solche[148]

Interview mit Hans Ulrich Obrist

Hans Ulrich Obrist – Ich bitte dich, mit dem Anfang anzufangen. Wer sind deine Helden in der Architektur?

Markus Miessen – Cedric Price.

HUO Da haben wir etwas gemeinsam. Cedric Price ist auch einer meiner Helden gewesen. Ich habe ihn mit Richard Hamilton 1998 getroffen, als er die Ausstellung »Cities on the Move« machte, und dann habe ich ihn bis zum Ende seines Lebens fast jede Woche getroffen. Ich denke, wir können heute sagen, dass nur sehr wenige Architekten die Geschichte der Architektur wirklich so sehr verändert haben wie Cedric. Mit sehr wenigen Zeichnungen, Bauten und Texten hat er die *Zeit* in die Architektur eingeführt, während er auch Pionierarbeit für große kulturelle Institutionen des 21. Jahrhunderts leistete. Ich denke an seinen »Fun Palace«, an diesen utopischen, überdisziplinären Entwurf, der immer noch eine Resonanz findet, aber auch an seine »Potteries Thinkbelt«, eine nicht fest errichtete, sondern sich von Ort zu Ort bewegliche Schule, die jeden Tag relevanter wird. Für mich, der ich aus dem Bereich des Kuratierens komme, sind Institutionen wie der »Fun Palace« und die »Potteries Thinkbelt« und Überlegungen zur Zeit in Ausstellungen sehr wichtig gewesen. Wie konnte Cedric für dich als Architekt ein Werkzeugkasten sein?

MM Ich habe mich schon immer für die „temporale“ Planung, Rahmenbedingung und Existenz von Cedrics Projekten interessiert. Es hat im letzten Jahrzehnt eine zunehmende Besessenheit vom Formalismus gegeben, vor allem der Art, die auf unsinnigen Argumenten und computergenerierten Ausreden beruhen. Viele Gebäude, die in den letzten zehn Jahren gebaut worden sind, sind immer mehr zu so etwas wie selbstreferentiellen Objekten geworden. Viele Architekten haben die Vorstellung von Architektur als eine

Art bildhauerische künstlerische Bemühung missverstanden. Ich finde es interessant, dass die Architekten immer zehn Jahre hinter den anderen Diskursen hinterher hängen. Ich denke, eine der größten und wertvollsten Vorstellungen von Cedric, die fast als sein wesentliches Paradigma beschrieben werden könnte, ist die Idee, dass ein Gebäude kein Objekt sein muss. Es muss nicht unbedingt physisch sein. Cedric hat sehr klug die Frage gestellt: »Wenn Technologie die Antwort sein soll, was genau war eigentlich die Frage?« Architektur ist wirklich etwas, das im Laufe der Zeit geschieht. Das war die Natur vieler seiner Projekte, und gerade heute, inmitten der Finanzkrise, ist dieser Gedanke aktueller und relevanter als je zuvor. Ich würde gern viele sogenannte Zeitgenossen in Architektur fragen: »Wenn parametrischer Urbanismus und Scripting die Antwort ist, wie lautete dann die Frage?«

HUO Cedric hat aber auch Dinge gebaut. Ich habe einmal einen wunderbaren Schreibtisch gesehen, den er in den 1960er Jahren für die Robert Fraser Gallery in London gemacht hat. Es gibt auch ein Vogelhaus im Londoner Zoo, das eines seiner größten Meisterwerke ist und zu meinen Lieblingsplätzen in London gehört: ein bewegliches Vogelhaus, das sich je nach Windrichtung ändert. In welchem Maße hat der »gebaute« Cedric Price dich beeinflusst?

MM Sein gebautes Werk hatte etwas und hat immer noch etwas von einer Bühne, einem Bühnenbild, einem Raum der Ungewissheit und der Potenzialität, in dem etwas auftauchen und geschehen kann. Was auch immer im physischen Raum geschehen ist, geschah wie auf einer Bühne, und wenn du schaust, wie Cedric sich mit der Frage der Urheberschaft beschäftigt hat, so war das wichtigste Werkzeug und die wichtigste Komponente in der Gleichung jedes Projekts die Art und Weise, in der die Protokolle für den Gebrauch, die strategischen Rahmenbedingungen oder die Projekte gestaltet wurden. Price verstand sich selbst subtil und bescheiden als einen Dienstleister in

Sachen Inhalt, um Raum zu schaffen. Das ist für mich sehr anregend.

HUO Bevor wir weitergehen, eine letzte Frage zu den Helden: Bei seinem letzten Projekt für New York City [ein Vorschlag zur Entwicklung von Manhattans West Side] hat Cedric eine Art Lunge entworfen, eine Freizone, die Sauerstoff in die Stadt blies. Was ist, abgesehen von Cedric, Sauerstoff für dich – Kunst, Architektur, andere Dinge im Leben?

MM Ich beziehe eine Menge aus Bildungsstrukturen, aus *social hubs*, in denen Wissen ausgetauscht und produziert wird. Das ist etwas, was ich durch und durch genieße. Viele Projekte, an denen ich in den letzten Jahren gearbeitet habe, haben etwas mit Fragen der Bildung zu tun, vor allem in kleineren oder selbstgeschaffenen Institutionen, wie zum Beispiel ein Projekt, das ich selbst angeregt und geleitet habe, die »Winter School Middle East«. In den ersten beiden Jahren war diese Schule in Dubai, in Zusammenarbeit mit der Londoner Architectural Association (AA), in der ich damals Dozent war. Zuerst war sie eine Art Ableger der AA, aber 2010 will ich die erste unabhängige Winter School starten, die nun in Kuwait in Zusammenarbeit mit UN Habitat, der IFA und einigen anderen lokalen und regionalen Institutionen stattfindet. Die darauf folgende findet hoffentlich in Teheran statt, obwohl das Kuwait-Modell ein langfristigeres und nachhaltigeres Engagement ist. Die Idee ist, dass die Schule sich als wandernde Institution durch den Nahen Osten bewegt, regionales Wissen einbringt und dabei hilft, eine Struktur zu fördern, die aufgebaut werden kann, wenn die Winter School weitergezogen ist. Der interessante Aspekt dabei ist für mich, Bildungsaktivitäten in der Architektur und in der Stadtplanung durch anwendungsorientierte kleine Schulen neu zu denken und nicht auf vorhandene Modelle aufzuspringen – zumindest im Nahen Osten. Abgesehen von meinem Interesse an der Bildung, arbeite ich an mehreren Forschungsprojekten und schreibe eine Menge.

Es ist sehr wichtig für mich, dass ich ständig zwischen verschiedenen Themen und Aktivitäten hin und her wechseln kann, um agil und neugierig zu bleiben und mich nicht zu langweilen oder auf der Stelle zu treten. Dann gibt es natürlich eine zweite Realität, mein Privatleben, das ich aber völlig von meinem Berufsleben trenne. Es funktioniert wie ein Heiligtum. Wenn ich ausgebrannt bin, nehmen *Dinosaur Jr.* und *Neu* gemeinhin eine vertrauenswürdige Behandlung vor. Ich würde auch Alexander Kluge und den Theaterschauspieler Martin Wuttke als große Sauerstoffquellen beschreiben.

HUO Das führt uns direkt zur Geographie. Statt zu einer bestimmten Geographie zu gehören, scheinst du eher zwischen Geographien zu leben. Dein Büro [nOffice] ist von London nach Berlin gezogen. Kannst du uns etwas über diese beiden Städte erzählen?

MM Natürlich. Wir – meine beiden Partner Magnus Nilsson und Ralf Pflugfelder, sowie ich selbst – mögen London sehr gern. Ich persönlich hatte eine tolle Zeit in London, ich habe dort mehrere Jahre gelebt, erst als Student, dann als Dozent bei der AA. Doch es gibt immer einen Punkt, an dem die Dinge sich weiter entwickeln müssen. Ich fand es ziemlich schwierig zu glauben, dass ich für immer in London bleiben würde. An einem bestimmten Punkt mussten wir entscheiden, ob es mit nOffice in London weitergehen konnte. Die Entscheidung, umzuziehen, wurde getroffen, bevor die Finanzkrise zuschlug, als London noch sehr teuer war – und wir dachten, es würde Sinn für uns machen, woanders hin zugehen, wo unsere monatlichen Kosten geringer sind, wo wir deshalb auf eine andere Weise experimentieren können, ohne den ökonomischen Druck in London. Berlin passte sehr gut in diesen Rahmen – vor allem als Basis. Normalerweise bin ich sowieso nur zwei, drei Tage pro Woche in Berlin.

HUO Kannst du uns etwas über den Umfang der Projekte sagen, an denen nOffice arbeitet? Du hast gerade in New

York einen Raum für Performa eingeweiht, ein Zentrum, das sowohl ein Performance-Raum als auch, Cedric Price folgend, ein Anziehungspunkt ist.

MM Ja, Performa Hub, von RoseLee Goldberg in Auftrag gegeben, war eine große Gelegenheit und Herausforderung. Die Performa Biennale trat im Sommer 2008 mit uns in Verbindung, da man an unserer Beteiligung interessiert war. Zu diesem Zeitpunkt gab es jedoch noch kein Budget, und ein Ort war auch noch nicht da. So haben wir lange in einer Art Vakuum gearbeitet. Wir interessierten uns für die Möglichkeit, den Inhalt, den Performa produziert, räumlich zu entfalten, während gleichzeitig ein physisches Zentrum gebaut wurde, das als Fokus für ihre Aktivitäten dienen kann. Schließlich wurde Performa ein Raum angeboten [das Untergeschoß im neuen Copper Union-Gebäude], und wir wurden mit einem sehr begrenzten Budget ausgestattet. Die Aufgabe bestand also darin, sich mit einem 250-Quadratmeter-Raum zu beschäftigen, mit einem Budget von 14.000 US-Dollar und einer Produktionszeit von einigen Tagen auszukommen, wie man uns zwei Wochen vor der Eröffnung der Biennale erzählte. So beschlossen wir, das billigste Material zu verwenden, um einen großen homogenen Innenraum zu schaffen. Die Struktur ist im Wesentlichen eine massive Mauer, die mehrere Aushöhlungen hat, in denen bestimmte Programme fest untergebracht sind oder andere spontan auftauchen können. Das ist eine programmatische Zwitter-Typologie. Es gibt auch ein kleines Amphitheater, das als Hintergrund für den gesamten undefinierten Raum benutzt wird, der während der Biennale-Events jeden Abend zu einer massiven Bühne wird.

HUO An was arbeitet ihr sonst noch?

MM Zurzeit arbeiten wir an etwas Ähnlichem in Berlin, ein Projekt mit dem Namen Archive Kabinett, einem Raum in Kreuzberg, der eine Zwitter-Typologie zwischen einem Leseraum, einer Galerie und einem Archiv ist, in Auftrag gegeben von Chiara Figone, die das *Archive Journal* herausgibt. Wir arbeiten auch an einer Bibliothek und Mediathek in Brasilien, die ein Teil eines größeren Projekts ist, eines Küstenprojekts im Nordosten, das ein kulturelles Zentrum schaffen wird, welches eng mit vorhandenen lokalen Communities verbunden ist. Interessant an dem Gesamtprojekt ist, dass – anstatt einen Architekten zu beauftragen, eine Meta-Vision zu entwickeln – der Auftraggeber eine Querauswahl von Raumpraktikern mit verschiedenen Hintergründen und unterschiedlichen Agendas eingeladen hat, an dem Projekt mitzuarbeiten. So sind da einerseits Leute wie Oscar Niemeyer beteiligt, aber dann auch viel jüngere und kritischere Architekten. Für dieses Projekt arbeite ich auch an einem langfristigeren Forschungsprojekt, zusammen mit Tina DiCarlo. Das Projekt steht in einem bestimmten Ausmaß mit einem Forschungsinstitut in Verbindung, das wir im Berlage Institut in Amsterdam auf die Beine gestellt haben, wo wir als Gastdozenten mit zehn Studenten gearbeitet haben, die sich uns zu mehreren Felduntersuchungen in Brasilien angeschlossen haben. Im Moment arbeitet nOffice auch an einer Residenz für einen Kunstsammler in Berlin, sowie an einer Kunstgalerie.

HUO Eine Frage, die ich in all meinen Interviews stelle, bezieht sich auf nicht realisierte Projekte, die etwa zu groß oder zu klein waren, um verwirklicht zu werden.

MM Diese Frage bringt uns beide zusammen. Das interessanteste nicht realisierte Projekt ist eines, an dem nOffice mit dir in den letzten drei Jahren zusammengearbeitet hat. Es beruht auf der Idee, dein privates Archiv und deine Bibliothek öffentlich zugänglich zu machen. An einem bestimmten Punkt im Jahre 2009 wurde das Projekt sehr konkret, da wir einen Ort im Engadin und eine Finanzierung in Sicht hatten. Doch leider entschied sich der zuständige Kanton gegen eines der Gebäude als Teil des Ortes, das im Schweizer Nationalpark lag. Jetzt suchen wir nach

Alternativen. Insbesondere dieses Projekt – als ein Archiv, aber auch als eine Bibliothek, die zu einem öffentlichen Raum werden kann, in dem es andere Aktivitäten wie eine Sommerakademie, Ausstellungen und Künstlerstipendien geben könnte – ist etwas, an dem wir sehr interessiert sind und das wir alle langfristig in die Tat umsetzen wollen. Als erster Schritt zur Realisierung dieses Projekts arbeiten wir zurzeit an einer Archivierung der Cedric Price-Abteilung in deinem Archiv. Dies geschieht in Zusammenarbeit mit Armin Linke an der HfG in Karlsruhe, wo wir – im Rahmen meiner dortigen Professur – mit sechs Studenten an der Digitalisierung des Videomaterials arbeiten. Allgemeiner gesagt, die Vorstellung, Inhalt räumlich zu strukturieren, ist interessanterweise zu einer Art *modus operandi* unserer Praxis geworden, da wir eine Leidenschaft für Archive und Bibliotheken entwickelt haben und viele unserer Projekte sich heute auf die eine oder andere Weise mit dieser Typologie und Thematik beschäftigen.

HUO Du arbeitest ständig an Büchern, von deiner Anthologie zur Partizipation im 21. Jahrhundert bis zu deinem polyphonen Europaportrait. Was köchelt gerade in deiner Buchmaschine?

MM Zurzeit sind mehrere Buchprojekte in Arbeit. Eines ist ein langfristiges Projekt zusammen mit Joseph Grima, das unter der Schirmherrschaft einer Harvard Fellowship stattfindet. Es beschäftigt sich mit kulturellen Raumwahrnehmungen im Nahen Osten. Wir betrachten den Nahen Osten und insbesondere Kuwait als eine in sich abgeschlossene Insel kritischer Praxis und denken über Formate für Konferenzen nach, die sich eher auf die Inhaltsproduktion als auf schlichte Verbreitung von Wissen beziehen.

HUO Mich interessiert, wie du deine eigene Architektengeneration siehst. Wer sind die Leute, mit denen du Kontakt hast? Bist du Teil einer Bewegung?

MM Die Leute, die ich bewundere, sind zumeist Leute aus anderen Wissensbereichen. In der Architektur ist das eine problematische Frage, da es diese Bewegung, auf die du dich ständig beziehst, in meiner Generation nicht wirklich gibt. Das einzige Interesse, das ich mit vielen Zeitgenossen teilen kann, ist die Leidenschaft für eine parametrische Formerzeugung und Scripting-Form; aber ich denke, ehrlich gesagt, auch, dass das eine Sackgasse ist. Die meisten Praktiker, die diesem Weg folgen, haben sich völlig von ihrer Umwelt isoliert. Ein Teil des Problems, um zu deiner Frage zu kommen, könnte auch sein, dass »meine Generation« schlichtweg zu jung zum Bauen ist. Ich bin zweiunddreißig. Viele Architekten fangen erst dann mit dem Bauen an, wenn sie über vierzig sind. Ich sage das nicht als Entschuldigung, aber es gibt nur sehr wenige Leute in meinem Alter, die interessante Projekte gebaut haben. Die Architekten, mit denen ich zusammenarbeite, haben ein gemeinsames Interesse an der Untersuchung als Antrieb für den Inhalt und für die Produktion von Raum. Ich arbeite zum Beispiel regelmäßig mit Joseph Grima zusammen. Ich bewundere auch die Arbeit von Celine Condorelli, Jesko Fezer und Eyal Weizman, obwohl sie nicht wirklich in diese Kategorie »meine Generation« passen, da sie älter sind. Ich mag ihre Methodologien und die Tatsache, dass sie keine großen formalen Aussagen machen. Für mich ist an ihrer Arbeit interessant, dass sie einfach inspirierend ist, unabhängig davon, ob sie immer gebauten Raum problematisiert oder nicht. Das unterscheidet sich zum Beispiel sehr stark von der Weise, in der andere jüngere Praktiker wie Bjarke Ingels oder Julien DeSmedt sich selbst positionieren. Sie versuchen, das Repertoire und die *human-resource framework* nachzuahmen, mit dem das Office for Metropolitan Architecture (OMA) fast zwanzig Jahren lang gebaut hat, und wollen in zwei oder drei Jahren Kapital daraus zu schlagen. Wir sind eher daran interessiert, ein kleineres Repertoire durch den Inhalt, mit dem wir uns beschäftigen, und durch verschiedene Arten der kulturellen Produktion aufzubauen. Das heißt, dass wir zum Beispiel nicht in den nächsten zehn Jahren vielleicht nicht zwanzig Projekte in zehn Ländern, die alle mit massiven Budgets ausgestattet sind, bauen werden, sondern stattdessen eine Agenda für eine spezifische Raumpraxis entwickeln, ganz gleich, ob es sich nun um Archive, Bibliotheken oder institutionellen Raum handelt. Wenn ich etwas über die heutige Architektur sagen kann, dann, dass sich bestimmte Rollenvorbilder ändern. Frustrierend an der Architektur ist, dass sie eine Praxis der ständigen Verspätung ist und dass die Fragen, die diskutiert werden, zehn Jahre hinter denen hinterher hängen, die zum Beispiel in der Kunst diskutiert werden. Das ist etwas, was sich in meiner Generation zum Teil geändert hat, denn was einst Profession genannt wurde, wird nicht als etwas verstanden, das völlig segmentiert ist. Stattdessen handelt es sich um etwas, das viel flexibler und agiler ist und durchlässige Grenzen hat. Viele von uns können nicht wirklich von der Architektur leben, aber wir arbeiten als Architekten und betrachten uns als solche.

HUO Du hast vorhin von deiner Arbeit als Dozent erwähnt. Was rätst du einem Architekturstudenten im Jahre 2009?

MM Betrachte deine Rolle! Es gibt heute mehr unbeschäftigte Architekten als je zuvor. Studenten müssen sich jetzt selbst fragen a), ob Architektur und Stadtplanung wirklich das ist, worauf sie sich als Mittel für eine berufliche Grundlage konzentrieren wollen, und b), wer ihre Rollenvorbilder in dieser sich wandelnden Profession sind? Du darfst diese Rollenvorbilder nicht als Helden missverstehen – sie sind nur als Leitprinzip einer »Art« von Praxis gedacht. Architektur als solche gibt es fast nicht mehr. Es gibt kein Geld mehr, und die meisten Großprojekte sind von multinationalen Entwicklern geschluckt worden. Ich denke, wenn wir am Rollenvorbild des 20. Jahrhunderts festhalten, müssen die Architektur und die Architekten scheitern. In den letzten zwanzig Jahren hat es eine ganz neue Welle von Entwicklern und anderen Leuten in der Bauindustrie gegeben, die die Bereiche übernommen haben, die früher von Architekten abgedeckt wurden. So besteht die dringendste Herausforderung für Architekten jetzt darin, einen neuen Raum zu schaffen, in dem ihre alternative Praxis zum Tragen kommen kann. Jemand wie Rem Koolhaas hat mit dem OMA erstaunliche Dinge im Bereich der Praxis getan, doch wenn Rem einmal gegangen ist, wird es sein Paradigma und seine Spannweite nicht mehr geben. Das OMA und Büros wie die von Zaha Hadid oder Frank Gehry sind auch nicht etwas, das mich strukturell interessiert, da das eine riesige Verwaltungsstruktur voraussetzt, die oft zu einer hemmenden Kraft wird, die einen unflexibel macht. Ich meine, für Studenten ist es wichtiger denn je, Fragen zu der Art und Weise zu stellen, in der wir mit dieser Krise – die sowohl eine ökonomische Krise als auch eine Krise der Inhaltsproduktion ist – umgehen und versuchen, sie als eine Gelegenheit zu nutzen, um neue Praxismodelle zu entwickeln.

Nachtrag: 2011 trennte sich Markus Miessen von seinen ehemaligen Partnern Ralf Pflugfelder und Magnus Nilsson und das Büro nOffice wurde aufgelöst. Miessens parallele Büro-Struktur, *Studio Miessen*, die bereits seit 2002 besteht, wird nun als Hybrid weitergeführt und vereint sämtliche Projekte, Architektur, beratende Tätigkeiten, Arbeit mit Institutionen, Lehre, kuratorische und schriftstellerische Tätigkeiten unter einem Dach.

Epilog

Carson Chan

Das vorliegende kleine Buch versucht, eine Hypothese zu skizzieren: Manchmal müssen wir um jeden Preis skeptisch in Bezug auf das sein, was wir lesen. Dieses Gefühl verließ mich nicht, nachdem ich einen Vorabdruck von Markus Miessens *The Nightmare of Participation* gelesen hatte. Denn der Text brachte nicht das, was Miessen beabsichtigt hatte (eine völlige Runderneuerung der architektonischen Praxis in Form von agonistischen Systemen), sondern stattdessen eine stärkere, schärfere und epiphänomenalere Bedeutung des aktiven Misstrauens gegenüber Establishments, gepaart mit einem unerschütterlichen Selbstvertrauen. Miessen verwendet eine besondere Weise der Argumentation, die eher beharrlich als rhetorisch ist. Behauptungen werden aufgestellt, Positionen werden vertreten, durch externe Mittel der theoretischen Begründung in Form von Quellenangaben, und Zitate werden allzu oft eher als selbstverständliche Plattitüden präsentiert und nicht als ein Hinweis auf eine intellektuelle Entwicklung. Im ersten Kapitel verweist er unnötigerweise auf Nicolas Bourriauds Buch *Relational Aesthetics* aus dem Jahre 1988, um den Ausdruck »relationale Ästhetik« zu belegen, während im Folgekapitel zu einer statischen Untersuchung zur Fremdenfeindlichkeit in den europäischen Ländern keine Angabe gemacht wird. An Schlüsselstellen verweisen Fußnoten auf andere Kapitel in diesem Buch oder auf Texte, die Miessen woanders veröffentlicht hat. Als abweichende Formen von räumlichen Praktiken verweist Miessen den Leser auf seine eigenen früheren Projekte (*Winter School Middle East*, *Europäische Kunsthalle*, *East Coast Europe*). Dafür fehlt im Buch seltsamerweise jeder Hinweis auf das Potenzial für das größte agonistische Forum auf der Welt, das Internet.

Wie soll man also Miessens *Albtraum* interpretieren? Wo machen wir den ersten Schnitt? Nichts lässt uns eifriger lesen als Ideen, die einen die Stirn runzeln lassen. Als dritter in einer Reihe von Titeln, die sich mit der Partizipation beschäftigen, ist es vielleicht nur dieser, der uns aktiv und apophatisch anzieht, indem er leichten Zweifel auslöst. Die Skepsis, die Miessen gegenüber vorhandenen Institutionen und Hierarchien an den Tag legt, färbt sich auf den Leser ab, da er misstrauisch wird, was die Methoden des Autors betrifft. Vorbeugend sagt er in der Einleitung, dass »der größte Teil der Materialien, Forschungsergebnisse und Erkenntnisse, die in dieser Publikation zusammengestellt wurden, nicht das Resultat endloser Wochen in Bibliotheken und Archiven ist«. Die behauptete nicht-akademische Annäherung an das Schreiben eines Buches – das auch als Dissertation eingereicht wurde – wird sicherlich Gelehrte auf den Plan rufen, die den diskursiven Wert des Textes in Frage stellen. Mehrere von Miessens Thesen scheinen ausschließlich aufgestellt worden zu sein, um zu provozieren: Im Kapitel *Vom Markt lernen* wird uns erzählt, dass der Management-Berater oder externe Gesprächspartner als ein brauchbares Rollenvorbild für den Architekten oder Designer gesehen werden muss; wie Berater sind die Architekten »Mehrzweck-Tiere«, deren Außenseiterstatus es ihnen ermöglicht, den Samen der Veränderung in vorhandene Systeme einzupflanzen. Während das Verständnis jedes Projekt als eine Reihe von Bedingungen, die kritisiert werden sollen, und nicht als feststehende Gegebenheit, der Dynamik der Design-Profession (eine Industrie, die sich betrübt in ein Dienstleistungsorgan der Finanzelite umgewandelt hat) unvermeidlich eine andere Richtung gibt, scheint die Nachahmung der Methoden der Player auf dem Finanzmarkt, wie auch die Nachahmung derer, die daran gearbeitet haben, das Werk des Architekten zu einer Ware zu machen, ein Irrweg zu sein. Ich würde sagen, dass die »desolate Situation der Profession« und die »Liebe der Idee nie endender ökonomischer Gelegenheiten zum Bauen«, die so viele Architekten hegen, aus der Logik der opportunistischen Intervention hervorgegangen ist, die Miessen als einen gangbaren Weg zur Erneuerung der Disziplin vorschlägt. Jedenfalls stellen McKinsey und

Königswiese bereits Architekturstudenten ein, die direkt aus der Hochschule kommen.

Unausgegorene Ideen wie die obige werden besonders ausgewalzt, weil Miessen seine Kritik des Konsenses weitgehend von Chantal Mouffes Konstruktion agonistischer Beziehungen übernommen hat – mit all ihren Problemen. Konsens führt zu Stillstand, ja, aber nur in dem Maße, in dem ein Konsens überhaupt zustande kommt. Aber wann wird jemals ein Konsens erreicht? Das agonistische Modell sollte hauptsächlich einen alternativen Rahmen gegenüber dem in der demokratischen politischen Theorie vorherrschenden Modell bieten. Es ist eine Kritik des deliberativen Demokratiemodells, das von Philosophen wie Jürgen Habermas und John Rawls vorgeschlagen wurde und das dadurch, dass es die moderne Demokratie zu einem Werkzeug für einen rationalen Konsens macht, die Pluralität der heutigen Politik außer Acht läst – in der es laut Mouffe keine Versöhnung geben kann. Für meinen Geschmack ist der Unterschied zwischen agonistischem Pluralismus und deliberativer Demokratie nur eine Frage der Betonung, des Dialekts. Beide kritisieren das sogenannte aggregative Modell der Demokratie, dem zufolge es Parteien geben muss, die die kollektiven Wünsche repräsentieren; beide zelebrieren das Individuum – das deliberative Modell durch die Moral und das antagonistische Modell durch Rechte; und beide beharren auf der Pluralität von Werten. Doch bevor Mouffe auf den offensichtlichen Unterschied zwischen dem deliberativen und dem repräsentativen Modell – namentlich der Wert des Konsenses – zu sprechen kommt, hat sie mehrfach betont, dass ihr Haupteinwand gegen die Versuche von Rawls und Habermas deren Außerachtlassung der zentralen Rolle ist, die Emotionen und Leidenschaften beim Entscheidungsfindungsprozess spielen.[149] Indem sie sich mit der Rolle der Macht, die eher durch Leidenschaften als durch Rationalität konstituiert wird, abfindet, setzt Mouffe den Agonismus als Kampf zwischen Gegnern und nicht zwischen Feinden. Sie behauptet auch, dass die agonistische Konfrontation nicht so sehr etwas ist, das implementiert werden muss, sondern bereits eine der Voraussetzungen der Demokratie ist. Im Gegensatz zur deliberativen Demokratie, die eine Übereinkunft – wenn nicht gar einen Konsens – anstrebt, vertritt der Agonismus den ununterbrochenen Ausdruck der gegnerischen Leidenschaften, was bedeutet, die Pluralität der Werte in der modernen Demokratie zu erkennen.

Mouffe hat vom Paradox der modernen liberalen Demokratie gesprochen, insbesondere von ihrer Einschränkung der Souveränität des Volkes im Namen der Freiheit.[150] Aber sie hat sich weniger mit dem offensichtlichen Paradox in einer agonistischen Demokratie beschäftigt: Die Stärkung einer Umgebung für eine Dissenz-Interaktion braucht mehr als eine kollektive Übereinstimmung, nicht übereinzustimmen – sie braucht nichts weniger als Konsens. Das heißt, die Behauptung des Agonismus, dass der Konsens den Stillstand zum System macht, lässt sich auch auf ihn selbst anwenden. Der Agonismus zwingt alle an ihm partizipierenden Gegner, die Produktivität der unversöhnlichen Konfrontation über den Konsens zu erkennen. Die Institutionen oder Player, die agonistische Beziehungen sponsern, müssen sich einig sein, ihn zu unterstützen, um verwirklicht zu werden. Die Grundlagen des Agonismus abzulehnen oder nicht mit ihnen übereinzustimmen, wird durch seine Definition von streitenden Pluralitäten leider nicht mit abgedeckt. Mit dieser Perspektive ist es unklar, wie die hegemonialen Systeme, die ständig in der Gesellschaft wirksam sind, »auseinandergenommen und als Ergebnis des antagonistischen Kampfes transformiert werden können«[151], und zwar insbesondere dann, wenn die agonistische Demokratie selbst eines von hegemonialen Systemen ist. Mouffe hat erkannt, dass »das Terrain, auf dem hegemoniale Intervention stattfindet«, die gesellschaftliche Grundlage, auf der Macht wahrgenommen wird, »immer das Ergebnis früherer hegemonialer Praktiken ist«.[152]

Während es Miessen darum geht, die nicht-konsenshaften Formen der Erzeugung von Wissen zu rühmen, scheinen die Stimmen, die im Buch zu Wort kommen, das Gegenteil nahezulegen. Weit davon entfernt, einen Schauplatz zu bilden, auf dem plurale Agendas ihre Differenzen austragen können, enthält der *Albtraum* Beiträge von Hans Ulrich Obrist (Freund und Resonanzboden von Miessen), Eyal Weizman (Miessens Doktorvater), Chantal Mouffe (Miessens Inspirationsquelle) und Jeremy Beaudry und Bassam El Baroni (zwei Kuratoren der Manifesta 8, die Miessen und seine Kollegen engagiert haben, um einen der Ausstellungsräume zu gestalten). Von großer Unterstützung getragen (vor allem im Interview mit Mouffe, in dem Interviewer und Interviewte ironischerweise in gegenseitiger Übereinstimmung auftreten), erweist sich das Buch eher als eine Übung in der Konsensfindung als eine Abhandlung über die Kräfte zur Erzeugung von Nichtübereinstimmung. Konsternierend für Kritiker dieser Doppelmoral – die auch die eigentliche Schönheit von Miessens Argumentation ausmacht – ist, dass jede nicht übereinstimmende Stimme als Beweis für die agonistische Politik, die am Werk ist, neutralisiert werden kann. Man kann es sogar wagen zu sagen, dass, die Irrelevanz der Übereinstimmung zu behaupten, gleichbedeutend damit ist, die für eine Kritik nötige Perspektive auszulöschen. Anders gesagt, wenn der Status quo bereits widersprüchlich wäre, wäre es völlig unmöglich, *auf andere Weise* widersprüchlich zu sein. Dass ich das Buch kritisiere, ihm widerspreche und ihm entgegentrete, macht es jedoch zu einem Ort antagonistischer Beziehungen.

Die Crux des Buches zeigt sich am Ende von Miessens Gespräch mit Chantal Mouffe. Als Miessen den Crossbencher im britischen Oberhaus als Modell für unabhängiges, nicht parteiliches Handeln anführt, stellt Mouffe fest, dass der Autor hauptsächlich daran interessiert ist, seine eigene Position theoretisch zu begründen. Dass Miessen die Crossbencher – die Mitglieder des Oberhauses, die im Parlament physisch und politisch zwischen der Linken und der Rechten sitzen – als analoge Akteure zu sich selbst sieht, enthüllt – ungeachtet der Unabhängigkeit in der Selbstwahrnehmung – die unterschwellige Abhängigkeit von etablierten Systemen. Wie zu recht in dem Interview bemerkt wird, zeigt sich die Freiheit des Crossbenchers nur in den konsensuell-etablierten Bereichen der britischen Gesetzgebung. Für Miessen hat die Rolle des individuellen Akteurs – der im Text als selbst-angetriebenes, selbst-motiviertes »Schwergewicht« (ausgestattet mit »ernsthaftem Interesse«, »gesunder Neugier« und einem »zwar intuitiven, aber dennoch tiefen Verständnis«) glorifiziert wird und der bei jedem Projekt vom Gesundheitswesen, über die Bildung bis zur Architektur und zum Design schwer angreifbar ist – gut als professioneller *modus operandi* funktioniert. Doch wie übersetzt sich das für den Rest von uns »Raumpraktikern«? Kann Miessens Methode bei jedem funktionieren? Kann eine Gesellschaft von Individuen von kollektiven Werten durchdrungen werden? Überdies werden praktizierende Architekten Robert Miklitschs Kritik an Mouffes Post-Marxismus teilen, der bei der Theoretisierung des Politischen die Materialität der Kulturinstitutionen außer Acht lässt – Materialien und ihre kontingenten Ökonomien sind von primärem Interesse für Architekten, die bauen und nicht über Architektur diskutieren wollen. Leider schreiben sich die meisten Architekturstudenten an der Hochschule mit der Absicht ein, Gebäude zu entwerfen, wenn sie einen Abschluss haben. Selbst wenn wir die Empfehlungen, die von der agonistischen Demokratie kommen und die in *Albtraum Partizipation* beschrieben werden, für bare Münze nehmen, versteht sich von selbst, dass sie nur in den Teilen der Welt zu gebrauchen sind, in denen die Demokratie als eine legitime Politik angesehen wird – ein Bereich, der sich auf die westliche Welt beschränkt.

Skepsis ist der vorherrschende Modus in Miessens Buch. Vom ersten Satz seiner Einleitung, in der wir aufgefordert werden, Zweifel an der Demokratie zu hegen, bis zur düsteren Einschätzung des gegenwärtigen Standes der Dinge in der professionellen Architektur, bis zu seinem Aufruf zu einer selbstinitiierten, erzwungenen Intervention in vorhandenen gesellschaftlichen Institutionen fördert Miessens Argwohn gegenüber den Establishments den Argwohn des Lesers gegenüber Miessens Ausführungen. Wie schon gesagt, der nicht-akademische Ansatz seiner Argumentation ist eine Herausforderung für den nachdenklichen Leser. Wie werden Behauptungen verifiziert?

Was versteht Miessen unter »kritisch«? Indem er bedenkenlos sowohl den Nazi-Apologeten Carl Schmitt als auch den jüdische Literaturkritiker und Holocaust-Überlebenden Marcel Reich-Ranicki zitiert, bastelt sich Miessen eine nebulöse Weltanschauung, die seine These schwammig macht und letztlich als Schlüsselidentität des Protagonisten des Buches dasteht.

Der Hauch des Zweifels schwebt bedrückend zwischen Autor und Leser, doch das scheint genau das zu sein, was Miessen insgeheim will. Wie die Denkblase in einem Comic, die einen parallelen Gedankenstrom enthüllt, machen uns unsere Fragen an Miessen zu aktiven Teilnehmern an seinem Text. Kurz gesagt, er macht uns zu seinem »Ungeladenen Außenseiter«. Im dritten Kapitel beschwört Miessen die Stoiker und stellvertretend das Bild des Weisen herauf, aber die parallelen Gedanken des Zweifels – der dritte Text, der im Leser aktiviert wird – erinnert mich an eine frühere Gestalt in der antiken Philosophie: die der Hebamme, die in Platons Wiedergabe eines Dialogs zwischen Sokrates und Theaitetos eingeführt wird. Sokrates wendet sich an den jungen Waisen Theaitetos und bittet ihn um eine einfache Definition der Erkenntnis. Da er über diese Frage verwirrt ist, erklärt Sokrates ihm, dass er, so wie Frauen, die in den Wehen liegen, Hebammen holen, um das Kind zur Welt zu bringen, dabei helfen könnte, Ideen auf die Welt zu bringen. Ohne Miessen zu nahe treten zu wollen, Sokrates' Geburtshelfer, Theaitetos, ist zwar geistig ein bisschen beschränkt, aber dennoch in der Lage, Erkenntnisse hervorzubringen, indem er sie in anderen zur Welt bringt. Wie Miessens Ungeladener Außenseiter, Nicht-Fachmann und Gesprächspartner, der mit »ernsthaftem Interesse« und einer »gesunden Neugier« ausgestattet ist, brachte Sokrates dadurch Erkenntnisse hervor, dass er aktiv Schauplätze für den Dialog und die Intervention ausmachte. So sind unsere quälenden Zweifel schlichtweg intellektuelle Geburtswehen.

Literaturverzeichnis

Agamben, Giorgio, *Means without End. Notes on Politics*, Minneapolis 2000.

--- *State of Exception*, Chicago 2005.

Aureli, Pier Vittorio, *The Project of Autonomy, Politics and Architecture Within and Against Capitalism*, New York 2008.

Auster, Paul, *Von der Hand in den Mund. Eine Chronik früher Fehlschläge*, übers. v. Werner Schmitz, Reinbek bei Hamburg 1998.

Babias, Marius, *Berlin. Die Spur der Revolte, Kunstentwicklung und Geschichtspolitik im Neuen Berlin*, Köln 2006.

Badiou, Alain, *Ethics. An Essay on the Understanding of Evil*, London 2001.

--- *Metapolitics*, London 2005.

Baecker, Dirk, und Alexander Kluge, *Vom Nutzen ungelöster Probleme*. Berlin 2003.

BAVO (Hg.), *Cultural Activism Today. The Art of Over-Identification*, Rotterdam 2007.

--- *Urban Politics Now (reflect no.* 6*)*, Rotterdam 2007.

Benedikt, Michael, »Environmental Stoicism and Place Machismo – A Polemic«, in: *Harvard Design Magazine* no. 16 (Winter und Frühjahr 2002).

Bevan, Robert, *The Destruction of Memory. Architecture at War*, London 2006.

Biemann, Ursula und Brian Holmes (Hg.), *The Maghreb Connection. Movements of Life Across North Africa*, Barcelona 2006.

Bierbichler, Josef, Christoph Schlingensief und Harald Martenstein, *Zeichen* 4*: Josef Bierbichler, Christoph Schlingensief, Harald Martenstein: Engagement und Skandal – Ein Gespräch*, Berlin 1998.

Bierbichler, Josef, *Verfluchtes Fleisch*, Frankfurt a. M. 2001.

Birnbaum, Daniel und Isabelle Graw, *Canvases and Careers Today – Criticism and Its Markets*, Berlin und New York 2008.

Bishop, Claire, *Participation (Documents on Contemporary Art)*. London and Cambridge, MA 2006.

Bloom, Allan, *The Closing of the American Mind*, New York 1988.

Boltanski, Luc und Ève Chiapello, *Der neue Geist des Kapitalismus*, übers. v. Michael Tillmann, Konstanz 2006.

Bourriaud, Nicolas, *Relational Aesthetics*, Dijon 2002.

Chakrabarty, Dipesh, *Europa als Provinz. Perspektiven postkolonialer Geschichtsschreibung*, übers. v. Robin Cackett, Frankfurt a. M. 2010.

Chase, John, Margaret Crawford, und John Kaliski (Hg.), *Everyday Urbanism*, New York 1999.

Critchley, Simon, *Unendlich fordernd. Ethik der Verpflichtung, Politik des Widerstands*, übers. v. Andrea Stumpf und Gabriele Werbeck, Zürich, Berlin 2008.

Crouch, Colin, *Post-Democracy*, Cambridge 2004.

Curtis, Adam, *The Trap. What Happened to Our Dream of Freedom* (BBC-Dokumentation), Erstsendung am 11. März 2007.

Dath, Dietmar, *Maschinenwinter. Wissen, Technik, Sozialismus. Eine Streitschrift,* Frankfurt a. M. 2008.

Debord, Guy, *Rapport über die Konstruktion von Situationen und die Bedingungen der Organisation wie Aktion der Situationistischen Internationale und andere Schriften*, Hamburg 1980.

Derieux, Florence (Hg.), *Harald Szeemann. Individual Methodology*, Zürich 2007.

Derrida, Jacques, *Politik der Freundschaft*, übers. v. Stefan Lorenzer, Frankfurt a. M. 2000.

Deutsche, Rosalyn, *Evictions. Art and Spatial Politics,* Cambridge, MA 1998.

Diederichsen, Diedrich, *Eigenblutdoping – Selbstverwertung, Künstlerromantik, Partizipation*, Köln 2008.

--- *On (Surplus) Value in Art*, Berlin und New York 2008.

--- *Politische Korrekturen*, Köln 1996.

Doherty, Claire, *Contemporary Art. From Studio to Situation*, London 2004.

Domela, Paul, *Manifesta Coffee Break,* Liverpool 2005.

Doumani, Beshara (Hg.), *Academic Freedom after September 11*, New York 2006.

Easterling, Keller, *Enduring Innocence. Global Architecture and Its Political Masquerades*, Cambrige, MA 2005.

Eigenheer, Marianne (Hg.), *Curating Critique,* Frankfurt a. M. 2007.

Eppler, Erhard, *Auslaufmodell Staat,* Frankfurt a. M. 2005.

Esen, Orhan und Stephan Lanz (Hg.), *Self Service City: Istanbul*, Berlin 2005.

Feher, Michael, Gaëlle Krikorian und Yates McKee (Hg.), *Nongovernmental Politics*, New York 2007.

Fernie, Jes (Hg.), *Two Minds. Artists and Architects in Collaboration,* London 2006.

Fezer, Jesko und Martin Schmitz (Hg.), *Lucius Burckhardt. Wer plant die Planung? Architektur, Politik und Mensch,* Berlin 2004.

Fish, Stanley, »Intellectual Diversity. The Trojan Horse of a Dark Design«, in: *The Chronicle of Higher Education/The Chronicle Review*, 13. Februar 2004.

Foucault, Michel, »Vorlesung vom 14. Januar 1976«, in: Ders., *In Verteidigung der Gesellschaft. Vorlesungen am Collège de France (1975-76)*, übers. v. Michaela Ott, Frankfurt a. M 1999.

Ford, Simon, *Die Situationistische Internationale: eine Gebrauchsanleitung*, übers. v. Egon Günther, Hamburg 2007.

Franke, Anselm (Hg.), *B-Zone. Becoming Europe and Beyond*, Barcelona 2006.

Franke, Anselm, Rafi Segal und Eyal Weizman, *Territories – Islands, Camps and Other States of Utopia*, Berlin, Köln 2003.

Franke, Anselm und Eyal Weizman, *The Frontiers of Utopia and Other Facts on the Ground*, Malmö, Köln 2004.

Friedman, Thomas L., *Hot, Flat, and Crowded. Why the World needs a Green Revolution – and how we can renew our Global Future,* London 2008.

Gillick, Liam, »The Difference Engine«, in: *Artforum*, Mai 2008.

Godfrey, Mark, »Protest and Survive«, Interview mit Gustav Metzger, *Frieze*, Issue 108, Jun-Aug 2007.

Gramsci, Antonio, *Prison Notebooks. Selections*, New York 1971.

Groys, Boris, *Art Power*, Cambridge, MA 2008.

Hadot, Pierre, *Philosophy as a Way of Life,* hg. v. Arnold I. Davidson, Oxford 1995.

Hajer, Maarten und Arnold Reijndorp. *In Search of the New Public Domain.* Rotterdam: NAi Publishers, 2002.

Hardt, Michael und Antonio Negri, *Empire*, Cambridge, MA 2000.

--- *Multitude. Krieg und Demokratie in Europa*, übers. v. Thomas Atzert und Andreas Wirthenson, Frankfurt a. M. 2004.

Heidelberger Kunstverein (Hg.), *Islands+Ghettos*, Nürnberg 2008.

Heidenreich, Stefan, *Was verspricht Kunst?*, Berlin 2009.

Heidenreich, Ralph und Stefan Heidenreich, *Mehr Geld*, Berlin 2008.

Helm, Toby, »Fischer's Sixties links with PLO spark new row«, in: *The Telegraph*, 19. Juni 2001.

Hill, Jonathan, *The Illegal Architect*, London 1998.

Hirsch, Joachim, *Herrschaft, Hegemonie und politische Alternativen*, Hamburg 2002.

Hirsch, Michael, »Politics or Sovereignty. Remarks on ›The Political‹ inside and outside Contemporary art.« Nicht veröffentlicht.

Hirst, Paul, »Education and the Production of New Ideas«, in: *AA Files*. London 1995.

--- *Space and Power. Politics, War and Architecture*, London 2005.

Hlavajova, Maria und Jill Winder, *Concerning War. A Critical Reader* (BAK Critical Reader Series), Utrecht, Frankfurt a. M. 2006.

Hohmann, Mario und Stefan Rettich (Hg.), *von a bis z. 26 Essays zu Grundbegriffen der Architektur,* Köln 2004.

Honig, Bonnie, *Political Theory and the Displacement of Politics*, Ithaca 1993.

Ibeling, Hans, *Supermodernism. Architecture in the Age of Globalisation*, Rotterdam 1998.

Igmade (Hg.), 5 *Codes. Architecture, Paranoia and Risk in Times of Terror*, Basel 2006.

Joyce, Trevor und Shep Steiner (Hg.), *Cork Caucus. On Art, Possibility & Democracy*, Frankfurt a. M. 2006.

Königswieser, Roswita und Martin Hillebrand, *Einführung in die systemische Organisationsberatung*, Heidelberg 2008.

Koolhaas, Rem, »Introduction«, in: *Volume 12: Al Manakh*, hg. v. Rem Koolhaas, Mark Ole Bouman, New York, Amsterdam 2007.

--- »Finding Freedoms. Conversations with Rem Koolhaas«, Interview by Alejandro Zaera, *OMA/ Rem.*

--- *Koolhaas* 1987–1998, Madrid 1998.

--- *Content*, Köln 2004.

Koolhaas, Rem, Stefano Boeri, Sanford Kwinter (Hg.), *Mutations*, Barcelona 2001.

Koolhaas, Rem und AMO (Hg.), *Post-Occupancy*, Mailand 2006.

Krause-Burger, Sibylle, *Joschka Fischer. Der Marsch durch die Illusionen*, Reinbek bei Hamburg 2000.

Kwinter, Sanford und Daniela Fabricius, »Urbanism. An Archivist's Art?«, in: *Mutations*, hg. v. Rem Koolhaas, Stefano Boeri, Sanford Kwinter, Nadia Tazi und Hans Ulrich Obrist, Barcelona 2001.

Latour, Bruno und Peter Weibel (Hg.), *Making Things Public. Atmospheres of Democracy*, Cambridge, MA 2005.

Larsen, Lars Bang, Cristina Ricupero und Nicolaus Schafhausen (Hg.), *The Populism Reader*, New York und Berlin 2005.

Lazzarato, Maurizio, »New Forms of Production and Circulation of Knowledge«, in: *Readme! Filtered by Nettime. ASCII Culture and the Revenge of Knowledge*, hg. v. Josephine Bosma u.a., New York 1999.

Leadbeater, Charles und Paul Miller (Hg.), *The Pro-Am Revolution*, London 2004.

Leonard, Mark, *What Does China Think?*, London 2008.

--- *Why Europe Will Run the 21st Century*, London 2005.

Lilienthal, Matthias und Claus Philipp, *Schlingensiefs Ausländer Raus*, Frankfurt a. M. 2000.

Löw, Martina, *Raumsoziologie*, Frankfurt a. M. 2001.

Long, Kieran, »MUF. Children Dressed up as Horses Take on the Modernists«, in: *ICON*, no. 22, April 2005.

Loraux, Nicole, *The Divided City. On Memory and Forgetting in Ancient Athens*, New York 2002.

Lütticken, Sven, *Idols of the Market. Modern Iconoclasm and the Fundamentalist Spectacle*, Berlin und New York 2009.

Marx, Karl und Friedrich Engels, *Das Kapital. Kritik der politischen Ökonomie*, Hamburg 1867.

Mills, Wright. C., *Power, Politics, and People. The Collected Essays of C. Wright Mills*, hg. v. Irving Louis Horowitz, New York 1963.

Misselwitz, Philipp und Tim Rieniets (Hg.), *City of Collision. Jerusalem and the Principles of Conflict Urbanism*, Basel 2006.

Möllers, Christoph, *Demokratie – Zumutungen und Versprechen*, Berlin 2008.

Möntmann, Nina (Hg.), *Art and Its Institutions. Current Conflicts, Critique and Collaborations*, London 2006.

Mörtenböck, Peter und Helge Mooshammer, *Networked Cultures*, Rotterdam 2008.

Mouffe, Chantal (Hg.), *The Challenge of Carl Schmitt,* London 1999.

Mouffe, Chantal, *Das demokratische Paradox*, übers. v. Oliver Marchart, Wien 2008.

--- *Über das Politische. Wider die kosmopolitische Illusion*, übers. v. Niels Meumeier, Frankfurt a. M. 2009.

Multitude e.V. und Unfriendly Takeover (Hg.), *Wörterbuch des Krieges / Dictionary of War*, Berlin 2008.

Nagel, UPW, »u wie Universität«, in: Mario Hohmann und Stefan Rettich (Hg.), *von a bis z. 26 Essays zu Grundbegriffen der Architektur*, Köln 2004.

Nollert, Angelika, Irit Rogoff, Bart De Baere, Yilmaz Dziewior, Charles Esche, Kerstin Niemann und Dieter Oelstraete (Hg.), *A.C.A.D.E.M.Y.*, Frankfurt a. M. 2006.

Obrist, Hans Ulrich und Cedric Price, *Cedric Price – Hans-Ulrich Obrist in Conversation (The Conversation Series* 21*)*, Köln 2010.

Obrist, Hans Ulrich (Hg.), *Rem Koolhaas & Hans Ulrich Obrist (The Conversation Series 4)*, Köln 2007.

Obrist, Hans Ulrich, *Delta X. Der Kurator als Katalysator*, Regensburg 1996.

--- *Interviews*, Bd. 1., Mailand 2003.

Orwell, George, »Warum ich schreibe«, in: Ders., *Im Inneren des Wals*, übers. v. Felix Gasbarra, Zürich 1975.

Pasquinelli, Matteo, *Animal Spirits. A Bestiary of the Commons*, Rotterdam 2008.

Pietromarchi, Bartolomeo (Hg.), *The [un]common place. Art, public space and urban aesthetics in Europe,* Barcelona 2005.

Rancière, Jacques, *Der Hass der Demokratie*, übers. v. Maria Muhle, Berlin 2010.

--- *On the Shores of Politics*, London 2007.

--- *The Politics of Aesthetics*, London 2006.

Rapp, Tobias, *Lost and Sound. Berlin, Techno und Easyjetset*, Frankfurt a. M. 2009.

Reich-Ranicki, Marcel, *Wozu Lesen?*, Interview mit Elke Heidenreich, Zürich 2005, Audiobook.

Riley, Denise, »What I Want Back Is What I Was«, in: *Diacritics*. No. 1, vol. 32, Frühjahr 2002.

Rowe, Colin und Fred Koetter, *Collage City*, Cambridge, MA 1984.

Ruby, Ilka und Andreas Ruby (Hg.), *Urban Transformation,* Berlin 2008.

Said, Edward, *Götter, die keine sind. Der Ort des Intellektuellen*, übers. v. Peter Geble, Berlin 1997.

Saint, Andrew, *The Image of the Architect*, New Haven und London 1983.

Schafhausen, Nicolaus (Hg.), *Neue Kunstkritik,* New York 2001.

Schenker, Christoph und Michael Hiltbrunner (Hg.), *Kunst und Öffentlichkeit. Kritische Praxis der Kunst im Stadtraum Zürich*, Zürich 2007.

Schmitt, Carl, *The Concept of the Political*, Chicago 1996.

Schneider, Florian, »Collaboration. The Dark Site of the Multitude«, in: *Theory Kit*, kit.kein.org/node/1.

Schumpeter, Joseph A, *Capitalism, Socialism and Democracy*, New York 1942.

Segal, Rafi und Eyal Weizman, *A Civilian Occupation. The Politics of Israeli Architecture,* Tel Aviv, London 2003.

Seijdel, Jorinde und Liesbeth Melis (Hg.), *OPEN. Cahier on Art and the Public Domain, Art as Public Issue*, Nr. 14, Rotterdam 2008.

Sejima, Kazuyo, »Face to Face«, in: *HUNCH, Berlage Institute Report #6/7*: 109 *Provisional Attempts to Address Six Simple and Hard Questions About What Architects Do Today and Where Their Profession Might Go Tomorrow*, hg. v. Jennifer Sigler, Rotterdam 2003.

Shamiyeh, Michael, *Creating Desired Futures. On the Relevance of Design Thinking in Solving Complex Business Problems*, Basel 2010.

Shamiyeh, Michael und DOM Research Laboratory (Hg.), *Organizing for Change/Space. Integrating Architectural Thinking in Other Fields*, Basel 2007.

--- *What People Want. Populism in Art and Design*, Basel 2005.

Sheikh, Simon (Hg.), *In the Place of the Public Sphere*, Berlin 2005.

Sloterdijk, Peter und Sven Voelker, *Der Welt über die Strasse Helfen. Designstudien im Anschluss an eine philosophische Überlegung*, München 2010.

Sontag, Susan, *Krankheit als Metapher*, übers. v. Karin Kersten und Caroline Neubaur, München,Wien 1978.

Michael Sorkin (Hg.), *Variations on a Theme Park. The new American City and the End of Public Space*, New York 1992.

Stimson, Blake und Gregory Sholette (Hg.), *Collectivism after Modernism. The Art of Social Imagination after 1945*, Minneapolis 2007.

Tapscott, Dan und Anthony D. Williams, *Wikinomics, How Mass Collaboration Changes Everything*, London 2008.

Till, Jeremy, »The Architect und the Other«, in: *openDemocracy*, 26. Juni 2006, www.opendemocracy.net/ecology-landscape/ architecture_3680.jsp.U.

Vanderlinden, Barbara und Elena Filipovic (Hg.), *The Manifesta Decade. Debates on Contemporary Art Exhibitions and Biennials in Post-Wall Europe*, Cambridge MA 2005.

Vaneigem, Raoul, *Handbuch der Lebenskunst für die junge Generation*, übers. v. Projektgruppe Gegengesellschaft, Düsseldorf 1973.

Venturi, Robert, Steven Izenour und Denise Scott Brown (Hg.), *Learning from Las Vegas,* Cambridge, MA 1977.

Wallis, Brian (Hg.), *If you lived here. The City in Art, Theory, and Social Activism* (a project by Martha Rosler), New York 1991.

Walter, Franz, *Im Herbst der Volksparteien? Eine kleine Geschichte von Aufstieg und Rückgang politischer Massenintegration*, Bielefeld 2009.

Weizman, Eyal, und Hollow Land, *Israel's Architecture of Occupation,* London 2007.

Welchman, John C. (Hg.), *Institutional Critique and After*, Zürich 2006.

Zelik, Raul, Sabine Bitter und Helmut Weber, *Made in Venezuela. Notizen zur »bolivarianischen Revolution«*, Berlin, Hamburg, Göttingen 2004.

Žižek, Slavoj, Eric L. Santner und Kenneth Reinhard, *The Neighbor. Three Inquiries in Political Theology*, Chicago 2005.

Žižek, Slavoj, *Violence*, London 2008.

Zeitschriften

Texte zur Kunst, »Institutionskritik«, September 2005.

Springerin, »Theory No«, 2006.

Log, 1-19.

Volume, 1-23.

Eigene Arbeiten (chronologisch)

Miessen, Markus und Shumon Basar (Hg.), *Did Someone Say Participate, An Atlas of Spatial Practice,* Cambridge, MA 2006.

Müller, Vanessa Joan und Nicolaus Schafhausen, *Under Construction. Perspectives on Institutional Practice*, Köln 2006.

Basar, Shumon, Antonia Carver und Markus Miessen, *With/ Without. Spatial Products, Practices and Politics in the Middle East*, New York, Dubai 2007.

Koolhaas, Rem, Ole Bouman und Mark Wigley (Hg.), *Al Manakh,* New York, Amsterdam 2007.

Müller, Vanessa Joan, und Astrid Wege, *European Kunsthalle* 2005 2006 2007, Köln 2007.

Miessen, Markus (Hg.), *The Violence of Participation*, Berlin und New York 2007.

Ballesteros, Mario, Albert Ferre und Irene Hwang, *Verb Crisis, Architectural Responses to Unprecedented Conditions*, Barcelona 2008.

Miessen, Markus (Hg.), *East Coast Europe,* Berlin und New York 2008.

Hirsch Nikolaus, Philipp Misselwitz, Markus Miessen, Matthias Görlich (Hg.). *Institution Building. Artists, Curators, Architects and the Struggle for Institutional Space,* Berlin und New York 2009.

Endnoten

1 Slavoj Žižek, Interview mit Georg Diez und Christopher Roth, in *What Happened? The* 80*81 *Book Collection. Part One,* Zürich 2010, S. 60.

2 Cedric Price zitiert nach *Cedric Price – Hans Ulrich Obrist in Conversation* (The Conversation Series 21), Köln 2010, S. 54.

3 Markus Miessen und Shumon Basar (Hg.), *Did someone say participate? An atlas of spatial practice*, Cambridge, Mass., 2006.

4 Markus Miessen (Hg.), *The violence of participation*, Berlin und New York 2007.

5 Markus Miessen (Hg.), *East Coast Europe*, Berlin, New York 2008.

6 Shumon Basar, Antonia Carver und Markus Miessen (Hg.), *With/Without. Spatial products, practices and politics in the Middle East*, New York, Dubai 2007.

7 Hans Ulrich Obrist, Roundtable-Gespräch in der *Architectural Association*, London, 10. März 2006.

8 Edward W. Said, *Götter, die keine sind. Der Ort des Intellektuellen*, übers. v. Peter Geble, Berlin 1997.

9 Simon Critchley, *Unendlich fordernd. Ethik der Verpflichtung, Politik des Widerstands*, übers. v. Andrea Stumpf u. Gabriele Werbeck, Zürich, Berlin 2008, S. 54.

10 Zum Beispiel Michael Sorkin (Hg.), *Variations on a theme park. The new American city and the end of public space*, New York 1992.

11 Siehe auch Lucius Burckhardt, *Wer plant die Planung? Architektur, Politik und Mensch*, hg. v. Jesko Fezer und Martin Schmitz, Berlin 2005; und Markus Ritter und Martin Schmitz (Hg.), *Warum ist Landschaft schön? Die Spaziergangswissenschaft*, Berlin 2006.

12 Internationaler Kongress für Architektur und Stadtplanung, 1982-1989.

13 Nicolas Bourriaud, *Relational Aesthetics,* Dijon 1998.

14 Ebd., S. 14.

15 Claire Bishop (Hg.), *Participation*, Cambridge, MA, 2006.

16 Jeremy Till, »The architect and the other«, *openDemocracy*, www.opendemocracy.net/ecology-landscape/architecture_3680.jsp, Beitrag vom 25. Juni 2006.

17 Vgl. Raul Zelik, Sabine Bitter und Helmut Weber, *Made in Venezu-*

ela. Notizen zur »bolivarianischen Revolution«, Berlin, Hamburg, Göttingen 2004. (A.d.Ü.)

18 Zitiert nach »The Café«, *Seinfeld*, Episode 7, Jahrgang 3, 6. November 1991.

19 Josef Bierbichler, *Verfluchtes Fleisch*, Frankfurt a. M. 2001, S. 93.

20 Ebd., S. 9.

21 Simon Critchley, *Unendlich fordernd*, a.a.O., S. 11.

22 Ebd., S. 16.

23 Ebd., S. 20.

24 Harald Martenstein, in: *Zeichen 4. Engagement und Skandal* (Josef Bierbichler, Christoph Schlingensief, Harald Martenstein, Diedrich Diederichsen), Berlin 1998, S. 38.

25 Ebd., S. 10.

26 Ebd., S. 16.

27 Adam Curtis, *The trap. What happened to our dream of freedom* (BBC-Dokumentation), Erstsendung 11. März 2007.

28 Rem Koolhaas, interviewt von Markus Miessen, »Rem Koolhaas with Markus Miessen«, in *Bidoun*, Nr. 8, Herbst 2006, S. 41-49.

29 Rem Koolhaas, interviewt von Alejandro Zaera, »Finding Freedoms: Conversations with Rem Koolhaas«, in: *OMA Rem Koolhaas 1987-1998*, Madrid 1999, S. 30.

30 UPW Nagel, »u wie Universität«, in Mario Hohmann und Stefan Rettich (Hg.), *von a bis z. 26 Essays zu Grundbegriffen der Architektur*, Köln 2004, S. 127.

31 Susan Sontag, *Krankheit als Metapher*, übers. v. Karin Kersten und Caroline Neubaur, München, Wien 1978, S. 46.

32 Kazuyo Sejima, »Face to Face«, in *HUNCH, Berlage Institute Report #6/7* [109 provisional attempts to address six simple and hard questions about what architects do today and where their profession might go tomorrow], Jennifer Sigler (Hg.), Rotterdam 2003, S. 407.

33 Sanford Kwinter und Daniela Fabricius, »Urbanism: An archivist's art?« in: *Mutations*, hrsg. v. Rem Koolhaas, Stefano Boeri, Sanford Kwinter, Nadia Tazi, und Hans Ulrich Obrist, Barcelona 2001, S. 495.

34 Siehe Nicolas Bourriaud, *Relational Aesthetics*, a.a.O.

35 Raoul Vaneigem, *Handbuch der Lebenskunst für die jungen Genera-*

tionen, modifizierte Übers. d. Projektgruppe Gegengesellschaft, Düsseldorf 1973, S. 58.

36 Robert Venturi, Steven Izenour und Denise Scott Brown, *Lernen von Las Vegas. Zur Ikonographie und Architektursymbolik der Geschäftsstadt*, übers. v. Heinz Schollwöck, Braunschweig 1979.

37 Colin Rowe und Fred Koetter, *Collage City*, übers. v. Bernhard Hoesli, Basel 1984.

38 »r wie Raum«, in: Mario Hohmann und Stefan Rettich (Hg.), *von a bis z*, a.a.O., S. 110-111.

39 Künstler wie Robert Smithson, Dan Graham oder Gordon Matta-Clark; und Architekten wie Alison und Peter Smithson, Cedric Price, etc.

40 »Informations-Bulletin der französischen Gruppe der Lettristischen Internationale«, zuerst erschienen 1954.

41 Siehe Guy Debord, *Rapport über die Konstruktion von Situationen und die Bedingungen der Organisation wie Aktion der Situationistischen Internationale und andere Schriften*, Hamburg 1980.

42 Simon Ford, *Die Situationistische Internationale. Eine Gebrauchsanleitung*, übers. v. Egon Günther, Hamburg 2007.

43 Michael Benedikt, »Environmental stoicism and place machismo – a polemic«, in *Harvard Design Magazine*, Nr. 16 (Winter/Frühjahr 2002), S. 1.

44 Ebd.

45 Margaret Crawford, John Chase und John Kaliski (Hg.), *Everyday Urbanism*, New York 1999.

46 Jonathan Hill, *The illegal architect*, London 1998.

47 Andrew Saint, *The image of the architect*, New Haven 1983, S. 1.

48 Ebd.

31 Ebd.

49 Denise Riley, »What I want back is what I was«, in *Diacritics*, Nr. 1, Bd. 32, Frühjahr 2002, S. 57.

50 Pierre Hadot, *Philosophy as a way of life*, Oxford 1995.

51 Denise Riley, a.a.O.

52 Kieran Long, »MUF. Children dressed up as horses take on the modernists«, in *ICON*, Nr. 22, April 2005.

53 George Orwell, »Warum ich schreibe«, in: Ders., *Im Inneren des*

Wales, übers. v. Felix Gasbarra, Zürich 1975.

54 Ebd., S. 10-12.

55 Raoul Vaneigem, *Handbuch der Lebenskunst*, a.a.O., S. 261. Vaneigem bezieht sich hier auf Wassili Rosanows Definition des Nihilismus.

56 Siehe Franz Walter, *Im Herbst der Volksparteien? Eine kleine Geschichte von Aufstieg und Rückgang politischer Massenintegration*, Bielefeld 2009.

57 Siehe en.wikipedia.org/wiki/Polder_Model.

58 Marcel Reich-Ranicki, Elke Heidenreich, *Wozu Lesen?*, eine Aufnahme des WDR am 20. März beim Internationalen Literaturfest *lit.Cologne 2005*, Zürich 2007.

59 Jacques Rancière, *Der Hass der Demokratie*, übers. v. Maria Muhle, Berlin 2010.

60 Ebd., S. 14.

61 Ebd., S. 53.

62 Ebd., S. 58.

63 Chantal Mouffe, »Introduction«, in: Dies. (Hg.), *The challenge of Carl Schmitt*, London 1999, S 3.

64 Florian Schneider, »Collaboration: The dark site of the multitude«, in *theory kit* (kit.kein.org/node/1), aufgerufen am 1. 4. 2012.

65 Siehe ebd.

66 Michael Hardt und Antonio Negri, *Multitude. Krieg und Demokratie in Europa*, übers. v. Thomas Atzert und Andreas Wirthenson, Frankfurt a. M. 2004.

67 Chantal Mouffe, »Introduction«, in: Dies. (Hg.), *The challenge o Carl Schmitt*, a.a.O., S. 4.

68 Michel Foucault, »Vorlesung vom 14. Januar 1976«, in: Ders., *In Verteidigung der Gesellschaft. Vorlesungen am Collège de France (1975-76)*, übers. v. Michaela Ott, Frankfurt a. M. 1999, S. 32.

69 Florian Schneider, »Collaboration: The dark site of the multitude«, a.a.O.

70 Ebd.

71 Claire Doherty, »The new situationists«, in: Dies., *Contemporary art – from studio to situation*, London 2004, S.11.

72 Florian Schneider, »Collaboration: The dark site of the multitude«,

a.a.O.

73 Ebd.

74 Ebd.

75 Maarten Hajer und Arnold Reijndorp, *In search of the new public domain*, Rotterdam 2002.

76 Jacques Derrida, *Politik der Freundschaft*, übers. v. Stefan Lorenzer, Frankfurt a. M. 2000.

77 Tom Keenan bei einer Roundtable-Präsentation und Diskussion im *Centre for Research Architecture* am 24. März 2006 im *Goldsmiths College*, London.

78 Vgl. Gilles Deleuze und Félix Guattari, »Das Glatte und das Gekerbte«, in *Tausend Plateaus*, übers. v. Gabriele Ricke und Ronald Voullié, Berlin 1992, S. 657-693. (A.d.Ü.)

79 Vgl. Immanuel Kant, *Kritik der Urteilskraft*, § 40. (A.d.Ü.)

80 Toby Helm, »Fischer' Sixties links with PLO spark now«, in: *The Telegraph*, 19. Juni 2001.

81 Siehe Liam Gillick, »The difference engine«, in: *Artforum*, Mai 2008, S. 322.

82 Sibylle Krause-Burger, *Joschka Fischer. Der Marsch durch die Illusionen*, Reinbek bei Hamburg 2000.

83 Joschka Fischer im Gespräch mit Hanns-Bruno Kammertöns und Stephan Lebert, »Ich bin immer noch ein Linker«, in: *Die Zeit*, 14. August 2008, S. 16.

84 Rem Koolhaas, »Junk-Space«, in *Content*, Köln 2004, S. 162-171.

85 Michael Hardt und Antonio Negri, *Multitude. Krieg und Demokratie in Europa*, a.a.O., S. 124-125.

86 Joachim Hirsch im Gespräch mit dem Autor. Joachim Hirsch ist emeritierter Politologieprofessor an der J. W. Goethe Universität in Frankfurt a. M. und Verfasser von *Herrschaft, Hegemonie und politische Alternativen*, Hamburg 2002.

87 Luc Boltanski und Ève Chiapello, *Der neue Geist des Kapitalismus*, übers. v. Michael Tillmann, Konstanz 2003.

88 Siehe *Der hundertste Affe*: de.wikipedia.org/wiki/Hundertster_Affe.

89 Alexander Kluge, in: Dirk Baecker, Alexander Kluge, *Vom Nutzen ungelöster Probleme*, Berlin 2003, S. 50.

90 Siehe auch *www.mckinsey.com* and *www.koenigswieser.net.*

[91] Zu den Teilnehmern des Design-Organisation-Media-Forschungslabors 4 (14.-17.5.2009) gehörten Jamshid Gharajedaghi, Fred Collopy, Greg Van Alstyne, Arnab Chatterjee, Alejandro Gutierrez, John Thackara, Wolfgang Schwaiger, Michael Shamiyeh, Albin Kälin und der Autor.

[92] Siehe auch Michael Shamiyeh, *Creating desired futures. On the relevance* of *design thinking in solving complex business problems*, Basel 2010.

[93] Jamshid Gharajedaghi auf der DOM-Sitzung, a.a.O.

[94] Michael Hardt und Antonio Negri, *Multitude. Krieg und Demokratie in Europa*, a.a.O.

[95] Paul Auster, *Von der Hand in den Mund. Eine Chronik früher Fehlschläge*, übers. v. Werner Schmitz, Reinbek bei Hamburg 1998.

[96] Konferenz im Tate Modern's Starr Auditorium, Juni 2005.

[97] Edward W. Said, *Götter, die keine sind*, a.a.O., S. 135.

[98] Ebd., S. 138.

[99] Ebd., S. 139.

[100] Ebd., S. 142.

[101] Ebd., S. 13.

[102] Charles Wright Mills, *Power, politics and people. The collected essays*, hg. v. Irwing Louis Horowitz, New York 1963, S. 299; hier zitiert nach Edward W. Said, *Götter, die keine sind*, a.a.O., S. 27-28.

[103] Ebd., S. 29-30.

[104] Ebd., S. 60.

[105] Ebd., S. 91.

[106] Ebd., S. 92.

[107] Ebd.

[108] Andrew Saint, *The image of the architect*, a.a.O.

[109] Siehe auch Teddy Cruz, interviewed von Sevin Yildiz, »With Teddy Cruz on ›power‹ and ›powerlessness‹«, in: *Archinect*, verfügbar auf archinect.com/features/article.php?id=93919_0_23_0_M.

[110] Siehe Jorge Dávila, »Foucault's interpretive analytics of power«, in: *Systemic Practice and Action Research*, Bd. 6, Nr. 4, August 1993.

[15] Bertolt Brecht, »Der Rundfunk als Kommunikationsapparat«, in: Ders., *Gesammelte Werke*, Bd. 18, Frankfurt a. M. 1967, S. 127-134.

[111] Beshara Doumani (Hg.), *Academic freedom after September 11*,

New York 2006.

[112] Alain Bloom, *The closing of the academic mind*, New York 1988.

[113] Beshara Doumani (Hg.), *Academic freedom after September 11*, a.a.O., S. 38.

[114] Ebd., S. 125.

[115] Paul Hirst, »Education and the production of new ideas«, in *AAFiles*, Nr. 29, London 1995.

[116] Irit Rogoff (Hg.), »Education Actualized«, *e-flux journal*, Nr. 14, zugänglich unter e-flux.com/ journal/issue/14.

[117] Vgl. ebd.

[118] Ebd.

[119] Ebd., Florian Schneider, »(Extended) footnotes on education«.

[120] Ebd.

[121] Ebd.

[122] Siehe: www.berlage-institute.nl

[123] Nicolas Siepen und Åsa Sonjasdotter, »Learning by doing: Reflections on setting up a new art academy«, in *e-flux journal*, Nr. 14, a.a.O.

[124] Ebd.

[125] Ebd.

[126] Rem Koolhaas, »Introduction«, in *Volume* 12*: Al Manakh*, hrsg. v. Rem Koolhaas, Ole Bouman und Mark Wigley, New York und Amsterdam 2007.

[127] Doug Aitken, *The broken screen. Expanding the image, breaking the narrative*, New York 2005.

[128] Simon Critchley, *Unendlich fordernd*, a.a.O., S. 159-160.

[129] Peter Zumthor »Wir Schweizer sind nicht so anfällig für Moden«, *Spiegel* online, 29. Mai 2009, www.spiegel.de/kultur/gesellschaft/ 0,1518,627167,00.html.

[130] Claire Gilman und Margaret Sundell (Hg.), *The Storyteller*, Zürich 2010, S. 7.

[131] Siehe Bonnie Honig, *Political theory and the displacement of politics*, Ithaca, NY 1993.

[132] Christoph Möllers, *Demokratie – Zumutungen und Versprechen*, Berlin 2008, S. 55.

[133] Gespielt von Ned Beatty in *Shooter*, Regie: Antoine Fuqua, Para-

mount Pictures, 2007.

[134] Gustav Meztger, Interview von Mark Godfrey, »Protest and Survive«, *frieze*, Nr. 108 (Juni-August 2007); verfügbar auf *www.frieze.com/issue/article/protest_and_survive/.*

[135] Vgl. Simon Critchley, *Unendlich fordernd*, a.a.O., S. 1.

[136] Ebd., S. 2. (Übersetzung geändert.)

[137] Peter Sloterdijk und Sven Voelker, *Der Welt über die Straße helfen – Designstudien im Anschluss an eine philosophische Überlegung*, München 2010, S. 11-12.

[138] Martin Wuttke in Stephan Suschke (Hg.), *Nahaufnahme. Martin Wuttke – Theaterarbeit mit Schleef, Müller, Castorf, Pollesch*, Berlin 2010.

[139] Diedrich Diederichsen, *Eigenblutdoping – Selbstverwertung, Künstlerromantik, Partizipation*, Köln 2008, S. 279.

[140] Ebd., S. 49.

[141] Ebd., S. 184.

[142] Stanley Fish, »Intellectual diversity. The trojan horse of a dark design«, in *The Chronicle of Higher Education/The Chronicle Review*, 13. Februar 2004.

[143] Edward W. Said, *Götter, die keine sind*, a.a.O., S. 120.

[144] Ebd., S. 131.

[145] Siehe auch Martina Löw, *Raumsoziologie*, Frankfurt a. M. 2001.

[146] Tobias Rapp, *Lost and Sound. Berlin, Techno und Easyjetset*, Frankfurt a. M. 2009, S. 49.

[147] Marcel Reich-Ranicki, in: Uwe Wittstock, *Marcel Reich-Ranicki. Geschichte eines Lebens*, München 2005, S. 192.

[148] Die erste, gekürzte Version dieses Interviews wurde in *Kaleidoscope*, Nr. 5, Februar 2010, veröffentlicht.

[149] Vgl. Chantal Mouffe, »Deliberative democracy or agonistic pluralism«, in: *Political Science Series,* Nr. 72, Wien 2000.

[150] Vgl. Chantal Mouffe, *Das demokratische Paradox*, übers. v. Oliver Marchart, Wien 2008.

[151] Chantal Mouffe, »Art and democracy. Art as an agonistic intervention in public space«, in *Open: Art as a Public*, Nr. 14, Rotterdam 2008, S. 9.

[152] Ebd., S. 9-10.

Alle lieferbaren Merve-Titel
finden Sie im gut sortierten Buchhandel und
unter
www.merve.de.

Wir senden Ihnen gerne auch
ein aktuelles Gesamtverzeichnis zu.

Nachricht an:

Merve Verlag, Crellestraße 22, 10827 Berlin

Tel.: +49-30-784 84 33

Fax: +49-30-788 10 74

merve@merve.de

genügt.